Die Folter im Beweisverfahren der Leges Visigothorum

Rechtshistorische Reihe

Band 409

Peter Lang
Frankfurt am Main · Berlin · Bern · Bruxelles · New York · Oxford · Wien

Andreas Kimmelmann

Die Folter im Beweisverfahren der Leges Visigothorum

Chindasvinths Gesetzgebung im Spiegel der westgotischen Rechtsentwicklung

Peter Lang
Internationaler Verlag der Wissenschaften

Bibliografische Information der Deutschen Nationalbibliothek
Die Deutsche Nationalbibliothek verzeichnet diese Publikation in der Deutschen Nationalbibliografie; detaillierte bibliografische Daten sind im Internet über http://dnb.d-nb.de abrufbar.

Zugl.: München, Univ., Diss., 2010

Die vorliegende Arbeit wurde von
Prof. Dr. Hermann Nehlsen
zur Aufnahme in die Reihe empfohlen.

Umschlagabbildung:
Justitia. Allegorie der Gerechtigkeit.
Druck aus dem 17. Jahrhundert.

Gedruckt auf alterungsbeständigem,
säurefreiem Papier.

D 19
ISSN 0344-290X
ISBN 978-3-631-60982-8

Meinen Eltern
und meiner Frau

Danksagung

Die vorliegende Untersuchung wurde als Dissertation an der Ludwig-Maximilians-Universität München verfasst und im November 2008 fertig gestellt. Literatur wurde bis zu diesem Zeitpunkt berücksichtigt.

Besonders herzlich danke ich meinem Doktorvater Herrn Professor Dr. Hermann Nehlsen, der nicht nur das Thema für die vorliegende Untersuchung angeregt und das Erstgutachten erstellt hat, sondern darüber hinaus stets ein offenes Ohr hatte und immer für eine angenehme Gesprächsatmosphäre sorgte. Überdies hatte ich im Rahmen seiner Doktorandenseminare in Fürstenfeldbruck Gelegenheit, über meine Forschungen zu diskutieren und wertvolle Anregungen zu sammeln.

Herrn Professor Dr. Hans-Georg Hermann danke ich für weitere Anregungen und wertvolle Ratschläge sowie für die Erstellung des Zweitgutachtens.

Ich danke Herrn Professor Dr. Harald Siems für die Möglichkeit, zweimal im Rahmen seines Doktorandenseminars in München meine Arbeit vorzustellen sowie für die wertvollen Anregungen im Rahmen dieses Seminars und im persönlichen Gespräch.

Herrn Professor Dr. Thomas M.J. Möllers, Augsburg danke ich für die schöne Zeit an seinem Lehrstuhl, an dem ich über zwei Jahre als Wissenschaftlicher Mitarbeiter arbeiten durfte.

Bei Herrn Dr. phil. Jörg Müller bedanke ich mich für die anregenden wissenschaftlichen Diskussionen und die wertvollen Ratschläge.

Für anregende wissenschaftliche Diskussionen bedanke ich mich auch bei Herrn Dr. Peter Kreutz, Augsburg.

Ganz besonders danke ich meinen Eltern, die mich durchs Studium gebracht und mich stets unterstützt haben.

Meiner Frau Sarah danke ich von ganzem Herzen für die stetige liebevolle Unterstützung und Aufmunterung.

München, im Juni 2010 Andreas Kimmelmann

Inhalt

Quellen- und Literaturverzeichnis

Quellen

Aristophanes, Die Frösche (Komödie), ed. Heinz Heubner, Stuttgart 1988

Aristoteles, Ars Rhetorica, ed. Kassel, Rudolf(us), Berlin 1976

Aristoteles, Rhetorica ad Alexandrum, ed. Rackham, Harris, London/Cambridge, Massachusetts 1937

Aristoteles, Complete Works XXII, Aristotle in Twenty-Three Volumes XXII, The "Art" of Rhetorik, ed. Freese, John Henry, Cambridge, Massachusetts/ London 1975

Braulio, Epistolario de S. Braulio de Zaragoza, ed. Madoz, José, Madrid 1941

Breviarium Alaricianum, ed. Conrat (Cohn), Max, Römisches Recht im Fränkischen Reich in systematischer Darstellung, Neudruck der Ausgabe Leipzig 1903, Aalen 1963

Cicero, Marcus Tullius, M. Tulli Ciceronis Orationes I, ed. Clark, Albertus Curtis, Oxford 1984 (Erstdruck 1905)

Cicero, Marcus Tullius, M. Tulli Ciceronis Orationes VI, ed. Clark, Albertus Curtis, Oxford 1978 (Erstdruck 1911)

Cicero, Marcus Tullius, Marci Tulli Ciceronis Topica, ed. Di Maria, Georgius, Palermo 1994

Codex Euricianus, ed. Zeumer, Karl, Monumenta Germaniae Historica, Legum Sectio I: Legum Nationum Germanicarum, Tomus I: Leges Visigothorum, Hannover/Leipzig 1902, S. 1–32

Codex Theodosianus, ed. Krüger, Paul/Mommsen, Theodor, Band I/2: Theodosiani libri XVI, Hildesheim 2005 (unveränderte Neuauflage der 1. Auflage Berlin 1904)

Corpus Iuris Civilis, ed. Behrends, Okko/Knütel, Rolf/Kupisch, Berthold/Seiler, Hans Hermann, Text und Übersetzung, Band I: Institutionen, Heidelberg 1990; Band II : Digesten 1–10, Heidelberg 1995; Band III: Digesten 11–20, Heidelberg 1999; Band IV: Digesten 21–27, Heidelberg 2005

Corpus Iuris Civilis, ed. Mommsen, Theodor/Krüger, Paul, Bd. I: Institutiones (Krüger)/Digesta (Mommsen/Krüger), 13. Auflage, Hildesheim 2000, Nachdruck der 8. Auflage, Berlin 1963

Corpus Iuris Civilis, ed. Krüger, Paul, Bd. II : Codex Iustinianus, 13. Auflage, Hildesheim 1994, Nachdruck der 11. Auflage, Berlin 1954

Corpus Iuris Civilis, ed. Schöll, Rudolf/Kroll, Guilelmus, Bd. III: Novellae, 13. Auflage, Hildesheim 1993, Nachdruck der 8. Auflage, Berlin 1963

Eugenius Toletanus, Eugenii Toletani opera omnia, ed. Alberto, Paulo Farmhouse, Corpus Christianorum, Series Latina CXIV, Turnhout 2005

Fragmenta Gaudenziana, ed. Zeumer, Karl, Monumenta Germaniae Historica, Legum Sectio I: Legum Nationum Germanicarum, Tomus I: Leges Visigothorum, Hannover/Leipzig 1902, S. 469–472

Fredegar, Chronicarum quae dicuntur Fredegarii Libri Quattuor – Die vier Bücher der Chroniken des sogenannten Fredegar, ed. Wolfram, Herwig/Kusternig, Andreas (lateinisch-deutsch), Ausgewählte Quellen zur deutschen Geschichte des Mittelalters, Band IVa, Quellen zur Geschichte des 7. und 8. Jahrhunderts, Darmstadt 1982

Ildefonsus Toletanus, De viris illustribus, ed. Codoñer Merino, Carmen, El "De viris illustribus" de Ildefonso de Toledo, Estudio y edición critica, Salamanca 1972

Isidor, Geschichte der Goten, Vandalen und Sueven, Nebst Auszügen aus der Kirchengeschichte des Beda Venerabilis, ed. Heine, Alexander, übersetzt von Coste, David, 2. Auflage, Kettwig 1990

Isidor, Isidori Iunioris Episcopi Hispalensis Historia Gothorum Wandalorum Sueborum, ed. Mommsen, Theodor, Monumenta Germaniae Historica, Auctorum Antiquissimorum Tomus XI, Chronicorum Minorum Saec. IV. V. VI. VII, Volumen II, Berlin 1894

Lex Baiuvariorum, ed. Beyerle, Konrad, München 1926

Lex Romana Visigothorum, ed. Haenel, Gustav(us), Aalen 1962

Lex Visigothorum (Liber Iudiciorum), ed. Zeumer, Karl, Monumenta Germaniae Historica, Legum Sectio I: Legum Nationum Germanicarum, Tomus I: Leges Visigothorum, Hannover/Leipzig 1902, S. 33 ff.

Pauli Sententiae, ed. Vanzetti, Maria Bianchi Fossati, Testo e Interpretatio, Padova 1995

Publilius Syrus, Die Sprüche des Publilius Syrus, ed. Beckby, Hermann, Lateinisch-Deutsch, München 1969

Quintilian, M. Fabii Quintiliani Declamationes quae supersunt CXLV, ed. Ritter, Constantinus, Stuttgart 1965

Quintilian, Quintilien Instutition Oratoire, ed. Cousin, Jean, Tome III, Livres IV et V, Paris 1976

Quintilian, Quintilien Instutition Oratoire, ed. Cousin, Jean, Tome V, Livres VIII et IX, Paris 1978

Rhetorica ad Herennium, ed. Nüßlein, Theodor, Lateinisch-Deutsch, München/Zürich 1994

Vives, José/Marín Martínez, Tomás/Martínez Díez, Gonzalo, Concilios Visigóticos e Hispano-Romanos, Barcelona/Madrid 1963

Wohlhaupter, Eugen, Gesetze der Westgoten (Germanenrechte – Texte und Übersetzungen, Band 11), Weimar 1936

Literatur

von Amira, Karl/Eckhardt, Karl August, Germanisches Recht, Band I: Rechtsdenkmäler, 4. Auflage, Berlin 1960

von Aschbach, Joseph, Die Westgoten, Neu bearbeitete Ausgabe der Ausgabe von 1827, Essen 1997

Ausenda, Giorgio, Kinship and Marriage among the Visigoths, in: Heather, Peter (Hrsg.), The Visigoths – From the Migration Period to the Seventh Century. An ethnographic Perspective, Woodbridge 1999, S. 129 ff.

von Bethmann-Hollweg, Moritz August, Der Civilprozeß des gemeinen Rechts in geschichtlicher Entwicklung, Vierter Band: Der germanisch-romanische Civilprozeß im Mittelalter, Erster Band: Vom fünften bis achten Jahrhundert – Die Staaten der Völkerwanderung, Bonn 1868

Beyerle, Franz, Das Entwicklungsproblem im germanischen Rechtsgang, I. Sühne, Rache und Preisgabe in ihrer Beziehung zum Strafprozeß der Volksrechte, Heidelberg 1915

Beyerle, Franz, Zur Frühgeschichte der westgotischen Gesetzgebung. Volksrechtliche Studien IV, Zeitschrift der Savigny-Stiftung für Rechtsgeschichte (ZRG), Germanistische Abteilung (GA), Siebenundsechzigster Band, Weimar 1950, S. 1 ff.

Blu(h)me, Friedrich, Die westgothische Antiqua oder das Gese[t]zbuch Reccared des Ersten. Bruchstücke eines Pariser Palimpsesten, Halle 1847

Bluhme, Friedrich, Zur Texteskritik des Westgothenrechts, Bonn 1872

Bronisch, Alexander Pierre, Die westgotische Reichsideologie und ihre Weiterentwicklung im Reich von Asturien, in: Erkens, Franz-Reiner (Hrsg.), Das frühmittelalterliche Königtum – Ideelle und religiöse Grundlagen, Berlin/New York 2005, S. 161 ff.

Bruck, Eberhard F., Caesarius von Arles und die Lex Romana Visigothorum, in: derselbe, Über Römisches Recht im Rahmen der Kulturgeschichte, Berlin/Göttingen/Heidelberg 1954, S. 146 ff.

Brugger, Winfried, Darf der Staat ausnahmsweise foltern?, Der Staat 35 (1996), S. 67 ff.

Brugger, Winfried, Das andere Auge. Folter als zweitschlechteste Lösung, in: Nitschke, Peter (Hrsg.), Rettungsfolter im modernen Rechtsstaat? Eine Verortung, Bochum 2005, S. 107 ff.

Brugger, Winfried, Vom unbedingten Verbot der Folter zum bedingten Recht auf Folter?, Juristen Zeitung (JZ) 2000, S. 165 ff.

Brunner, Heinrich, Deutsche Rechtsgeschichte, Erster Band, 2. Auflage, Leipzig 1906

Brunner, Heinrich/von Schwerin, Claudius Freiherr, Deutsche Rechtsgeschichte, Zweiter Band, 2. Auflage, München/Leipzig 1928

Buchner, Rudolf, Die Rechtsquellen, Beiheft zu Wattenbach-Levison, Deutschlands Geschichtsquellen im Mittelalter, Vorzeit und Karolinger, Weimar 1953

Claude, Dietrich, Adel, Kirche und Königtum im Westgotenreich, Sigmaringen 1971

Claude, Dietrich, Freedmen in the Visigothic Kingdom, in: James, Edward (Hrsg.), Visigothic Spain: New Approaches, Oxford 1980, S. 159 ff.

Claude, Dietrich, Gentile und territoriale Staatsideen im Westgotenreich, in: Frühmittelalterliche Studien, Jahrbuch des Instituts für Frühmittelalterforschung der Universität Münster, Berlin/New York 1972, S. 1 ff.

Claude, Dietrich, Geschichte der Westgoten, Stuttgart/Berlin/Köln/Mainz 1970

Claude, Dietrich, Königs- und Untertaneneid im Westgotenreich, in: Beumann, Helmut (Hrsg.), Historische Forschungen für Walter Schlesinger, Köln/Wien 1974, S. 358 ff.

Collins, Roger, Visigothic Spain 409–711, Malden, MA/Oxford/Carlton, Victoria 2006

Conrad, Hermann, Deutsche Rechtsgeschichte, Band I: Frühzeit und Mittelalter, 2. Auflage, Karlsruhe 1962

Conrat (Cohn), Max, Geschichte der Quellen und Literatur des Römischen Rechts im Frühen Mittelalter, Erster (Einziger) Band (Neudruck der Ausgabe Leipzig 1891), Aalen 1963

Conrat (Cohn), Max, Westgotischer und katholische Auszüge des sechzehnten Buchs des Theodosianus, Zeitschrift der Savigny-Stiftung für Rechtsgeschichte (ZRG), Kanonistische Abteilung (KA) I, 32. Band, Weimar 1911, S. 67 ff.

Dahn, Felix, Die Könige der Germanen; Das Wesen des ältesten Königthums der germanischen Stämme und seine Geschichte bis auf die Feudalzeit, Fünfte Abtheilung: Die politische Geschichte der Westgothen, Würzburg 1870

Dahn, Felix, Die Könige der Germanen; Das Wesen des ältesten Königthums der germanischen Stämme und seine Geschichte bis auf die Feudalzeit, Sechste Abtheilung: Die Verfassung der Westgothen – Das Reich der Sueven in Spanien, Würzburg 1871

Dahn, Felix, Westgothische Studien. Entstehungsgeschichte, Privatrecht, Strafrecht, Civil- und Straf-Proceß und Gesammtkritik der Lex Visigothorum, Würzburg 1874

Díaz, Pablo C./González Salinero, Raúl, El Codigo de Eurico y el derecho romano vulgar, in: Arce, Javier/Delogu, Paolo (Hrsg.), Visigoti e Longobardi. Atti del Seminario (Roma 28–29 aprile 1997), Florenz 2001, S. 93 ff.

Díaz, Pablo C., Visigothic Political Institutions, in: Heather, Peter (Hrsg.), The Visigoths – From the Migration Period to the Seventh Century. An ethnographic Perspective, Woodbridge 1999, S. 321 ff.

Diesner, Hans-Joachim, Isidor von Sevilla und das Westgotische Spanien, Trier 1978

Diesner, Hans-Joachim, Politik und Ideologie im Westgotenreich von Toledo: Chindasvind. Sitzungsberichte der Sächsischen Akademie der Wissenschaften zu Leipzig, Philologisch-historische Klasse, Band 121, Heft 2, Berlin 1979

DuBois, Page, Torture and Truth, New York/London 1991

Ellrich, Lutz, Folter als Modell. Diskurse und Differenzen, in: Burschel, Peter/Distelrath, Götz/Lembke, Sven (Hrsg.): Das Quälen des Körpers. Eine historische Anthropologie der Folter, Köln/Weimar/Wien 2000, S. 27 ff.

Ficker, Julius, Ueber nähere Verwandtschaft zwischen gothisch-spanischem und norwegisch-isländischem Recht, in: Mühlbacher, E. (Hrsg.), Mittheilungen des Instituts für oesterreichische Geschichtsforschung, II. Ergänzungsband, Innsbruck 1888, S. 455 ff.

García López, Yolanda, Estudios críticos y literarios de la „Lex Wisigothorum", Alcalá, Henares, 1996

Garcia Moreno, Luis A., Prosopografia del Reino Visigodo de Toledo, Salamanca 1974

Garcia Volta, Gabriel, Die Westgoten – Aufbruch und Untergang eines Germanenvolkes, Berg/Starnberger See 3, 1979

Gaupp, Ernst Theodor, Ueber das älteste geschriebene Recht der Westgothen, in: derselbe, Germanistische Abhandlungen, Mannheim 1853, S. 27 ff.

Gibert, Rafael, Historia general del derecho espanõl, Granada 1968

Griesecke, Birgit, Folter ohne Schmerz? Am Beispiel von Anästhesie und Menschenexperimenten in Deutschland und Japan während des 2. Weltkrieges, in: Harrasser, Karin/Macho, Thomas/Wolf, Burkhardt (Hrsg.), Folter – Politik und Technik des Schmerzes, München 2007, S. 247 ff.

Groenewold, Kurt, Vorwort, in: Edward Peters, Folter. Geschichte der peinlichen Befragung, aus dem Amerikanischen übersetzt von Jobst-Christian Rojahn, 2. Auflage, Hamburg 2003, S. 3 ff.

von Halban, Alfred, Das römische Recht in den germanischen Volksstaaten. Ein Beitrag zur deutschen Rechtsgeschichte. Erster Theil, Breslau 1899

von Halban, Alfred, Das römische Recht in den germanischen Volksstaaten, Dritter Teil, Breslau 1907

Harrasser, Karin/Macho, Thomas/Wolf, Burkhardt, Schmerzgrenzen: Politik, Technik und mediale Dramaturgie der Folter. Zur Einführung, in: dieselben (Hrsg.), Folter – Politik und Technik des Schmerzes, München 2007, S. 9 ff.

Hein, Claudia, Kommentar: Zweckmäßigkeit der Folter, in: Harrasser, Karin/Macho, Thomas/Wolf, Burkhardt (Hrsg.), Folter – Politik und Technik des Schmerzes, München 2007, S. 291 ff.

Helbing, Franz/Bauer, Max, Die Tortur. Geschichte der Folter im Kriminalverfahren aller Zeiten und Völker, 2. Neudruck der Ausgabe Berlin 1926, Aalen 1983

Helfferich, Adolf, Entstehung und Geschichte des Westgothen-Rechts, Berlin 1858

Herold, Johannes Basilius, Originum ac Germanicarum Antiquitatum Libri, Leges videlicet Salicae, Ripuariae, Allemannorum, Boioariorum, Saxonum, Vuestphalorum, Angliorum, Vuerinorum, Thuringorum, Frisionum, Burgundionum, Langobardorum, Francorum, Theutonum, Basel 1557

de Hinojosa, Eduardo, Das germanische Element im Spanischen Rechte, Zeitschrift der Savigny-Stiftung für Rechtsgeschichte (ZRG), Germanistische Abteilung (GA), 31. Band, Weimar 1910, S. 282 ff.

Hitzig, [...], Artikel „Eculeus“, in: Wissowa, Georg (Hrsg.), Paulys Realencyclopädie der classischen Altertumswissenschaft, Fünfter Band, Demogenes bis Ephoroi, Zehnter Halbband, Donatio bis Ephoroi, Stuttgart 1905, Sp. 1931 f.

Kampers, Gerd, Geschichte der Westgoten, Paderborn/München/Wien/Zürich 2008

Kiesow, Rainer Maria, Das Experiment mit der Wahrheit – Folter im Vorzimmer des Rechts, Zeitschrift des Max-Planck-Instituts für europäische Rechtsgeschichte, Rg 3, 2003, S. 98 ff.

King, P.D., King Chindasvind and the First Territorial Law-code of the Visigothic Kingdom, in: James, Edward (Hrsg.), Visigothic Spain: New Approaches, Oxford 1980, S. 131 ff.

King, P.D., Law and Society in the Visigothic Kingdom, Cambridge 1972

Kluge, Friedrich, Etymologisches Wörterbuch der deutschen Sprache, bearbeitet von Elmar Seebold, 23. Auflage, Berlin/New York 1995

Körner, Gudrun, Schönheit und Nutzen. Zur ästhetischen Rezeption der Folter, in: Burschel, Peter/Distelrath, Götz/Lembke, Sven (Hrsg.): Das Quälen des Körpers. Eine historische Anthropologie der Folter, Köln/Weimar/Wien 2000, S. 281 ff.

Koschaker, Paul, Europa und das Römische Recht, München/Berlin 1947

Kreuzer, Arthur, Zur Not ein bisschen Folter? Diskussion um Ausnahmen vom absoluten Folterverbot anlässlich polizeilicher „Rettungsfolter“, in: Nitschke, Peter (Hrsg.), Rettungsfolter im modernen Rechtsstaat? Eine Verortung, Bochum 2005, S. 35 ff.

Krüll, [...], Artikel „Flagellum“, in: Kraus, F.X. (Hrsg.), Real-Encyklopädie der christlichen Alterthümer, Erster Band, A–H, Freiburg im Breisgau 1882, S. 531 f.

Le Breton, David, Schmerz und Folter. Der Zusammenbruch des Selbst, in: Harrasser, Karin/Macho, Thomas/Wolf, Burkhardt (Hrsg.), Folter – Politik und Technik des Schmerzes, München 2007, S. 227 ff.

Lembke, Sven, Folter und gerichtliches Geständnis. Über den Zusammenhang von Gewalt, Schmerz und Wahrheit im 14. und 15. Jahrhundert, in: Burschel, Peter/Distelrath, Götz/Lembke, Sven (Hrsg.): Das Quälen des Körpers. Eine historische Anthropologie der Folter, Köln/Weimar/Wien 2000, S. 171 ff.

Levy, Ernst, Westen und Osten in der nachklassischen Entwicklung des Römischen Rechts, in: derselbe, Gesammelte Schriften, Erster Band, herausgegeben von Wolfgang Kunkel und Max Kaser, Köln/Graz 1963, S. 163 ff.

Levy, Ernst, Weströmisches Vulgarrecht – Das Obligationenrecht, Weimar 1956

Levy, Ernst, West Roman Vulgar Law – The Law of Property, Philadelphia 1951

Levy, Ernst, Zum Wesen des weströmischen Vulgarrechtes, in: Atti del Congresso Internazionale di Diritto Romano, Volume Secondo, Roma/Pavia 1935, S. 29 ff.

Lévy, Jean-Philippe, La torture dans le droit romain de la preuve, in: Collatio Iuris Romani. Études dédiées à Hans Ankum à l'occasion de son 65e anniversaire, I, Amsterdam 1995, S. 241 ff.

Lieberwirth, Rolf, Die Aufnahme der Folter in das mittelalterlich-deutsche Strafverfahren. Einleitung, in: Christian Thomasius, Über die Folter. Untersuchungen zur Geschichte der Folter. Übersetzt und herausgegeben von Lieberwirth, Rolf, Weimar 1960, S. 13 ff.
[zitiert *Lieberwirth*, Folter]

Lieberwirth, Rolf, Artikel „Folter“, in: Cordes, Albrecht/Lück, Heiner/Werkmüller, Dieter/Schmidt-Wiegand, Ruth (Hrsg.): Handwörterbuch zur Deutschen Rechtsgeschichte (HRG), Band I: Aachen – Geistliche Bank, 2. Auflage, Berlin 2008, Sp. 1610 ff.
[zitiert *Lieberwirth* in HRG I]

Lietzmann, [...], Artikel „Martys“, in: Wissowa, Georg/Kroll, Wilhelm (Hrsg.), Paulys Real-Encyclopädie der classischen Altertumswissenschaft, Vierzehnter Band, Lysimachos – Mazaion, Achtundzwanzigster Halbband, Mantikles – Mazaion, Stuttgart 1930, Sp. 2044 ff.

Lycosthenes, Conrad, Wunderwerck oder Gottes unergründtliches vorbilden, übersetzt von Herold, Johannes Basilius, Nachdruck der Ausgabe Bern 1557, Hildesheim 2007

Martínez Díez, S.J., Gonzalo, La tortura judicial en la legislación histórica española, Anuario de Historia del Derecho Español (AHDE) 32, Madrid 1962, S. 223 ff.

Melicher, Theophil, Der Kampf zwischen Gesetzes- und Gewohnheitsrecht im Westgotenreiche, Weimar 1930

Merkel, Johannes, Zusatz zu Band 2, § 24, in: von Savigny, Friedrich Carl, Geschichte des Römischen Rechts im Mittelalter, Siebenter Band, Verbesserungen und Zusätze, Register, 2. Auflage, Heidelberg 1851, S. 42 ff.

Meyer-Goßner, Lutz, Strafprozessordnung. Gerichtsverfassungsgesetz, Nebengesetze und ergänzende Bestimmungen, unter Mitarbeit von Cierniak, Jürgen, 51. Auflage, München 2008

Mommsen, Theodor, Römisches Strafrecht, Nd. der Ausg. von 1899, Darmstadt 1955

Nehlsen, Hermann, Alarich II. als Gesetzgeber – Zur Geschichte der Lex Romana Visigothorum, in: Landwehr, Götz (Hrsg.), Studien zu den germanischen Volksrechten. Gedächtnisschrift für Wilhelm Ebel, Frankfurt am Main/Bern 1982

Nehlsen, Hermann, Artikel „Codex Euricianus", in: Beck, Heinrich/Jankuhn, Herbert/Ranke, Kurt/Wenskus, Reinhard: Reallexikon der Germanischen Altertumskunde (RGA), Band 5, 2. Auflage, Berlin/New York 1984, S. 42 ff.

Nehlsen, Hermann, Artikel „Lex Romana Burgundionum", in: Erler, Adalbert/ Kaufmann, Ekkehard/Schmidt-Wiegand, Ruth(Philologische Mitarbeiterin)/ Stammler, Wolfgang (Mitbegründer)/Werkmüller, Dieter (Redakteur): Handwörterbuch zur Deutschen Rechtsgeschichte (HRG), II. Band: Haustür – Lippe, Berlin 1978, Sp. 1927 ff.

Nehlsen, Hermann, Artikel „Lex Visigothorum", in: Erler, Adalbert/Kaufmann, Ekkehard/Schmidt-Wiegand, Ruth (Philologische Mitarbeiterin)/Stammler, Wolfgang (Mitbegründer)/Werkmüller, Dieter (Redakteur): Handwörterbuch zur Deutschen Rechtsgeschichte (HRG), II. Band: Haustür – Lippe, Berlin 1978, Sp. 1966 ff.

Nehlsen, Hermann, Rezension zu: Giulio Vismara, Edictum Theoderici (IRMAE I, 2 b aa a), Zeitschrift der Savigny-Stiftung für Rechtsgeschichte (ZRG), Germanistische Abteilung (GA), Sechsundachtzigster Band, Weimar 1969, S. 246 ff.

Nehlsen, Hermann, Sklavenrecht zwischen Antike und Mittelalter. Germanisches und römisches Recht in den germanischen Rechtsaufzeichnungen, I. Ostgoten, Westgoten, Franken, Langobarden, Göttingen/Frankfurt/Zürich 1972

Orlandis, José/Ramos-Lisson, Domingo, Die Synoden auf der Iberischen Halbinsel bis zum Einbruch des Islam (711), Paderborn/München/Wien/Zürich 1981

D'Ors, Alvaro, Estudios Visigoticos II: El Codigo de Eurico, Roma/Madrid 1960

Peters, Edward, Folter. Geschichte der Peinlichen Befragung, übersetzt aus dem Amerikanischen von Jobst-Christian Rojahn, 2. Auflage, Hamburg 2003

Petit, Carlos, Iustitia Gothica. Historia social y teología del proceso en la *Lex Visigothorum*, Huelva 2001

Rejali, Darius, Wahrheit, Erinnerung und die Erzwingung von Information, in: Harrasser, Karin/Macho, Thomas/Wolf, Burkhardt (Hrsg.), Folter – Politik und Technik des Schmerzes, München 2007, S. 295 ff.

Rowling, Joanne K., Harry Potter und der Feuerkelch, Deutsche Ausgabe, Hamburg 2000

Sabadell, Ana Lucia, Schmerz und Wahrheit. Zur Definition und Legitimation von Folter in der iberischen Rechtsdiskussion zwischen dem 16. und 19. Jahrhundert, in: Harrasser, Karin/Macho, Thomas/Wolf, Burkhardt (Hrsg.), Folter – Politik und Technik des Schmerzes, München 2007, S. 91 ff.

Sánchez-Albornoz, Claudio, En Torno a los Orígines del Feudalísmo, Band I: Fideles y Gardingos en la Monarquía Visigoda. Raíces del vasallaje y del beneficio hispanos, Mendoza 1942

Sartre, Jean-Paul, Vorwort zu Alleg, Henri, Die Folter. La Question. Mit Geleitworten von Jean-Paul Sartre und Eugen Kogon, Wien/München/Basel 1958

Schäferdiek, Knut, Die Kirche in den Reichen der Westgoten und Suewen bis zur Errichtung der westgotischen katholischen Staatskirche, Berlin 1967

Schiemann, Gottfried, Artikel „Folter“, in: Cancik, Hubert/Schneider, Helmuth (Hrsg.), Der neue Pauly. Enzyklopädie der Antike, Altertum, Band 4, Epo – Gro, Stuttgart/Weimar 1998, Sp. 584 ff.

Schild, Wolfgang, Artikel „Folter“, in: Lexikon des Mittelalters, Band IV: Erzkanzler bis Hiddensee, München/Zürich 1989, Sp. 614 ff.

Schmoeckel, Mathias, Die Tradition der Folter vom Ausgang der Antike bis zum Beginn des Ius Commune, in: Dorn, Franz/Schröder, Jan (Hrsg.), Festschrift für Gerd Kleinheyer zum 70. Geburtstag, Heidelberg 2001, S. 437 ff.

Schmoeckel, Mathias, Folter – warum nicht? Die Abschaffung der Folter in historischer Sicht, Einsichten. Forschung an der Ludwig-Maximilians-Universität München 2/1999, S. 40 ff.

Schmoeckel, Mathias, Humanität und Staatsraison. Die Abschaffung der Folter in Europa und die Entwicklung des gemeinen Strafprozess- und Beweisrechts seit dem hohen Mittelalter, Köln/Weimar/Wien 2000

Schröder, Richard/von Künßberg, Eberhard Freiherr, Lehrbuch der deutschen Rechtsgeschichte, 7. Auflage, Berlin/Leipzig 1932

Schubert, Georg, Der Einfluß des kirchlichen Rechts auf das weltliche Strafrecht der Frankenzeit, Münster 1937

Schuller, W., Artikel „Chindasvinth“, in: Lexikon des Mittelalters, Band II, Bettlerwesen – Codex v. Valencia, München/Zürich 1983, Sp. 1837 f.

Schultze, Alfred, Über westgotisch-spanisches Eherecht, Leipzig 1944

von Schwerin, Claudius Freiherr, Notas sobre la Historia del Derecho español más antiguo, Anuario de Historia del Derecho Español 1 (1924), S. 27 ff.

Siems, Harald, Artikel „Lex Romana Visigothorum“, in: Erler, Adalbert/Kaufmann, Ekkehard/Schmidt-Wiegand, Ruth (Philologische Mitarbeiterin)/ Stammler, Wolfgang (Mitbegründer)/Werkmüller, Dieter (Redakteur): Handwörterbuch zur Deutschen Rechtsgeschichte (HRG), II. Band: Haustür – Lippe, Berlin 1978, Sp. 1940 ff.

Stach, Walter, Geschichtswissenschaft und Rechtsgeschichte im Streit um die Stammesrechte. Ein Literaturbericht, I. Probleme der handschriftlichen Überlieferung der bayerischen Lex, Historische Vierteljahresschrift (hrsg. von Brandenburg, Erich) 26, Dresden 1931, S. 682 ff.

Stroheker, Karl Friedrich, Eurich – König der Westgoten, Stuttgart 1937

Thompson, E. A., The Goths in Spain, Oxford 1969

Thür, Gerhard, Beweisführung vor den Schwurgerichtshöfen Athens – Die Proklesis zur Basanos, Wien 1977

Velásquez, Isabel, Jural Relations as an Indicator of Syncretism: From the Law of Inheritance to the Dum Inlicita of Chindaswinth, in: Heather, Peter (Hrsg.), The Visigoths – From the Migration Period to the Seventh Century. An ethnographic Perspective, Woodbridge 1999, S. 225 ff.

Vismara, Giulio, Edictum Theoderici, Ius Romanum Medii Aevi (IRMAE) Pars I, 2 b aa α, Milano 1967

Vismara, Giulio, Artikel „Leges Visigothorum“, in: Lexikon des Mittelalters, Band V: Hiera-Mittel bis Lukanien, München/Zürich 1991, Sp. 1804 f.

Vismara, Giulio, Artikel „Lex Romana Visigothorum“, in: Lexikon des Mittelalters, Band V: Hiera-Mittel bis Lukanien, München/Zürich 1991, Sp. 1931

Walter, Ferdinand, Deutsche Rechtsgeschichte, Bonn 1853

Weitin, Thomas, Die Ökonomie der Folter, in: Harrasser, Karin/Macho, Thomas/ Wolf, Burkhardt (Hrsg.), Folter – Politik und Technik des Schmerzes, München 2007, S. 277 ff.

Werkmeister, Sven, Kommentar: Keine Folter ohne Schmerz! Zur Definition des Begriffs der Folter, in: Harrasser, Karin/Macho, Thomas/Wolf, Burkhardt (Hrsg.), Folter – Politik und Technik des Schmerzes, München 2007, S. 269 ff.

Wesel, Uwe, Geschichte des Rechts – Von den Frühformen bis zur Gegenwart, 3. Auflage, München 2006; 2. Auflage, München 2001

Wieacker, Franz, Lateinische Kommentare zum Codex Theodosianus, in: Symbolae Fribergenses in Honorem Ottonis Lenel, Leipzig 1935, S. 259 ff.

Wieacker, Franz, Vulgarismus und Klassizismus im Recht der Spätantike. Sitzungsberichte der Heidelberger Akademie der Wissenschaften, Philosophisch-historische Klasse, Jahrgang 1955, 3. Abhandlung, Heidelberg 1955

Wolf, Burkhardt, Kommentar: Die Regeln der Ausnahme. Legitimation durch Definition in der Folterdoktrin, in: Harrasser, Karin/Macho, Thomas/Wolf, Burkhardt (Hrsg.), Folter – Politik und Technik des Schmerzes, München 2007, S. 105 ff.

Woll, Judith, Das Phänomen der Folter. Geschichte, Rechtsstaatlichkeit, Ursachen, Saarbrücken 2007

Zeumer, Karl, Die Chronologie der Westgothenkönige des Reiches von Toledo, Neues Archiv der Gesellschaft für ältere deutsche Geschichtskunde (NA) 27, Hannover/Leipzig 1902, S. 409 ff.

Zeumer, Karl, Eine neuentdeckte westgothische Rechtsquelle, Neues Archiv der Gesellschaft für ältere deutsche Geschichtskunde (NA) 12, Hannover 1887, S. 387 ff.

Zeumer, Karl, Geschichte der westgothischen Gesetzgebung, Teil I (Allgemeiner Theil), Neues Archiv der Gesellschaft für ältere deutsche Geschichtskunde (NA) 23, Hannover/Leipzig 1898, S. 419 ff.; Teil II (Besonderer Theil), NA 24, Hannover/Leipzig 1899, S. 39 ff.; Teil III (Besonderer Theil/Fortsetzung), NA 24, Hannover/Leipzig 1899, S. 571 ff.; Teil IV (Besonderer Theil/Fortsetzung), NA 26, Hannover/Leipzig 1901, S. 91 ff.

Zeumer, Karl, Zum westgothischen Urkundenwesen, Neues Archiv der Gesellschaft für ältere deutsche Geschichtskunde (NA) 24, Hannover/Leipzig 1899, S. 13 ff.

Einleitung

I. Gegenstand der Untersuchung

Die vorliegende Untersuchung befasst sich mit der Folter in den Leges Visigothorum, namentlich der Gesetzgebung des westgotischen Königs Chindasvinth (642–653)[1] in diesem Bereich, die, wie die Untersuchung zeigen wird, ohne Frage repräsentativ für das Thema ist.

So waren insbesondere die Regelungen in Chindasvinths Gesetz LVis. VI, 1, 2[2] Anregung für die Beschäftigung mit diesem Thema, da dort besonders detailliert und ausgefeilt die Voraussetzungen geschildert werden, unter denen ein Freier gefoltert werden darf. Unter diesen Voraussetzungen finden sich einige bemerkenswerte Besonderheiten, namentlich, dass eine Folter nicht mehr stattfinden darf, wenn der Beschuldigte bereits durch den Ankläger von den Vorwürfen erfahren hat. Diese und andere Besonderheiten in Chindasvinths Folterregelungen sollen auf ihre gesetzgeberischen Motive sowie eventuelle Vorbilder untersucht werden, die sich zum Teil in früheren Gesetzen des Liber Iudiciorum und sogar schon des Codex Euricianus wie auch in der Lex Romana Visigothorum finden werden. Einen Überblick über den historischen Hintergrund und die Entstehungsgeschichte dieser Gesetze wird das zweite Kapitel geben. Unabhängig von möglichen Vorbildern geht diese Untersuchung jedoch von einer weitgehenden gesetzgeberischen Eigenleistung Chindasvinths aus, die sich auch auf seine eigenen gesetzgeberischen und politischen Intentionen gründet und die bezweckt, die Folter zurückhaltender anzuwenden und insbesondere falsche Anklagen einzudämmen.

Unabhängig von der im ersten Kapitel anzusprechenden Definition des Begriffs Folter wird sich diese Arbeit nur mit der Folter als Mittel im Beweisverfahren befassen. Dies schon deshalb, weil sich, wie gerade angedeutet, in diesem Bereich die bemerkenswertesten Regelungen finden lassen. Eine ausführliche Beschäftigung mit der „Folter“, die einen reinen Bestrafungszweck erfüllen soll – wenn man diese, wie im ersten Kapitel kurz angesprochen werden wird, überhaupt unter den Begriff fassen möchte – würde darum m.E. die Akzente falsch setzen und auch den hier gesetzten Rahmen sprengen. Wirklich entscheidende

1 Daten nach *Zeumer*, Die Chronologie der Westgothenkönige, S. 442 (443); vgl. *Claude*, Adel, S. 211.
2 LVis. VI, 1, 2 (ed. Zeumer), S. 247 ff.

Aspekte der „Straffolter“ im westgotischen Recht sind zudem bereits ausführlich behandelt worden.[3]

Aufgabe der Arbeit ist es damit, zu untersuchen, wodurch Chindasvinth zu seiner umsichtigen Gesetzgebung im Bereich der Folterregelungen bewogen wurde, welche Einflüsse und gesetzgeberische Vorlagen eine Rolle spielten, welche historischen Umstände ihn hierzu anregten und welche Zwecke er damit verfolgte.

Bisherige Befassungen mit dem Thema finden sich zumeist in größeren Abhandlungen zum westgotischen Recht im Allgemeinen oder auch in Abhandlungen zu anderen Themen des westgotischen Rechts, die Schnittmengen mit diesem Thema aufweisen. Hervorzuheben sind zunächst die Darstellungen von *Adolf Helfferich*, „Entstehung und Geschichte des Westgothen-Rechts“ (1858)[4], *Moritz August von Bethmann-Hollweg,* „Der Civilprozeß des gemeinen Rechts, Band IV/1“ (1868)[5] und *Felix Dahn*, Westgothische Studien (1874)[6], die sich neben vielen anderen Aspekten des westgotischen Rechts teilweise auch der Foltergesetzgebung widmen. Auch *Karl Zeumer*, „Geschichte der westgothischen Gesetzgebung“ (1898 ff.)[7] spricht das Thema teilweise an. Ebenso befasst sich *Franz Beyerle*, „Das Entwicklungsproblem im germanischen Rechtsgang“ (1915)[8] näher damit. *Rolf Lieberwirth* bietet mit seinem Beitrag „Die Aufnahme der Folter in das mittelalterlich-deutsche Strafverfahren“ (1960)[9] einen guten Überblick und diskutiert wichtige Aspekte. Einen guten Überblick wie auch eine zum Teil sehr intensive Befassung mit dem Thema bietet der Beitrag von *Gonzalo Martí-*

3 siehe nur die Ausführungen von *Nehlsen*, Sklavenrecht, S. 224 (225) zur konkreten Vornahme der Dekalvation und *ebenda*, S. 226 f. zur eventuellen Verabreichung von Peitschenhieben in Intervallen.

4 *Adolf Helfferich,* Entstehung und Geschichte des Westgothen-Rechts, Berlin 1858.

5 *Moritz August von Bethmann-Hollweg,* Der Civilprozeß des gemeinen Rechts in geschichtlicher Entwicklung, Vierter Band: Der germanisch-romanische Civilprozeß im Mittelalter, Erster Band: Vom fünften bis achten Jahrhundert – Die Staaten der Völkerwanderung, Bonn 1868.

6 *Felix Dahn,* Westgothische Studien. Entstehungsgeschichte, Privatrecht, Strafrecht, Civil- und Straf-Proceß und Gesammtkritik der Lex Visigothorum, Würzburg 1874.

7 *Karl Zeumer,* Geschichte der westgothischen Gesetzgebung, Teil I: NA 23, Hannover/Leipzig 1898, S. 419 ff.; Teil II: NA 24, Hannover/Leipzig 1899, S. 39 ff.; Teil III: NA 24, Hannover/Leipzig 1899, S. 571 ff.; Teil IV: NA 26, Hannover/Leipzig 1901, S. 91 ff.

8 *Franz Beyerle,* Das Entwicklungsproblem im germanischen Rechtsgang, I. Sühne, Rache und Preisgabe in ihrer Beziehung zum Strafprozeß der Volksrechte, Heidelberg 1915.

9 *Rolf Lieberwirth,* Die Aufnahme der Folter in das mittelalterlich-deutsche Strafverfahren, in: Christian Thomasius, Über die Folter. Untersuchungen zur Geschichte der Folter. Übersetzt und herausgegeben von Rolf Lieberwirth, Weimar 1960, S. 13 ff.

nez Díez, S.J., „La tortura judicial en la legislación histórica española" (1962)[10]. Auch die Werke von *E.A. Thompson*, „The Goths in Spain" (1969)[11] und *P.D. King*, „Law and Society in the Visigothic Kingdom" (1972)[12] diskutieren einige wichtige Aspekte des Themas. Hervorzuheben ist auch das Werk von *Hermann Nehlsen*, „Sklavenrecht zwischen Antike und Mittelalter" (1972)[13], in dem er sich unter anderem auch mit Aspekten der Folterung von Sklaven im westgotischen Recht befasst. Eine gute Zusammenfassung der Regelungen sowie einige klärende Ausführungen hierzu weisen auch der Beitrag von *Mathias Schmoeckel*, „Die Tradition der Folter vom Ausgang der Antike bis zum Beginn des Ius Commune" (2001)[14] sowie das Werk von *Carlos Petit*, „Iustitia Gothica" (2001)[15] auf.

II. Quellenmaterial

Zu untersuchen sind einzelne Regelungen der westgotischen Gesetze, also des Codex Euricianus, der Lex Visigothorum (Liber Iudiciorum) und der Lex Romana Visigothorum (Breviarium Alarici). Mit der Entstehungsgeschichte dieser Gesetze wird sich das zweite Kapitel befassen. Codex Euricianus und Lex Visigothorum finden sich in der kritischen Textausgabe von *Karl Zeumer*[16]. Ebenso existiert eine weitere Ausgabe mit Übersetzung von *Eugen Wohlhaupter*.[17] Die Lex Romana Visigothorum ist herausgegeben von *Gustav Haenel*.[18] Eine deutsche Ausgabe existiert, nach Themen geordnet, von *Max Conrat*.[19]

---

10 *Gonzalo Martínez Díez, S.J.,* La tortura judicial en la legislación histórica española, AHDE 32, Madrid 1962, S. 223 ff.

11 *E.A. Thompson,* The Goths in Spain, Oxford 1969.

12 *P.D. King,* Law and Society in the Visigothic Kingdom, Cambridge 1972.

13 *Hermann Nehlsen,* Sklavenrecht zwischen Antike und Mittelalter. Germanisches und römisches Recht in den germanischen Rechtsaufzeichnungen, I. Ostgoten, Westgoten, Franken, Langobarden, Göttingen/Frankfurt/Zürich 1972.

14 *Mathias Schmoeckel,* Die Tradition der Folter vom Ausgang der Antike bis zum Beginn des Ius Commune, in: Franz Dorn/Jan Schröder (Hrsg.), Festschrift für Gerd Kleinheyer zum 70. Geburtstag, Heidelberg 2001, S. 437 ff.

15 *Carlos Petit,* Iustitia Gothica. Historia social y teología del proceso en la *Lex Visigothorum*, Huelva 2001.

16 Leges Visigothorum, ed. *Karl Zeumer,* MGH, Legum Sectio I: Legum Nationum Germanicarum, Tomus I, Hannover/Leipzig 1902.

17 *Eugen Wohlhaupter,* Gesetze der Westgoten (Germanenrechte – Texte und Übersetzungen, Band 11), Weimar 1936.

18 Lex Romana Visigothorum, ed. *Gustav Haenel,* Aalen 1962.

19 Breviarium Alaricianum, ed. *Max Conrat,* Aalen 1963 (Nd. der Ausgabe Leipzig 1903).

III. Gang der Untersuchung

Ausgangsfrage ist, wodurch Chindasvinth zu seiner Gesetzgebung im Bereich der Folter bewogen wurde und was er mit ihr bezweckte. Dabei ist jedoch zu unterscheiden zwischen den Folterbestimmungen in Bezug auf Freie, Sklaven und Freigelassene. Darum werden (nach einem kurzen Überblick über das Thema Folter an sich und die Geschichte der westgotischen *Leges*) die beiden zentralen Foltergesetze Chindasvinths, LVis. VI, 1, 2[20] und LVis. VI, 1, 5[21] zum Ausgangspunkt der Untersuchung gemacht werden. LVis. VI, 1, 2 regelt die Folterung an Freien, LVis. VI, 1, 5 an Sklaven und Freigelassenen. Eine intensive Textanalyse dieser beiden zentralen Regelungen wird untermauert werden durch die Betrachtung vielfältiger anderer Regelungen zur Folter und zum Beweisverfahren, die für die Deutung der einzelnen, in LVis. VI, 1, 2 und LVis. VI, 1, 5 angesprochenen Punkte eine Rolle spielen. Dabei werden nicht nur Regelungen aus dem Liber Iudiciorum, sondern auch aus dem Codex Euricianus sowie aus der Lex Romana Visigothorum betrachtet werden, wobei insbesondere auf inhaltliche, sprachliche und den Normzweck betreffende Ähnlichkeiten geachtet werden wird. Zweck der Untersuchung ist es, Paralellen aufzuzeigen, um eventuelle Einflüsse des Codex, des Breviars oder der älteren Liber-Regelungen festzustellen. Anhand des Breviars soll vor allem festgestellt werden, inwieweit römisches Gedankengut Einzug in diese Gesetzgebung gefunden hat. Herausgefiltert sollen dabei vor allem die Stellen werden, die auf eine weitreichende gesetzgeberische Eigeninitiative Chindasvinths schließen lassen. Dabei wird auch die bisherige Sekundärliteratur, namentlich die oben angeführte, berücksichtigt und die Vereinbarkeit der bisher geäußerten Ansichten mit dem Quellenmaterial kritisch geprüft werden. Die sich bei dem angesprochenen Punkt der Heimlichkeit des Tatvorwurfs als Voraussetzung der Folter aufdrängende Vermutung, dass Chindasvinths Gesetzgebung eine zurückhaltendere Anwendung der Folter sowie eine Eindämmung von falschen Anklagen bezweckt, wird so mit vielen weiteren Beispielen belegt werden. Anschließend soll betrachtet werden, was unter den späteren westgotischen Gesetzgebern, namentlich Reccesvinth, Ervig und Egica mit den Regelungen Chindasvinths passiert ist bzw. inwieweit sie fortentwickelt worden sind. Die bei der Textbetrachtung gefundenen Ergebnisse sollen zum Abschluss noch mit den historischen Überlieferungen über Chindasvinth abgeglichen werden, um durch die Betrachtung des Gesetzgebers Klarheit über seine gesetzgeberischen Intentionen zu gewinnen und zu analysieren, inwieweit diese zu den untersuchten Regelungen geführt haben. Dabei ist dem Bearbeiter klar, dass es einen etwas ungewöhn-

20 LVis. VI, 1, 2 (ed. Zeumer), S. 247 ff.
21 LVis. VI, 1, 5 (ed. Zeumer), S. 252 ff.

lichen exegetischen Ansatz darstellt, die Person des Gesetzgebers erst am Ende der Analyse seiner Gesetze zu betrachten. Trotzdem erscheint dies hier erforderlich, um zunächst seine Gesetzgebung vorurteilsfrei zu betrachten. Verwässert doch die zu frühe Betrachtung teils unsicherer historischer Überlieferungen der Geschichtsschreiber oft den scharfen Blick auf das nahezu einzig Fassbare, was uns die Gesetzgeber selbst von sich hinterlassen haben: ihre Gesetze.

Kapitel 1: Folter – Begriff und Zweck

Xanthias:
Beim Zeus, wenn ich je in meinem Leben schon mal hier gewesen bin und dir auch nur eines Hellers Wert gestohlen habe, will ich auf der Stelle tot sein! Ich mache dir einen äußerst großzügigen Vorschlag. (Auf Dionysos deutend.) Nimm hier meinen Sklaven und verhöre ihn auf der Folter! Und wenn du mir ein Unrecht nachweisen kannst, dann bring mich um!

Aiakos:
Und was soll ich mit ihm machen?

Xanthias:
Was du willst! Spann ihn auf die Leiter, häng ihn auf, walk ihn durch, zieh ihm die Haut ab, renk ihm die Glieder aus, gieß ihm Essig in die Nase, leg ihm heiße Ziegelsteine auf den Bauch, und was dir sonst einfällt, nur – faß ihn nicht mit Samthandschuhen an!

Aiakos:
Der Vorschlag läßt sich hören, und für den Fall, daß ich dir den Kerl irgendwie zuschanden prügle, soll die Entschädigungssumme schon für dich bereitliegen.

Xanthias:
Gar nicht notwendig! Nimm ihn nur so zur Folter mit!

Aiakos:
Nein, hier auf der Stelle will ich ihn vornehmen, dir ins Gesicht soll er seine Aussage machen. [...]

(Aristophanes, Die Frösche, 2. Akt., 5. Szene)[22]

Diese berühmte Szene aus dem bekannten Werk des griechischen Dramatikers Aristophanes ist sicherlich nicht bezeichnend für die Folter, wie sie in der Antike Alltagswirklichkeit war. Während Dionysos und sein Sklave Xanthias die Folter mit Humor nehmen, um vor Aiakos ihre Göttlichkeit zu betonen, sah die Realität sehr viel weniger humorvoll aus.

Im Folgenden wollen wir uns mit dem Phänomen Folter an sich und seinen vielen verschiedenen Erscheinungsformen befassen.

22 Reclam-Ausgabe, S. 56 f.

I. Begriffsbestimmung

Folter ist ein sehr weiter Begriff. Sie taucht immer wieder in der Rechtsgeschichte auf, in vielen verschiedenen Formen, in völlig unterschiedlichen Kulturen. Das Wort Folter ist aus dem mittellateinischen Wort *poledrus* (=Fohlen) entlehnt, das wiederum von dem spätgriechischen *põlos* abstammt.[23] Dabei handelte es sich um ein römisches Foltergerät, das Ähnlichkeit mit einem Fohlen hatte.[24] Es entsprach dem klassischen Folterwerkzeug namens *eculeus (equuleus)*, das vermutlich nach dem Vorbild eines griechischen Folterinstruments (*trochós*) entstanden ist.[25] Neben dem Wort Folter wurden und werden aber oft synonyme Begriffe verwendet. So wird häufig auch von *Tortur* bzw. *Tortura* gesprochen, was von lat. torquere = quälen (drehen, winden) abstammt.[26] Dieser Ausdruck ersetzte den klassischen Begriff *„tormenta“*[27] im Sinne von Folter.[28]

Ein weiterer synonymer Begriff ist *Marter*. Der Begriff stammt vom mittelhochdeutschen *marter(e), martel* bzw. dem althochdeutschen *martyra, martira* ab, welche die kirchliche Bedeutung „Blutzeugnis“ haben.[29] Diese wiederum entstammen dem griechischen *mártys* (Märtyrer)[30] bzw. *martýrion* (Blutzeugnis).[31] Verbreitet ist auch die Rede von der *peinlichen Frage*.[32]

In den mittelalterlichen Quellen finden sich zudem die Bezeichnungen *quaestio* und *cruciatus*. Diese Fachausdrücke gehen auf das römische Recht zurück und finden sich sogar noch zu Beginn des 10. Jhds. n. Chr. in den fränkischen Rechtsquellen.[33] Der Begriff *cruciatus* (von crux = das Kreuz bzw. cruciare =

23 *Kluge-Seebold,* S. 278; *Lieberwirth*, Folter, S. 13; *derselbe* in HRG I, Sp. 1610; vgl. *Schild* in LMA IV, Sp. 614 f.

24 *Lieberwirth*, Folter, S. 13; siehe auch *Kluge-Seebold,* S. 278; vgl. *Schild* in LMA IV, Sp. 614 f.; *Lieberwirth* in HRG I, Sp. 1610.

25 *Hitzig* in Pauly V, 2, Sp. 1931 f.; *Lieberwirth*, Folter, S. 13; siehe zu „eculeus“ auch *Wesel*, Geschichte des Rechts, 3. Aufl. 2006, S. 173 (Rn. 133) sowie *Schiemann*, in: Der neue Pauly 4, Sp. 584 (586, dort auch Abbildung des „eculeus“); siehe zu „Equuleus“ auch *Helbing/Bauer,* Die Tortur, S. 40.

26 *Schild* in LMA IV, Sp. 614 (615); vgl. *Lieberwirth* in HRG I, Sp. 1610; siehe auch *Lieberwirth*, Folter, S. 13 (14 ff.).

27 Im Spanischen hat das Wort *tormenta* heute erstaunlicherweise die Bedeutung „Gewitter, Sturm“: *„tormenta“*, Neues großes Wörterbuch Spanisch (Spanisch-Deutsch; Deutsch-Spanisch), München 1999, S. 251, Sp.1.

28 *Lieberwirth* in HRG I, Sp. 1610; siehe zu „tormenta“ auch *derselbe*, Folter, S. 13 (14 ff.).

29 *Kluge-Seebold,* S. 542; siehe auch *Lieberwirth*, Folter, S. 13 (18).

30 *Lietzmann* in Pauly XIV, 2, Sp. 2044 ff.

31 *Lieberwirth*, Folter, S. 13 (18); siehe auch *Kluge-Seebold,* S. 542.

32 *Schild* in LMA IV, Sp. 614 (615); siehe auch *Lieberwirth*, Folter, S. 13 (20).

33 *Lieberwirth* in HRG I, Sp. 1610.

kreuzigen) findet sich auch noch im gesamten Mittelalter ebenso wie in der Neuzeit und bedeutete später Folter, Marter, Pein.[34]

Auch die moderne Literatur hat diesen Ausdruck aufgegriffen. So berichtet J.K. ROWLING in ihren populären „Harry-Potter-Romanen" vom sog. „Cruciatus-Fluch", der demjenigen, gegen den er eingesetzt wird, bestialische Schmerzen bereitet, die ihn sogar in den Wahnsinn treiben können.[35]

II. Zweck der Folter

Diese vielen Begriffe können aber sogar jeder für sich völlig unterschiedliche Handlungen bezeichnen. Gemeinsam ist ihnen nur allen, dass im Zuge ihrer Durchführung einem Menschen Schmerz zugefügt wird.[36] Die Handlung an sich konnte jedoch in vielen unterschiedlichen Varianten erfolgen, insbesondere der Zweck der Folterung konnte je nach Lage des Falles ein völlig anderer sein. Jedenfalls bezeichnet Folter ein Beweisgewinnungsmittel. Teilweise wird darunter aber auch eine reine Strafe oder ggf. eine Strafverschärfung sowie ein Züchtigungsmittel verstanden (insbes. Auspeitschen o.ä.).[37]

Gerade der Begriff „Folter als Strafe" wird aber in Frage gestellt: so soll trotz der Gemeinsamkeit, dass körperliche Schmerzen verursacht werden, der Begriff Folter nur ein prozessuales Beweismittel darstellen, das streng zu unterscheiden ist von einer körperlichen Züchtigung zum Zwecke der Bestrafung.[38]

Wie bereits in der Einleitung erwähnt, wird sich diese Abhandlung unabhängig von dieser Begrifflichkeit nur mit der Folter im Beweisverfahren beschäftigen.

Auch unter dem beweisrechtlich geprägten Folterbegriff gab es jedoch verschiedene Varianten: so konnte die Folter dazu dienen, von einem Verdächtigen

34 *Lieberwirth*, Folter, S. 13 (18).

35 so etwa in *Rowling*, Harry Potter und der Feuerkelch, S. 225.

36 *Schild* in LMA IV, Sp. 614 (615); siehe aber zum fehlenden Erfordernis des Schmerzes bei der Folter *Griesecke*, Folter ohne Schmerz?, S. 247 ff. mit Kommentar von *Werkmeister,* Keine Folter ohne Schmerz!, S. 269 ff.

37 *Schild* in LMA IV, Sp. 614 (615); *Schiemann*, in: Der neue Pauly 4, Sp. 584 f.

38 etwa *Lieberwirth*, Folter, S. 13 (20 f.); vgl. auch *derselbe* in HRG I, Sp. 1610; zur Definition der Folter als Erkenntnismittel siehe auch *Harrasser/Macho/Wolf,* Schmerzgrenzen, S. 9 (10, 18); *Sabadell,* Schmerz und Wahrheit, S. 91 ff.; *Le Breton,* Schmerz und Folter, S. 227 (228 f.); siehe auch *Lembke*, Folter und gerichtliches Geständnis, S. 171 (177 f.); vgl. auch *Rejali*, Wahrheit, S. 295; siehe aber zur „Folter als Strafe" auch *Helbing/Bauer,* Die Tortur, S. 52 ff.; siehe auch *Körner*, Schönheit und Nutzen, S. 281; siehe auch *Sabadell,* Schmerz und Wahrheit, S. 91 (96, 101 f.) mit weiteren Nachweisen; vgl. *Wolf,* Die Regeln der Ausnahme, S. 105 (110); vgl. *Groenewold*, Vorwort zu Peters, Folter, S. 3; vgl. zudem *Mommsen*, Römisches Strafrecht, S. 416, Fn. 2.

ein Geständnis zu erlangen, ebenso konnte auch die Aussage eines Zeugen durch Quälen des Körpers erreicht werden.[39] War ein Täter bereits überführt, so konnte eine Folterung immer noch zweckdienlich sein, um die Namen eventueller Mittäter zu erfahren oder um herauszufinden, wo z.B. ein Dieb oder Räuber seine Beute versteckt hatte.[40]

Neben dem Straf- oder Beweiszweck ist aber auch das Prinzip der sog. „Rettungsfolter"[41] gerade in neuerer Zeit wieder diskutiert worden. Schon 1958 schrieb JEAN-PAUL SARTRE[42] seine scharfe Kritik darüber. In unseren Tagen begegnet sie uns wieder. Im Fall des ermordeten 11-jährigen Bankierssohnes Jakob von Metzler im Jahre 2002 wurde heftig diskutiert, ob dem schon geständigen Täter, dem damals 27-jährigen Jurastudenten Magnus Gäfgen, von Seiten der Polizei Gewalt angedroht werden durfte, falls er den Aufenthaltsort des Kindes nicht benenne, von welchem man hoffte, es unter Umständen noch retten zu können.[43] Die gleiche Problematik stellt sich heute, da Terrorismus ein Dauerthema ist, bei terroristisch aktiven Personen, denen man mit Hilfe von Folterung unter Umständen den Aufenthaltsort einer Bombe, ein geplantes Attentat, eine geplante Flugzeugentführung oder Ähnliches entlocken könnte.[44] Eine Variante der Folter, bei der selbst in unserer weitgehend zivilisierten Gesellschaft gewichtige Argumente sowohl auf der Pro- als auch auf der Contra-Seite stehen. Einerseits die fast nicht hinnehmbare, endgültig erscheinende Aufgabe rechtsstaatlicher Grundsätze zugunsten einzelner Menschen, andererseits die ebenso erschreckend erscheinende Tatenlosigkeit beim Tod unschuldiger Opfer zugunsten der Menschenwürde eines nicht wirklich schutzwürdig erscheinenden Täters.[45] Das Bundesverfassungsgericht nahm die Verfassungsbeschwerde Gäfgens nicht zur Entscheidung an, stellte jedoch fest: „Durch den Verstoß gegen das in § 136a I StPO und Art.

---

39 *Schild* in LMA IV, Sp. 614 (615).

40 *Schild* in LMA IV, Sp. 614 (615).

41 siehe hierzu etwa *Brugger*, Darf der Staat ausnahmsweise foltern?, S. 67 ff.; *derselbe*, Vom unbedingten Verbot der Folter zum bedingten Recht auf Folter?, S. 165 ff.; *derselbe*, Das andere Auge, S. 107 ff.; *Kreuzer*, Zur Not ein bisschen Folter?, S. 35 ff.; *Weitin*, Die Ökonomie der Folter, S. 277 ff. mit weiteren Nachweisen, mit Kommentar von *Hein*, Zweckmäßigkeit der Folter, S. 291 ff.; siehe auch *Wesel*, Geschichte des Rechts, 3. Aufl. 2006, S. 580 f. (Rn. 338); siehe auch *Sabadell*, Schmerz und Wahrheit, S. 91 (103) mit weiteren Nachweisen; vgl. *Woll*, Folter, S. 3, 23 ff.; siehe auch *Groenewold*, Vorwort zu Peters, Folter, S. 3 ff.

42 *Sartre,* Vorwort zu Alleg, La Question, S. 7 (12 ff.).

43 siehe hierzu *Kreuzer*, Zur Not ein bisschen Folter?, S. 35 (38 ff.); *Brugger*, Das andere Auge, S. 107 ff.; siehe auch *Weitin*, Die Ökonomie der Folter, S. 277 ff. (insbesondere 277); siehe auch *Woll*, Folter, S. 3, 23 ff.; siehe auch *Groenewold*, Vorwort zu Peters, Folter, S. 3 (4).

44 siehe zu dieser Thematik auch *Kiesow*, Rg 3, S. 98 und S. 106 ff.

45 siehe auch hierzu *Kiesow*, Rg 3, S. 98 (106 ff.).

3 EMRK enthaltene Folterverbot im strafrechtlichen Vorverfahren werden die Grundrechte des Betroffenen aus Art. 1 I GG und Art. 104 I 2 GG missachtet. Denn die Anwendung von Folter macht die Vernehmungsperson zum bloßen Objekt der Verbrechensbekämpfung unter Verletzung ihres verfassungsrechtlich geschützten sozialen Wert- und Achtungsanspruchs und zerstört grundlegende Voraussetzungen der individuellen und sozialen Existenz des Menschen."[46] Fest zu halten ist hierzu jedenfalls, dass dies wohl (hoffentlich) die einzige Variante der Folter sein wird, die uns in der rechtlichen Diskussion in Deutschland noch beschäftigen wird.

III. Folter und Folterskeptiker

Wir wollen uns nun aber wieder der ferner zurückliegenden Vergangenheit widmen. Foltergegner oder zumindest Skeptiker gegen die Folter gab es nicht erst in der Neuzeit. Ihre Geschichte geht fast genauso lange zurück wie die Geschichte der Folter selbst und ist keinesfalls erst ein Produkt der Aufklärung.

Schon im antiken Griechenland finden sich Belege für die Anwendung von Folter, und zwar als eine private und außergerichtliche Form der Beweisgewinnung, den sog. *basanós*. Hierbei wurde dem Prozessgegner ein Sklave der anderen Partei, im Idealfall ein besonders nahestehender, übergeben. Dieser konnte vom Prozessgegner unter Verwendung von Folter zum Sachverhalt befragt werden. Die auf diese Weise zwar außergerichtlich erlangten Aussagen konnten dann aber ohne weiteres im folgenden Gerichtsverfahren als Beweismittel verwendet werden.[47] Diese Art der Folter wurde allerdings scheinbar kaum wirklich angewandt, sondern diente mehr oder weniger als Finte des Prozessgegners, der bei seinem Herausgabeverlangen gar nicht mit einer Herausgabe des Sklaven rechnete. Dieses Herausgabeverweigern der anderen Prozesspartei indes konnte der Prozessgegner dann als implizites Zugeständnis des Beweisgegenstandes vor Gericht einbringen.[48]

Daraus lässt sich unter Umständen schließen, dass damals schon Angst vor der Folter herrschte.[49] Ein weiteres Motiv wird sicherlich das Verlangen nach Schonung des nahestehenden Sklaven gewesen sein, dem man die Folterung durch den Prozessgegner nicht zumuten wollte.[50] Später jedoch ging man dann doch

46 BVerfG, Beschluss v. 14.12.2004 – 2 BvR 1249/04, NJW 2005, S. 656.

47 *Schmoeckel*, Humanität, S. 93; vgl. *Thür*, Beweisführung, S. 13 f.; vgl. *Wesel*, Geschichte des Rechts, 3. Aufl. 2006, S. 126 (Rn. 109).

48 *Thür*, Beweisführung, S. 314; siehe auch *Schmoeckel*, Humanität, S. 93.

49 *Schmoeckel*, Humanität, S. 93.

50 *Schmoeckel*, Humanität, S. 93 f.

zur wirklichen Folter über[51], sie wurde zu einem wesentlichen Bestandteil des griechischen Prozesses[52]. Einen eindrucksvollen literarischen Beleg aus dieser Zeit stellen „Die Frösche“ von Aristophanes dar. Die komische Darstellung der Folterung des Xanthias und seines von ihm zur Folterung angebotenen Sklaven Dionysos, die durch gespielte Schmerzresistenz ihre Göttlichkeit unter Beweis stellen wollen[53], zeigt keine besonders ablehnende Haltung der Griechen gegen die Folter.[54]

Nach dieser Anekdote überrascht es auch nicht, dass uns der erste bekannte Skeptiker gegen die Folter schon im alten Griechenland begegnet, sein Name ist Pyrrhon von Elis (360–275 v. Chr.).[55] In der Antike lässt sich diese Skepsis gegen die Folter als das Streben nach Ataraxie, nach unerschütterlicher Seelenruhe erklären.[56] Pyrrhon folgten auf dem Fuße eine Reihe von „Spezialskeptikern“, die besonders gegen die Folter als Instrument der Wahrheitsfindung wetterten.[57] Ihr Vorreiter ist ein alter Bekannter, Aristoteles.[58] Er führte vor allem an, dass oft nur gestanden wurde, um die Leiden schnell zu beenden.[59]

Unter seinen geistigen Nachfolgern finden sich so illustre Namen wie Cicero[60], Quintilian[61], Ulpian[62] und sogar Justinian[63]. Skepsis gegen die Folter gab es demnach auch im römischen Reich. So sind z.B. in den „Rhetorica ad Herennium“ eines anonymen Autors im 1. Jhd. v. Chr. die Argumente für und wider die

51 *DuBois*, Torture and Truth, S. 21; siehe auch *Schmoeckel*, Humanität, S. 93 (94).
52 *DuBois*, Torture and Truth, S. 47; siehe auch *Schmoeckel*, Humanität, S. 93 (94).
53 *Aristophanes*, Die Frösche, 2. Akt, 5. Szene (Reclam-Ausgabe, S. 56 ff.), s.o.; vgl. hierzu *Wesel*, Geschichte des Rechts, 3. Aufl. 2006, S. 126 (Rn. 109).
54 *Schmoeckel*, Humanität, S. 93 (94); *DuBois*, Torture and Truth, S. 29 ff.
55 *Kiesow*, Rg 3, S. 98 (102); *Schmoeckel*, Humanität, S. 537 (539).
56 *Schmoeckel*, Humanität, S. 537 (539).
57 *Kiesow*, Rg 3, S. 98 (102).
58 *Kiesow*, Rg 3, S. 98 (102); *Ellrich*, Folter, S. 27 (47), Fn. 53; *Schmoeckel*, Humanität, S. 93 (94); siehe *Aristoteles*, Ars rhetorica I, XV, 26 (1377 a), (ed. Kassel), S. 72 f., (ed. Freese), S. 162.
59 *Aristoteles*, Ars Rhetorica I, XV, 26 (1377 a), (ed. Kassel), S. 72 f., (ed. Freese), S. 162; *Aristoteles*, Rhetorica ad Alexandrum, § 16 (ed. Rackham), S. 346; siehe *Schmoeckel*, Humanität, S. 93 (94).
60 *Cicero*, Topica, XX, 74 (ed. Di Maria), S. 30, Z. 21 f.; *Cicero*, Pro Sulla, 28, 78, Z. 13–16, in: Orationes VI (ed. Clark); *Cicero*, Pro Cluentio, 63, 176, Z. 5–17, in: Orationes I (ed. Clark), S. 172.
61 *Quintilian*, Declamationes, decl. 314 (ed. Ritter), S. 233 f., Z. 29 – Z. 5; *Quintilian*, Institutiones oratoriae V, 10, 70 a.E.; IX, 2, 81–83; V, 4, 1 (ed. Cousin), III S. 146 f., V S. 193 f., III S. 106 f.
62 (Ulp.) D. 48, 18, 1, 27 (ed. Mommsen), S. 862 f.; (Ulp.) D. 48, 18, 1, 23 (ed. Mommsen), S. 862; (Ulp.) D. 48, 18, 7 (ed. Mommsen), S. 862; ebenso (Paulus) D. 48, 18, 21 (ed. Mommsen), S. 862.
63 Nov. 134, 13 pr. (ed. Schöll), S. 688.

Folter aufgeführt.[64] Cicero klagte vor allem an, dass der Beschuldigte durch eine Folterung zu jeder nur denkbaren Aussage gebracht werden konnte.[65] In der Ciceronischen Tradition wurde auch von den ihm folgenden Folterskeptikern in der römischen Rechtstradition der mangelnde Nutzen der Folter für die Wahrheitsfindung, die Unglaubwürdigkeit dieses Rechtsinstituts betont, um die Folter im Prozess zu vermeiden bzw. ihre Anwendung einzudämmen.[66] So führte Quintilian an, dass eher die „*patientia*" des einen dazu führte, dass er leichter bei einer Lüge blieb, wogegen ein anderer dies aufgrund seiner „*infirmitas*" nicht vermochte.[67]

Als der schärfste Kritiker der Folter in der römischen Rechtstradition kann wohl Ulpian bezeichnet werden.[68] Er arbeitete ebenso wie Quintilian vor allem mit dem Argument der unterschiedlichen Konstitution der Beschuldigten: So könnten doch einige hartgesottene Gesellen trotz tonnenschwerer Schuld eine Folterung zumindest mit größtmöglicher Selbstbeherrschung überstehen, während eher zartbesaitete Naturelle schon beim ersten Anzeichen von Schmerz ein volles Geständnis abgelegen würden, unter Umständen von etwas, das sie gar nicht getan haben. Dies gelte umso mehr, wenn sich ihnen damit die Gelegenheit bot, Dritte zu belasten.[69] Damit könnten durch eine vorschnell durchgeführte Folter auch zusätzlich noch (weitere) Unschuldige belastet werden. Eine Art „altertümlicher Drittschutz" also schon bei Ulpian.

Es lag den römischen Juristen besonders am Herzen, hier noch verbindlichere Richtlinien zu schaffen, eine Art Prozessordnung[70], um Missbrauch vorzubeugen. Es wurden deswegen Richtlinien festgelegt, um zu vermeiden, dass ein Unschuldiger verurteilt würde.[71] Der Richter sollte nach Ulpian eine gewisse Skepsis gegenüber einer erfolterten Aussage aufbringen. Des weiteren sollte er dem Angeklagten keine Suggestivfragen stellen.[72] Eine gewisse Sonderstellung

---

64 Rhetorica ad Herennium, Buch 2, 7, 10 (ed. Nüßlein), S. 62 f.; siehe *Schmoeckel*, Humanität, S. 93 (94).

65 *Cicero*, Pro Sulla, 28, 78, in: Orationes VI (ed. Clark), Z. 13–16; siehe *Schmoeckel*, Humanität, S. 93 (95).

66 wie etwa *Quintilian,* Declamationes, decl. 314 (ed. Ritter), S. 233 f., Z. 29 – Z. 5; *Quintilian*, Institutiones oratoriae, V, 10, 70 a.E. (ed. Cousin), III S. 146 f.; vgl. *Schmoeckel*, Humanität, S. 93 (95).

67 *Quintilian,* Institutiones oratoriae, V, 4, 1 (ed. Cousin), III S. 106 f.; vgl. *Schmoeckel*, Humanität, S. 93 (95).

68 insbesondere wegen D. 48, 18, 12; D. 48, 18, 1, 17 und 23; vgl. auch D. 48, 18, 1, 27 (ed. Mommsen), S. 863; siehe *Schmoeckel* FS Kleinheyer, S. 437 (441).

69 frei nach (Ulp.) D. 48, 18, 1, 23 (ed. Mommsen/Krüger), S. 862; siehe *Schmoeckel*, Humanität, S. 93 (96).

70 so *Schmoeckel* FS Kleinheyer, S. 437 (441).

71 (Honorius und Theodosius) C. Th. 9, 1, 19 (ed. Mommsen/Krüger), S. 437 f. = Brev. C. Th. 9, 1, 11 (ed. Haenel), S. 172; siehe *Schmoeckel* FS Kleinheyer, S. 437 (441).

72 (Ulp.) D. 48, 18, 1, 21 (ed. Mommsen), S. 862; siehe *Schmoeckel* FS Kleinheyer, S. 437 (441).

nahmen jedoch die Majestätsprozesse ein, da eine Abwägung hier zugunsten des staatlichen Strafanspruchs ausging.[73]

Kritik an diesem so heftig umstrittenen Beweismittel übten auch Justinian[74] und Publilius Syrus[75].[76]

Alle diese Argumente waren aber leider nur Versuche, dem Missbrauch der Folter vorzubeugen. Denn die Folter als Beweismittel war im römischen Recht zu selbstverständlich, um ernsthaft mit ihrer Abschaffung rechnen zu können, auch mit den besten Argumenten. Dafür war ihre Bedeutung als Beweismittel viel zu groß. Die Selbstverständlichkeit der Anwendung von Folter zu Beweiszwecken ging so weit, dass ein Ermittlungsverfahren, das ohne die Anwendung von Folter vollzogen wurde, als *„nuda inquisitio“*[77] bezeichnet wurde.[78] Im Gegenteil lässt sich im weströmischen Recht der Spätantike sogar eine zunehmende Härte bei der Anwendung und Durchführung der Folter feststellen. So war z.B. der Tod von Sklaven eine häufige „Begleiterscheinung“ bei der Folterung.[79]

Man stelle sich also vor: Stimmen gegen die Folter schon in ihrer frühesten Zeit, mit zum Teil den bedeutendsten Philosophen, Juristen und Machthabern ihrer Zeit als Stimmführern in einer Zeit, in deren Folge die Folter noch jahrhundertelang als Quasi-Selbstverständlichkeit im Namen der Wahrheitsfindung überdauerte. So gesehen ist das kaum zu glauben.

---

73 (Valentinian, Valens, Gratian) C. Th. 9, 35, 1 (ed. Mommsen), S. 489; siehe *Schmoeckel* FS Kleinheyer, S. 437 (441); vgl. *Helbing/Bauer,* Die Tortur, S. 43 f.

74 Nov. 134, 13 pr. (ed. Schöll), S. 688; siehe auch Nov. 90, 1, 1 (ed. Schöll), S. 446 f.; siehe hierzu *Schmoeckel* FS Kleinheyer, S. 437 (442).

75 *Publilius Syrus,* Sentencia, in: Sprüche des Publilius Syrus (ed. Beckby), S. 26.

76 siehe zu Folterskeptikern auch *Lévy*, La torture, S. 241 ff.

77 (Ulp.) D. 47, 10, 15, 41 (ed. Mommsen), S. 833; siehe *Schmoeckel* FS Kleinheyer, S. 437 (441).

78 siehe *Schmoeckel* FS Kleinheyer, S. 437 (441).

79 *Mommsen*, Römisches Strafrecht, S. 985 mit Fn. 4; *Schmoeckel* FS Kleinheyer, S. 437 (442).

Kapitel 2: Die zu betrachtenden westgotischen Gesetze

I. Pariser Fragmente (sog. Codex Euricianus)

Nach unserem derzeitigen Wissen wurde das Recht der Westgoten zuerst von allen germanischen Stämmen aufgezeichnet.[80] Die ersten uns bekannten Gesetze wurden erlassen von dem Westgotenherrscher Theodered bzw. Theoderich I. (418–451)[81]. Von seinem Sohn, Theoderich II. (453–466)[82] wurden später die Leges Theodoricianae erlassen. Es muss sich hierbei um ein größeres Gesetzbuch gehandelt haben, vergleichbar dem Codex Theodosianus.[83] Diese Gesetze sind uns allerdings nicht mehr im Original erhalten. Wir kennen sie nur, da sie in einem späteren Gesetzeswerk der Westgoten (ca. 469–476/7 entstanden)[84] zitiert werden, das uns bruchstückweise in einer Pariser Palimpsest-Handschrift (Cod. Parisinus Lat. 12161) aus dem 6. Jhd. n. Chr. erhalten ist.[85] Diese wurde im 18. Jhd. von den Maurinern im Kloster St. Germain des Prés entdeckt.[86]

Diese sog. Pariser Fragmente werden auch von der heutigen Forschung überwiegend nach ZEUMER als Codex Euricianus bezeichnet[87], da sie Theoderichs Bruder und Nachfolger Eurich (466–484/5)[88] zugerechnet werden, dem zu seiner Zeit mächtigsten Herrscher im Westen Europas[89]. Laut D'ORS hat dieses Gesetzeswerk einmal die Bezeichnung *Edictum* getragen.[90]

---

80 *Buchner* (Wattenbach-Levison), S. 6 (7); *Amira/Eckhardt,* Germanisches Recht I, S. 20; *Lieberwirth*, Folter, S. 13 (22).

81 Daten nach *Claude*, Adel, S. 211.

82 Daten nach *Claude*, Adel, S. 211.

83 *Buchner* (Wattenbach-Levison), S. 6 (7).

84 *Nehlsen*, Sklavenrecht, S. 153 (155 a.E.); vgl. *Stroheker*, Eurich, S. 96; vgl. *Díaz/González Salinero,* El Codigo de Eurico, S. 93 (100); vgl. *García López,* Estudios críticos, S. 9 (10).

85 *Nehlsen*, Sklavenrecht, S. 153; ebenso *Buchner* (Wattenbach-Levison), S. 6 (7); siehe auch *Nehlsen* in RGA 5, S. 42; vgl. *Díaz/González Salinero,* El Codigo de Eurico, S. 93 (94).

86 *Wohlhaupter*, Gesetze der Westgoten, Einleitung, S. V (XI a.E.); vgl. *Nehlsen* in RGA 5, S. 42; vgl. *Díaz/González Salinero,* El Codigo de Eurico, S. 93 (94).

87 *Zeumer*, Geschichte I, S. 419 (464 f., 470); siehe etwa auch *Stroheker*, Eurich, S. 94.

88 Daten nach *Buchner* (Wattenbach-Levison), S. 6 (7); vgl. *Claude*, Adel, S. 211.

89 *Nehlsen*, Sklavenrecht, S. 153 (155 a.E.); vgl. *derselbe* in RGA 5, S. 42, 43.

90 *D'Ors,* Codigo, S. 2 f. ; vgl. hierzu *Díaz/González Salinero,* El Codigo de Eurico, S. 93 (99 f.).

Nach einer früheren Ansicht von BLU(H)ME[91] sollte nicht Eurich, sondern vielmehr der erste katholische Westgotenkönig Reccared I. (586–601)[92] der Urheber der Pariser Fragmente sein.[93] Anderer Ansicht war vor allem GAUPP[94], der damals schon, wie auch im 18. Jhd. die Mauriner[95] für die heute herrschende Ansicht einer Urheberschaft Eurichs eintrat, die überwiegende Mehrheit stimmte der Zuordnung BLU(H)MES zu[96]. Auch ZEUMER hatte sich zunächst der Ansicht von BLU(H)ME angeschlossen.[97] Nach eingehenden Untersuchungen jedoch schwang er um auf die Ansicht GAUPPS[98] und mit ihm die einschlägige Literatur[99].

Dafür spricht zum einen eine Stelle aus der Historia Gothorum (624)[100] des Isidor v. Sevilla[101], in der von Eurich gesagt wird:

[...] Sub hoc rege Gothi legum instituta scriptis habere coeperunt, nam antea tantum moribus et consuetudine tenebantur. [...][102]

Übersetzung nach COSTE:

„[...] Unter diesem König fingen die Goten an, ihre Gesetze schriftlich aufzuzeichnen, die bis dahin nur durch Sitte und Gewohnheit festgestanden hatten. [...]“[103]

---

91 Schreibweise nicht einheitlich: Im Werk selbst (Die westgothische Antiqua oder das Gesezbuch Reccareds des Ersten, siehe sogleich) *Blume*, ebenso bei *Gaupp*, Ueber das älteste geschriebene Recht der Westgothen, S. 27 ff. und bei *Merkel*, in: Savigny, Geschichte des Römischen Rechts im Mittelalter VII, S. 42 ff.; *Bluhme* etwa bei *Helfferich*, Westgothen-Recht, S. 43; ebenso bei *Zeumer*, Geschichte I, S. 419 (421 f.); ebenso bei *Nehlsen*, Sklavenrecht, S. 154.

92 Daten nach *Nehlsen*, Sklavenrecht, S. 153 (154); vgl. *Claude*, Adel, S. 211.

93 *Blu(h)me*, Westgothische Antiqua, S. X ff.

94 *Gaupp*, Ueber das älteste geschriebene Recht der Westgothen, S. 27 (32 ff.); ebenso *Haenel*, ed. Brev., S. XCVI f.

95 *Nehlsen* in HRG II, Sp. 1966 (1967).

96 z.B. *Helfferich*, Westgothen-Recht, S. 27 (42 ff., insbesondere 43); *Dahn*, Westgothische Studien, S. 7 ff.; *Merkel*, in: Savigny, Geschichte des Römischen Rechts im Mittelalter VII, S. 42 ff.; *Walter*, Deutsche Rechtsgeschichte, S. 31, 33; siehe auch *v. Bethmann-Hollweg*, Civilprozeß IV/1, S. 209 ff., S. 215 f.

97 *Zeumer*, Eine neuentdeckte westgothische Rechtsquelle, S. 387 (397).

98 *Zeumer*, Geschichte I, S. 419 ff. (insbesondere 421 f., 426 ff., 433, 460 ff., 468 ff.).

99 siehe etwa *Brunner*, Deutsche Rechtsgeschichte I, S. 482 ff.; siehe hierzu *Stach*, Geschichtswissenschaft, S. 682 (689 f.); siehe auch *Nehlsen*, Sklavenrecht, S. 154.

100 Datum nach *Zeumer*, Geschichte I, S. 419 (437).

101 *Zeumer*, Geschichte I, S. 419 (426 ff.); siehe *Nehlsen*, Sklavenrecht, S. 153 (155), Fn. 16; vgl. *Nehlsen* in HRG II, Sp. 1966 (1967); siehe auch *Brunner*, Deutsche Rechtsgeschichte I, S. 483; vgl. *Díaz/González Salinero*, El Codigo de Eurico, S. 93 (94).

102 *Isidor*, Historia Gothorum, c. 35 (ed. Mommsen), S. 281; siehe hierzu auch *Gaupp*, Ueber das älteste geschriebene Recht der Westgothen, S. 27 (30).

103 *Isidor*, Geschichte der Goten, c. 35 (dt. ed. Heine), S. 35.

Zu beachten ist auch CE c. 277:

[...] sicut et bonae memoriae pater noster in alia lege praecepit; [...] Omnes autem causas, quae in regno bonae memoriae patris nostri seu bonae seu male actae sunt, [...][104]

Übersetzung nach WOHLHAUPTER:

„[...] wie es unser Vater seligen Angedenkens in einem anderen Gesetz bestimmt hat; [...] Alle Rechtssachen, seien es gute oder schlechte, die während der Regierungszeit unseres Vaters seligen Angedenkens abgeschlossen worden sind, [...]“[105]

Diese Bezugnahme des Gesetzgebers auf seinen Vater spricht jedenfalls dafür, dass der Vater des Gesetzgebers ebenso ein König war.[106] Aufgrund des Alters des Palimpsestes muss davon ausgegangen werden, dass das Gesetzbuch in dem Jahrhundert von Eurich bis Reccared entstanden ist, womit der Kreis der westgotischen Gesetzgeber, die gleichzeitig Königssöhne waren, auf drei Westgotenherrscher eingegrenzt werden kann: Eurich, seinen Nachfolger Alarich II. (484–507)[107] und Reccared I.[108]

Die Forschungen von ZEUMER[109] und auch D'ORS[110] haben hierfür jedoch in erster Linie die Urheberschaft Reccareds I. zu widerlegen gesucht. Denkbar wäre also durchaus auch eine Urheberschaft Alarichs II. Auch Isidor v. Sevilla hilft hier nicht viel weiter, da er über Alarich II. und seine Gesetzgebungstätigkeit überhaupt nichts schreibt, ja sogar das Breviarium Alarici völlig außer Acht lässt. Es wäre also möglich, dass das vorliegende Gesetzbuch erst unter der Regierungszeit Alarichs II. parallel zur Lex Romana Visigothorum entstanden ist.

---

104 CE c. 277 (ed. Zeumer), S. 5.

105 *Wohlhaupter*, Gesetze der Westgoten, S. 5, 7.

106 siehe schon *Gaupp*, Ueber das älteste geschriebene Recht der Westgothen, S. 27 (40 ff., insbes. 42); siehe *Zeumer*, Geschichte I, S. 419 (434, 438, 460 ff.) sowie ed. LVis., S. 5, Fn. 2, der dies wie schon Gaupp auf Eurichs Vater Theoderich I. bezieht; auch *Wohlhaupter*, Gesetze der Westgoten, S. 5, Fn. 3 führt hierzu Theoderich I. als Vater Eurichs an; *Nehlsen* in HRG II, Sp. 1966 (1967); siehe aber die frühere Ansicht von *Blu(h)me,* Westgothische Antiqua, S. XI, der dies auf Reccareds Vater Leovigild bezieht; auch laut *v. Bethmann-Hollweg,* Civilprozeß IV/1, S. 210, spricht diese Stelle für Reccared; siehe auch die Gegenargumente *Dahns*, Westgothische Studien, S. 11, mit denen er dafür eintritt, dass Reccared hier von seinem Vater Leovigild spricht – dennoch weist er auf S. 9 darauf hin, dass ebenso Eurichs Sohn Alarich II. in Betracht kommt.

107 Daten nach *Claude*, Adel, S. 211.

108 *Nehlsen* in HRG II, Sp. 1966 (1967); vgl. *Nehlsen* in RGA 5, S. 42, 43; vgl. *Zeumer*, ed. LVis., S. 5, Fn. 2; siehe *Brunner*, Deutsche Rechtsgeschichte I, S. 484.

109 *Zeumer*, Geschichte I, S. 419 ff. (insbesondere 421 f., 426 ff., 433, 460 ff., 468 ff.).

110 *D'Ors,* Codigo, S. 17 f.

Dabei hätte er dann wohl Gesetze seiner Vorgänger, Theoderich I., Theoderich II. und Eurich verarbeitet.[111]

Die Fragmente, die man unter der Schrift des reskribierten Kodex (*codex rescriptus*) gefunden hat, lassen eindeutig auf ein westgotisches Gesetzeswerk schließen.[112] Sie sind in Titel und durchgehende Kapitel eingeteilt. Erhalten sind nur c. 276–336, auch mit Hilfe von modernsten technischen Mitteln konnte der Codex Euricianus bisher nur zum Teil entziffert werden, bei c. 313–318 sind die Blätter verloren gegangen.[113]

Sprachlich ist der Codex Euricianus kurz, knapp, in klarer, leicht verständlicher Sprache und erkennbar von gut geschulten Juristen abgefasst.[114]

Inhaltlich beschäftigt sich der Codex Euricianus v.a. mit Streitigkeiten, die sich um die Landteilung zwischen Goten und Römern drehen. Er enthält aber auch Vorschriften über Verwahrung, Leihe, Kauf, Schenkung sowie Erbrecht und eheliches Güterrecht, alles stetig angereichert mit speziellen sklavenrechtlichen Normen.[115]

Fraglich ist jedoch immer noch, ob in der uns heute erhaltenen Fassung noch der ursprüngliche Wortlaut des Gesetzes enthalten ist oder ob der Text bis zur Niederschrift der Pariser Fragmente noch verändert wurde. Da wir von der Niederschrift des uns heute erhaltenen Codex nur wissen, dass sie im 6. Jhd. entstanden ist, könnten seit der Regierungszeit Eurichs womöglich sogar 100 Jahre vergangen sein. Wenn dem so ist, ist mit großer Wahrscheinlichkeit mit nachträglichen Veränderungen zu rechnen, da der Codex Euricianus sonst die einzige germanische Rechtsaufzeichnung wäre, die über einen so weitreichenden Zeitraum unverändert geblieben wäre.[116]

Hierzu existieren verschiedene Ansichten. So ist v. SCHWERIN der Ansicht, dass sich in den Pariser Fragmenten eine weitreichende Interpolationstätigkeit des Nachfolgers Eurichs, Alarichs II. (484–507) finde.[117] BEYERLE hingegen geht vielmehr davon aus, dass der Grundtext gar nicht unter Eurich, sondern

111 so *Nehlsen* in HRG II, Sp. 1966 (1967 f.); ausführlicher hierzu mit überzeugenden Argumenten *derselbe* in RGA 5, S. 42, 43 ff.

112 *Nehlsen*, Sklavenrecht, S. 153; vgl. *derselbe* in RGA 5, S. 42; vgl. *derselbe* in HRG II, Sp. 1966 (1967).

113 *Nehlsen*, Sklavenrecht, S. 153 (zum Blattverlust Fn. 5); vgl. *derselbe* in HRG II, Sp. 1966 (1967); vgl. *derselbe* in RGA 5, S. 42; vgl. *Brunner*, Deutsche Rechtsgeschichte I, S. 482 f.

114 *Buchner* (Wattenbach-Levison), S. 6 (7); vgl. *Nehlsen*, Sklavenrecht, S. 153 (154); vgl. *derselbe* in RGA 5, S. 42, 45 f.; vgl. *Zeumer*, Geschichte I, S. 452 f.; vgl. *Díaz/ González Salinero,* El Codigo de Eurico, S. 93 (100).

115 siehe *Nehlsen*, Sklavenrecht, S. 153 (154); vgl. *derselbe* in RGA 5, S. 42.

116 so insbesondere *Nehlsen*, Sklavenrecht, S. 153 (156).

117 *v. Schwerin,* Notas sobre la Historia, S. 27 (32 f.).

unter seinem Vorgänger Theoderich II. (453–466) entstanden sei und dieser von Eurich nur erweitert und revidiert worden sei. Nur vereinzelte Stellen sollen nach dieser Ansicht aus nacheurizianischer Zeit stammen.[118]

Fest zu halten steht, dass auch, wenn man der herrschenden Ansicht eines eurizianischen Ursprungs der Pariser Fragmente folgt, doch immer auch mit einem voreurizianischen Kern und nacheurizianischen Interpolationen zu rechnen ist.[119]

II. Lex Romana Visigothorum (Breviarium Alarici)

Als 507 n. Chr. das Westgotenreich in Südfrankreich zusammenbrach, war diese Entwicklung absehbar gewesen. Schon ein Jahr zuvor sah der Westgotenherrscher Alarich II. diese Gefahr. Chlodwigs ausufernde Politik sowie seine katholische Taufe hatten ihr Übriges getan. Die arianischen Germanenreiche in Gallien waren bedroht und Alarich wusste das. Er wusste auch, dass er nun in erhöhtem Maße auf die römischen Untertanen Rücksicht nehmen musste. Es war an der Zeit für eine Politik des Ausgleichs der nationalen Interessen.[120]

Vor diesem Hintergrund erließ Alarich im Jahre 506 n. Chr. die sog. Lex Romana Visigothorum, die nach ihm seit dem 16. Jhd. auch Breviarium Alarici oder Breviarium Alaricianum genannt wird.[121] Ihr ursprünglicher Name ist unbekannt.[122] Sie sollte für die Römer auf westgotischem Gebiet gelten[123], Ungerechtigkeiten im bestehenden römischen Recht sollten gebessert und Unklarheiten beseitigt werden[124].

Hierfür führte Alarich einige Rechtskundige, die sog. *prudentes*[125] zu einem Ausschuss zusammen, bestehend aus Klerikern und vornehmen Laien, dessen Aufgabe die Sammlung und Erläuterung römischer Rechtssätze war. Das Rechtsbuch wurde nach seiner Entstehung von Bischöfen und Provinzialen in einer Versammlung geprüft und genehmigt.[126]

---

118 *Beyerle,* Frühgeschichte, ZRG GA 67 (1950), S. 1 ff., 28 f.

119 *Nehlsen*, Sklavenrecht, S. 153 (156).

120 *Buchner* (Wattenbach-Levison), S. 9.

121 *Buchner* (Wattenbach-Levison), S. 9, Fn. 26; *Siems* in HRG II, Sp. 1940 (1940, 1942); siehe auch *Brunner,* Deutsche Rechtsgeschichte I, S. 510 (512); siehe auch *Schröder/v. Künßberg,* Deutsche Rechtsgeschichte, S. 252; vgl. *Vismara* in LMA V, Sp. 1931.

122 *Siems* in HRG II, Sp. 1940 (1942); *Buchner* (Wattenbach-Levison), S. 9, Fn. 26; vgl. *Brunner,* Deutsche Rechtsgeschichte I, S. 510 (512).

123 *Wohlhaupter*, Gesetze der Westgoten, Einleitung, S. V (XII).

124 *Siems* in HRG II, Sp. 1940 (1941).

125 *Auctoritas Alarici Regis* (ed. Haenel Brev.), S. 2; *Haenel*, ed. Brev., S. VII; *Siems* in HRG II, Sp. 1940 (1942).

126 *Auctoritas Alarici Regis* (ed. Haenel Brev.), S. 2; *Buchner* (Wattenbach-Levison), S. 9 f.; vgl. *Siems* in HRG II, Sp. 1940 (1941).

Die Entstehung ist uns nur aus der Auctoritas Alarici regis, die dem Gesetz als Einführungsdekret voran gestellt ist, bekannt, zeitgenössische Quellen schweigen dazu.[127] Am 2. Februar 506 erging eine Anordnung durch Alarich in eben dieser Auctoritas Alarici regis, die besagte, dass dies von nun an das einzige römische Gesetz sein sollte, das vor einem Gericht auf westgotischem Boden Geltung beanspruchen durfte[128], außerdem waren nur Exemplare des Gesetzes zugelassen, die von Anianus, dem *vir spectabilis* unterzeichnet und somit in ihrer Richtigkeit beglaubigt waren. Auf Zuwiderhandlung stand entweder die Todesstrafe oder der Vermögensverlust.[129]

Über die politische Zielsetzung Alarichs in der Lex Romana Visigothorum bestehen verschiedene Ansichten.

So wird meist nach BRUCK angenommen, dass sie als eine Konzession an die auf westgotischem Gebiet lebenden, katholischen Romanen zu sehen sei, um sie versöhnlich mit den arianischen Westgoten zu stimmen.[130] Nach Chlodwigs katholischer Taufe, die zusätzlich zu den inneren religiösen Spannungen noch zu außenpolitischen Auseinandersetzungen zwischen Westgoten und Franken führte, müsste also die Abfassung des Breviars in größter Hektik vor sich gegangen sein.[131]

Anderer Ansicht ist SCHÄFERDIEK[132], unterstützt von CLAUDE[133] und H. NEHLSEN[134], der die innenpolitische Situation anders bewertet und die Abfassung des Breviars nicht als reine Konzession an die Romanen ansieht, sondern davon ausgeht, dass sie bezweckte, eine weitergehende, langfristige Konsolidierung der inneren Verhältnisse im Westgotenreich sowie eine dauerhafte Integrierung der auf westgotischem Boden lebenden, katholischen Romanen und der katholischen Kirche zu erreichen. Den Römern sollte demnach eine eigene Rechtsordnung auf westgotischem Boden zugesichert werden.[135]

Das Breviar setzt sich aus einer umfangreichen Auswahl von römischen Rechtssätzen zusammen. Von den Leges (kaiserlichen Konstitutionen) enthält es

---

127 *Siems* in HRG II, Sp. 1940 f.

128 *Auctoritas Alarici Regis* (ed. Haenel Brev.), S. 2 (4); siehe *Buchner* (Wattenbach-Levison), S. 9 (10).

129 *Auctoritas Alarici Regis* (ed. Haenel Brev.), S. 2 und 4; siehe *Siems* in HRG II, Sp. 1940 (1941).

130 *Bruck*, Caesarius v. Arles, S. 146 (148 ff., insbesondere 150, 153 f.); auch *Dahn*, Westgothische Studien, S. 4 f. sieht darin das „tiefere politische Motiv“ Alarichs II.; siehe auch *Brunner*, Deutsche Rechtsgeschichte I, S. 511.

131 *Bruck*, Caesarius v. Arles, S. 146 (148 ff., insbesondere 149 f., 153 f.); siehe auch *Brunner*, Deutsche Rechtsgeschichte I, S. 511 mit Fn. 1.

132 *Schäferdiek*, Kirche, S. 32 f., 42 ff.

133 *Claude*, Staatsideen, S. 6 f.

134 *Nehlsen*, Alarich II., S. 159 ff., insbes. S. 165 ff.

135 siehe *Siems*, HRG II, Sp. 1940 (1942).

einen stark gekürzten Auszug aus dem Codex Theodosianus und den Novellen seiner Nachfolger bis 463 n. Chr. Vom Ius (Juristenrecht) enthält es eine Überarbeitung der Institutionen des Gaius, die Sententiae Pauli, Teile aus den Codices Gregorianus und Hermogenianus sowie eine Stelle von Papinian. Da diese Stelle eher belanglos ist, steht zu vermuten, dass diese zur Ehre der untergebenen Römer aufgenommen wurde, um etwas von ihrem größten Juristen zu bewahren. Dessen überragende Autorität blieb nämlich auch im Westgotenreich erhalten, da das Zitiergesetz in das Breviar übernommen wurde.[136]

Weggelassen wurden vor allem Konstitutionen über die Verwaltung des römischen Reiches, das römische Strafrecht erfuhr nur zum Teil seine Übernahme in das Breviar, privatrechtliche Vorschriften wurden in größerem Umfang übernommen. Senatorenständische Regelungen wurden nur teilweise aufgenommen, wobei eine wohlüberlegte Abwägung mit den westgotischen Interessen stattfand. Zum Teil entfielen selbstverständlich kirchenrechtliche Vorschriften des XVI. Buches des Codex Theodosianus, jedenfalls insoweit sie sich gegen das arianische Bekenntnis richteten oder auch den kirchenpolitischen Absichten Alarichs II. zuwider liefen.[137]

Viele Gesetze der römischen Kaiser und ein bedeutender Teil des juristischen Schrifttums der Spätantike sind uns nur durch das Breviar erhalten.[138] Mit Fug und Recht wird darum von der Lex Romana Visigothorum als der „mit Abstand umfangreichsten und in ihrer tatsächlichen Geltung bedeutendsten Quelle des römischen Rechts im frühmittelalterlichen Abendland“[139] gesprochen.

Weiter enthielt das Gesetz noch Kommentierungen, sog. Interpretationes, die die aufgeführten Bestimmungen erläutern bzw. sie den neuen Verhältnissen im Westgotenreich anpassen sollten.[140]

Der gotische Einfluss selbst wird von der Mehrheit des Schrifttums als höchst gering eingeschätzt, da überwiegend angenommen wird, dass im Westgotenreich auch sehr wenige Rechtskundige waren. Man nimmt darum an, dass das Gesetz vor allem seine Grundlage in Arbeiten des 5. Jhds. n. Chr. hat. Die Eigenleistung der Kommission wird also oftmals eher gering eingeschätzt.[141]

Diese Ansicht bedarf jedoch weiter gehender Betrachtung, da sie nach anderen rechtshistorischen Untersuchungen nicht haltbar erscheint.

---

136 siehe *Buchner* (Wattenbach-Levison), S. 9 (10) sowie *Siems* in HRG II, Sp. 1940 (1943 f., insbes. 1944 zur Autorität Papinians).

137 *Siems* in HRG II, Sp. 1940 (1943).

138 so z.B. *Siems* in HRG II, Sp. 1940.

139 *Nehlsen*, Alarich II., S. 182; siehe auch schon *Zeumer*, Geschichte I, S. 419 (474 f.).

140 siehe hierzu *Buchner* (Wattenbach-Levison), S. 9 (10).

141 siehe hierzu *Buchner* (Wattenbach-Levison), S. 9 (10); siehe etwa *Levy,* Zum Wesen des weströmischen Vulgarrechtes, S. 29 (45 ff.).

Insbesondere H. NEHLSEN ist dieser Ansicht mit Nachdruck entgegengetreten. Vielmehr stellt er Alarich II. als einen Gesetzgeber dar, der in der Rechtspraxis erfolgreicher als der viel gelobte Justinian war[142] und sich zu keiner Zeit das Heft aus der Hand nehmen ließ[143]. Hierfür spricht, dass der *comes* Goljarich, ein Westgote, die Redaktionskommission leitete sowie die Tatsache, dass das Breviar keine den Interessen Alarichs II. und des westgotischen Bevölkerungsteiles seines Reiches zuwiderlaufende Vorschriften des römischen Rechts enthält (auch in kirchlichen Fragen).[144] Anders als Theoderich der Große stellt sich Alarich II. als ein König dar, zu dessen Herrschaftsrechten ein allumfassendes Gesetzgebungsrecht gehört, womit er sich den Romanen in seinem Reich als Nachfolger des römischen Kaisers präsentiert. Als Gesetzgeber nimmt er sich auch das Recht, die Angelegenheiten der Kirche zu regeln, wobei er der Kirche, um den inneren Frieden auf westgotischem Boden zu sichern, so weit wie mit seinen Herrschaftsinteressen vereinbar, entgegenkommt.[145]

Für einen hohen gotischen Einfluss im Breviar spricht auch ein Vergleich mit den anderen Aufzeichnungen des römischen Rechts in den benachbarten Germanenreichen, nämlich der Lex Romana Burgundionum und dem Edictum Theoderici. In diesen beiden Aufzeichnungen sind nur, fast beispielhaft, einzelne, besonders wichtige und alltagsrelevante Bestimmungen des römischen Rechts zusammengefasst, während im Übrigen das römische Recht unberührt blieb und angewendet wurde.[146] Das Breviar versteht sich demgegenüber als umfangreiche, abschließende Kodifikation des im westgotischen Reich geltenden römischen Rechts. Hierfür spricht nicht nur der Umfang des Breviars (mehr als fünfzigmal so umfangreich wie die Lex Romana Burgundionum), sondern auch seine Zielsetzung. Nicht nur sollten, wie erwähnt, Ungerechtigkeiten gebessert und Unklarheiten beseitigt werden, sondern auch die Aktualität der Vorschriften überprüft und hierauf sinnvolle Regelungen zusammengestellt und mit den genannten Interpretationes versehen werden.[147]

Vor diesem Hintergrund kommt man nicht umhin, gerade im Fall der Gaiusepitome und der Interpretationes zu den Paulussentenzen eine partielle Eigenleistung der Kommission Alarichs für möglich zu halten.[148]

---

142 *Nehlsen*, Alarich II., S. 143.

143 *Nehlsen*, Alarich II., S. 178 f.

144 *Nehlsen*, Alarich II., S. 178 f.; vgl. auch *Conrat*, Theodosianus, ZRG KA 32 (1911), S. 67 (73 ff.).

145 *Nehlsen*, Alarich II., S. 179.

146 *Nehlsen*, Alarich II., S. 176 f.; siehe zur Lex Romana Burgundionum auch *derselbe* in HRG II, Sp. 1927 (1930).

147 *Nehlsen*, Alarich II., S. 176 f.

148 *Nehlsen*, Alarich II., S. 181; siehe hierzu auch *derselbe*, Sklavenrecht, S. 64 mit weiteren Nachweisen.

Problematischer ist dies nur bei den Interpretationes zu den Auszügen aus dem Codex Theodosianus, da hierfür glaubwürdig dargestellt wurde, dass bereits vor der Regierungszeit Alarichs II. Kommentare zum Codex Theodosianus existierten.[149] Es liegt also nahe, dass die alarizianische Kommission zumindest teilweise auf diese zurück gegriffen hat. Da die Interpretationes in ihrem Stil aber sehr verschieden sind, besteht – neben der Möglichkeit, dass die Kommission nur auf viele verschiedene Kommentare aus voralarizianischer Zeit zurückgegriffen hat – durchaus auch die Möglichkeit, dass hier zumindest teilweise auch eine Eigenleistung der *prudentes* vorliegt.[150]

Die Lex Romana Visigothorum ist überliefert in mehr als 70 Handschriften. Die meisten davon stammen aus dem Frankenreich und Italien.[151]

Obwohl einige Stimmen im Schrifttum annehmen, dass das Breviar vom juristischen Niveau weit unter dem später von Justinian geschaffenen Corpus Iuris Civilis steht[152], gestehen doch sogar die Vertreter dieser Ansicht zu, dass es eine beachtenswerte Leistung der spätrömischen Rechtswissenschaft war, besonders wenn man es mit so dürftigen römischen Rechtsaufzeichnungen wie den kurz vorher entstandenen der Ostgoten oder Burgunden vergleicht.[153] Im Westen des römischen Reiches war es sicherlich die bedeutendste Rechtsquelle in der Übergangszeit von der Spätantike zum Frühmittelalter.[154]

Das Breviar wurde nur ein einziges Mal offiziell ergänzt, und zwar von König Theudis durch dessen Prozesskostengesetz aus dem Jahre 546.[155]

Das Breviar wurde spätestens im Jahre 654 im Westgotenreich aufgehoben.[156] Im südgallischen Frankenreich jedoch war es noch immer als Erkenntnisquelle des römischen Rechts von Bedeutung und hat damit auch die Entwicklung des südfranzösischen Rechts nachhaltig beeinflusst.[157]

Im Verlaufe des 8. Jhds. wurden Epitomen von der Lex Romana Visigothorum angefertigt. Diese geben die Differenzierung zwischen Text und Interpretation auf und orientieren sich für gewöhnlich nur noch an der *interpretatio*. Erhalten

---

149 *Wieacker*, Kommentare, S. 259 ff.; vgl. *Nehlsen*, Sklavenrecht, S. 63.

150 *Nehlsen*, Alarich II., S. 181.

151 *Siems* in HRG II, Sp. 1940 (1942).

152 *Levy*, Zum Wesen des weströmischen Vulgarrechtes, S. 29 (45 ff., insbesondere 48, 51).

153 *Buchner* (Wattenbach-Levison), S. 9 (10).

154 *Siems* in HRG II, Sp. 1940.

155 *Siems* in HRG II, Sp. 1940 (1946); siehe auch *Wohlhaupter*, Gesetze der Westgoten, Einleitung, S. V (XII).

156 *Buchner* (Wattenbach-Levison), S. 9 (10); siehe auch *Brunner*, Deutsche Rechtsgeschichte I, S. 491 und 515; siehe auch *Schröder/v. Künßberg*, Deutsche Rechtsgeschichte, S. 254; siehe auch *Melicher*, Gesetzes- und Gewohnheitsrecht, S. 5; vgl. *Dahn*, Könige V, S. 196; vgl. aber *King*, Law-code, S. 131 (157).

157 *Koschaker*, Europa, S. 55 f.

sind uns sechs verschiedene Epitomen, die älteste davon ist die Epitome Aegidii. Diese ist in vielen Handschriften überliefert.[158]

III. Holkhamer Kapitel (Fragmenta Gaudenziana)

Eine kleines westgotisches Gesetz sind die sog. Holkhamer Kapitel. Nach ihrem Entdecker werden sie auch Fragmenta Gaudenziana genannt. Ihre genaue Einordnung ist bis heute noch nicht geklärt und höchst umstritten. Es handelt sich hierbei vermutlich um eine private Rechtssammlung. Sie enthalten sowohl westgotische als auch römische Rechtssätze, auch lassen sich einzelne Übernahmen aus dem Edictum Theoderici erkennen. Vermutlich stammen sie aus der Region zwischen Alpen und Pyrenäen nach 510.[159] Ihr Entdecker Gaudenzi vermutete, dass sich hierin Teile der Gesetzgebung Eurichs fänden.[160]

IV. Lex Visigothorum

1. Begriffsbestimmung und Einordnung

Eine einheitliche Lex Visigothorum in diesem Sinne gibt es eigentlich nicht. Vielmehr bezeichnet man damit die westgotische Gesetzessammlung, die, beruhend auf dem bereits beschriebenen Codex Euricianus von Eurichs Nachfolgern auf dem westgotischen Königsthron in der Zeit zwischen 568 und 711 mehrfach überarbeitet und ergänzt wurde, weshalb man auch vielfach von den Leges Visigothorum spricht.[161] Auch der Codex Euricianus selbst als das Ursprungsgesetz kann unter diese Terminologie subsumiert werden.[162]

Der Codex Euricianus wurde von dreien seiner Nachfolger revidiert. So geschehen durch die westgotischen Könige Leovigild (568–586)[163], Reccesvinth

158 *Siems* in HRG II, Sp. 1940 (1947).

159 *Buchner* (Wattenbach-Levison), S. 6 (8).

160 siehe *Zeumer*, Eine neuentdeckte westgothische Rechtsquelle, S. 387 (389); siehe auch *Nehlsen* in HRG II, Sp. 1966 (1968 a.E.).

161 *Nehlsen* in HRG II, Sp. 1966.

162 siehe *Nehlsen* in HRG II, Sp. 1966 ff.; vgl. *Nehlsen*, Sklavenrecht, S. 153 ff.; er findet sich darum auch in der Zeumer-Ausgabe der Leges Visigothorum, siehe dort, S. 1–32; insoweit leider irreführend noch *Wesel*, Geschichte des Rechts, 2. Aufl. 2001, S. 264 (Rn. 178) – erfreulicherweise ist die Passage in der 3. Aufl. 2006, S. 268 (Rn. 178), wesentlich besser formuliert.

163 Daten nach *Zeumer*, Die Chronologie der Westgothenkönige, S. 442; vgl. *Claude*, Adel, S. 211.

(649/53–672)[164] und Ervig (680–687)[165], wobei jeder von ihnen auch Novellen seiner Vorgänger mit einbezog.[166]

Während der Codex Euricianus nur für die Westgoten bzw. für gemischte Prozesse zwischen Goten und Römern galt, die Lex Romana Visigothorum hingegen nur für Römer auf westgotischem Boden, zeigte sich schon ab dem 6. Jhd. eine Hinführung zur Vereinheitlichung des Rechts.[167]

2. Codex Revisus bzw. Antiqua Leovigilds

Der Codex Revisus bzw. die Antiqua Leovigilds erlangte faktisch territoriale Geltung, schuf territoriales Recht aber noch nicht im strengen Sinne, womit die Lex Romana Visigothorum weiter bestand.[168] Jedoch hob er schon das Eheverbot zwischen Goten und Römern auf *(Ut tam Goto Romana, quam Romano Gotam matrimonio liceat sociari)*[169], was einen bedeutenden Schritt zur Rechtsvereinheitlichung bedeutete.[170]

Unter Leovigilds Nachfolger Reccared erfolgte schließlich die religiöse Einigung zwischen den arianischen Goten und den katholischen Römern. Die Goten gaben ihr arianisches Bekenntnis auf und traten wie Chlodwig (siehe die obigen Ausführungen beim Breviar) zum katholischen Glauben über.[171]

3. Liber Iudiciorum bzw. Lex Visigothorum Reccesvindiana

Der endgültige Sieg des Territorialitätsgrundsatzes erfolgte unter Reccesvinth. Er erklärte sein Gesetzbuch, das seit einer solchen Bezeichnung in einer Handschrift aus dem 8. Jhd. als „Liber Iudiciorum“ bekannt ist[172] (nach Reccesvinth

164 Daten nach *Zeumer*, Die Chronologie der Westgothenkönige, S. 442 (443); vgl. *Claude*, Adel, S. 211.

165 Daten nach *Zeumer*, Die Chronologie der Westgothenkönige, S. 442 (443); vgl. *Claude*, Adel, S. 211.

166 *Buchner* (Wattenbach-Levison), S. 6 (7).

167 *Buchner* (Wattenbach-Levison), S. 6 (7 f.).

168 *Schultze*, Eherecht, S. 129.

169 LVis III, 1, 1 (ed. Zeumer), S. 121; siehe zu diesem Gesetz *Zeumer*, Geschichte I, S. 419 (477 ff.); *derselbe*, Geschichte III, S. 571 (573 ff.).

170 *Buchner* (Wattenbach-Levison), S. 6 (8); siehe schon *Zeumer*, Geschichte I, S. 419 (477).

171 *Buchner* (Wattenbach-Levison), S. 6 (8).

172 *Zeumer*, ed. LVis., S. XIX; siehe auch *Nehlsen*, Sklavenrecht, S. 156 (157); vgl. hierzu aber *Dahn*, Westgothische Studien, S. 289.

auch zeitweise als Reccesvindiana bezeichnet[173]), wohl noch im Jahre 654[174] zum allein gültigen Gesetzeswerk im westgotischen Reich, kein anderes durfte vor einem westgotischen Gericht Geltung beanspruchen:[175]

Ne excepto talem librum, qualis hic, qui nuper est editus, alterum quisque presumat habere. [...][176]

Übersetzung nach WOHLHAUPTER:

„Daß niemand ein anderes (Gesetz)buch haben soll, als dieses neulich herausgegebene."[177]

Dies bedeutete (spätestens) auch die Abschaffung der Lex Romana Visigothorum.[178]

Der Liber Iudiciorum ist uns in zwei Handschriften überliefert.[179]

Die Vorarbeiten für dieses Gesetzbuch fanden schon unter Reccesvinths Vater und Amtsvorgänger Chindasvinth (642–653)[180] statt, auf ihnen beruht auch der Liber Iudiciorum zu einem beträchtlichen Teil.[181] Der Liber Iudiciorum ent-

---

173 siehe etwa *Nehlsen*, Sklavenrecht, S. 156 (158).

174 siehe hierzu *Zeumer*, Geschichte I, S. 486.

175 siehe hierzu auch *Buchner* (Wattenbach-Levison), S. 6 (8); jedoch geht *King*, Law-code, S. 131 ff. (insbesondere S. 148 f., 157) davon aus, dass schon Chindasvinth 643/4 das erste westgotische Gesetzbuch mit territorialer Geltung herausgegeben hat und es sich bei Reccesvinths Gesetzbuch im Wesentlichen um eine nachgebesserte und umgestaltete Neuauflage des Werks seines Vaters mit eigenen Ergänzungen handelte; hierzu auch *García López*, Estudios críticos, S. 9 (10, Fn. 4).

176 LVis. II, 1, 11 (ed. Zeumer), S. 58 f.; vgl. LVis. II, 1, 10 (ed. Zeumer), S. 58: „*[...] nolumus sive Romanis legibus seu alienis institutionibus amodo amplius convexari.*" ; vgl. auch *Lieberwirth*, Folter, S. 13 (22 f.).

177 *Wohlhaupter*, Gesetze der Westgoten, S. 37 (dort allerdings bezeichnet als LVis. II, 1, 9).

178 *Buchner* (Wattenbach-Levison), S. 9 (10); siehe auch *Brunner*, Deutsche Rechtsgeschichte I, S. 491 und 515; siehe auch *Schröder/v. Künßberg*, Deutsche Rechtsgeschichte, S. 254; siehe auch *Melicher*, Gesetzes- und Gewohnheitsrecht, S. 5; vgl. *Dahn*, Könige V, S. 196; *King*, Law-code, S. 131 (157) ist der Ansicht, dass die Lex Romana Visigothorum bereits 643/4 unter Chindasvinth abgeschafft wurde.

179 *Nehlsen* in HRG II, Sp. 1966 (1969).

180 Daten nach *Zeumer*, Die Chronologie der Westgothenkönige, S. 442 (443); vgl. *Claude*, Adel, S. 211.

181 siehe die „Lex Quoniam" LVis. II, 1, 5 (ed. Zeumer), S. 47 f.; *Zeumer*, Geschichte I, S. 483 ff., 511 ff. (sie dort jedoch noch als LVis. II, 1, 4 bezeichnend); *Brunner*, Deutsche Rechtsgeschichte I, S. 490; *Nehlsen*, Sklavenrecht, S. 156 (157); *Garcia Volta*, Westgoten, S. 99; siehe hierzu auch *Velásquez*, Jural Relations, S. 225 (231); siehe auch *v. Bethmann-Hollweg*, Civilprozeß IV/1, S. 215 f.; siehe auch *Thompson*, Goths, S. 194 f.; siehe auch *Schröder/v. Künßberg*, Deutsche Rechtsgeschichte, S. 253 f.; sie-

hält 99 Gesetze Chindasvinths, u.a. seine noch zu besprechende(n) „Folterordnung(en)“[182] und 87 Gesetze von Reccesvinth selbst.[183]

Der Liber besteht aus 12 Büchern.[184] Jedes Buch ist in Titel und *erae* (teilweise auch als *capitula* bezeichnet) aufgeteilt, die einzelnen *erae* tragen jeweils sie bezeichnende Inskriptionen. Diese Inskriptionen lauten: *Antiqua* (319), *Antiqua emendata* (5), *Flavius Reccaredus Rex* (3), *Flavius Sisebutus Rex* (2), *Flavius Chindasvindus Rex* (99) und *Flavius Gloriosus Reccesvindus Rex* (87).[185]

Wie man schon an den Inskriptionen sieht, sind die verschiedenen Normen auch von verschiedenen Gesetzgebern erlassen worden, leider sind sie nicht immer aufeinander abgestimmt worden. Aus diesem Grunde stößt man bei den verschiedenen *erae* auch immer wieder auf Wiederholungen und Widersprüche.[186]

Mit der inzwischen vorherrschenden Ansicht ZEUMERS[187] ist davon auszugehen, dass die *Antiquae* Teile eines verschollenen Gesetzbuches von König Leovigild waren, des genannten Codex Revisus, der ursprünglich nach D'ORS[188] ca. 375 *erae* umfasst haben soll, so dass er durch die Antiquae weitgehend überliefert zu sein scheint.[189]

Für die Ansicht ZEUMERS spricht zum einen wieder das Zeugnis Isidors v. Sevilla, der in der Historia Gothorum 624 als den letzten Verfasser eines Gesetzbuches Leovigild anführt.[190] Zum anderen zeigt sich dies auch in der Aufteilung des Liber Iudiciorum, die ja außer den Antiquae gerade nur Gesetze von Leovigilds Nachfolgern nennt.[191]

---

he auch *Melicher*, Gesetzes- und Gewohnheitsrecht, S. 5; vgl. *Vismara* in LMA V, Sp. 1804; vgl. *Helfferich*, Westgothen-Recht, S. 139 f., 181; vgl. aber *King*, Law and Society, S. 18 f.; vgl. aber auch *derselbe,* Law-code, S. 131 ff.; vgl. hierzu auch *García López,* Estudios críticos, S. 9 (10, Fn. 4).

182 die Terminologie „Folterordnung“ findet sich für LVis. VI, 1, 2 etwa bei *Dahn*, Westgothische Studien, S. 282; siehe auch *Lieberwirth*, Folter, S. 13 (23).

183 siehe *Claude*, Geschichte, S. 91; siehe auch *Schuller* in LMA II, Sp. 1837 (1838).

184 siehe die Edition von *Zeumer*; siehe *Zeumer*, Geschichte I, S. 419 (488).

185 Zahlen nach *Zeumer*, Geschichte I, S. 419 (487); siehe auch *Nehlsen*, Sklavenrecht, S. 156 (157).

186 siehe *Gibert*, Historia, S. 17; siehe *Nehlsen*, Sklavenrecht, S. 156 (157).

187 *Zeumer*, Geschichte I, S. 419 (430 ff., 476 ff.); vgl. *Buchner* (Wattenbach-Levison), S. 6 (7, Fn. 18).

188 *D'Ors,* Codigo, S. 50 f.

189 siehe hierzu *Nehlsen* in HRG II, Sp. 1966 (1969 ff.).

190 *Isidor,* Historia Gothorum, c. 51 (ed. Mommsen), S. 288; deutsche Übersetzung: *Isidor*, Geschichte der Goten, c. 51 (dt. ed. Heine), S. 44 (45); vgl. *Zeumer*, Geschichte I, S. 419 (430 ff., 476 ff.).

191 *Nehlsen*, Sklavenrecht, S. 156 (158).

Nicht zuzustimmen ist jedoch der weiteren Ansicht ZEUMERS[192], der in den Raum stellt, dass schon auf Grund der Tatsache, dass einige Antiquae zusätzlich als *emendata* gekennzeichnet sind, zu vermuten steht, dass es sich bei den restlichen Antiquae voll und ganz um nicht emendierte Gesetze Leovigilds handelt. Es war nämlich im westgotischen Gesetzgebungsverfahren durchaus nicht unüblich, dass ein westgotischer König Gesetze seiner Vorgänger in größerem Umfang änderte, ohne dies durch besonders kennzeichnende Zusätze in der Inskription zu verdeutlichen. Dies zeigt sich v.a. an der Gesetzgebungspraxis des Westgotenherrschers Ervig.[193] Darauf wird an späterer Stelle bei der Betrachtung von Ervigs Gesetzgebung noch eingegangen werden.

Mit Interpolationen muss jedenfalls so oder so gerechnet werden. Denn zwischen der Zeit, als König Leovigild den westgotischen Thron bestieg und der Publikation des Liber Iudiciorum liegen ca. 100 Jahre. Betrachtet man diese Zeit, ist es, wie auch schon beim Codex Euricianus besprochen, höchst unwahrscheinlich, dass keine nachträglichen Veränderungen am Gesetzestext vorgenommen worden sind. Zum anderen muss beachtet werden, dass durch die verschiedenen Handschriften die Inskriptionen keinesfalls einheitlich überliefert sind, was die Unsicherheiten in dieser Angelegenheit weiter schürt.[194]

4. Lex Visigothorum Ervigiana und Vulgata Egicas

Schon 681 wurde der Liber Iudiciorum zum ersten Mal revidiert, unter König Ervig (680–687). Ervig beschränkte sich in der Hauptsache darauf, die Rechtstexte seiner Vorgänger zu überarbeiten, fügte aber auch selbst einige eigene Novellen an.[195] Er übernahm die alten Inskriptionen des Liber Iudiciorum unverändert, ohne in der jeweiligen Überschrift auf die Emendation hinzuweisen.[196] Aufgrund der erhaltenen Handschriften der Reccesvindiana können jedoch Interpolationen aus der gesetzgeberischen Tätigkeit Ervigs ohne viel Mühe identifiziert werden.[197] Das überarbeitete Gesetzbuch Ervigs wird oft auch nach ihm als Ervigiana bezeichnet.[198]

---

192 *Zeumer*, Geschichte I, S. 487 f.; ebenso *Amira/Eckhardt*, Germanisches Recht I, S. 25; vgl. *Garcia Volta*, Westgoten, S. 101.

193 *Nehlsen*, Sklavenrecht, S. 156 (158); *Nehlsen* in HRG II, Sp. 1966 (1969 f.).

194 vgl. *Nehlsen* in HRG II, Sp. 1966 (1969 f.).

195 siehe hierzu *Nehlsen*, Sklavenrecht, S. 160; vgl. *Martínez Díez*, La tortura judicial, S. 223 (244); vgl. *Bluhme*, Texteskritik, S. 19 f.; vgl. *García López*, Estudios críticos, S. 13.

196 siehe *Nehlsen* in HRG II, Sp. 1966 (1971).

197 siehe *Nehlsen*, Sklavenrecht, S. 160; *Nehlsen* in HRG II, Sp. 1966 (1971); vgl. aber *García López*, Estudios críticos, S. 14 (15).

198 siehe etwa *Brunner*, Deutsche Rechtsgeschichte I, S. 492; *Zeumer*, Geschichte II, S. 39 (41, Fn. 1).

Unter König Egica (687–702)[199] schließlich entstand die sog. Lex Visigothorum Vulgata, die im Wesentlichen auf der Ervigiana beruht, ergänzt durch einige Novellen des neuen Königs. Egica greift von Zeit zu Zeit auch einzelne Gesetze in ihrer vorervigianischen Fassung auf und führt in Ausnahmefällen sogar Gesetze an, die von Ervig völlig außer Kraft gesetzt worden waren.[200]

---

199 Daten nach *Zeumer*, Die Chronologie der Westgothenkönige, S. 442 (443); vgl. *Claude*, Adel, S. 211.

200 *Nehlsen*, Sklavenrecht, S. 160; vgl. *Nehlsen* in HRG II, Sp. 1966 (1971); siehe schon *Zeumer*, ed. LVis., S. 250, Fn. 2; siehe auch *Zeumer*, Geschichte I, S. 419 (507 ff.); vgl. *Bluhme*, Texteskritik, S. 20.

Kapitel 3: Die Folter in der Lex Visigothorum: Chindasvinths Gesetzgebung, ihre Vorbilder und ihre Weiterentwicklung

Obwohl im vorherigen Kapitel ein chronologisches Profil der Entstehung der westgotischen Gesetze gezeichnet wurde, erscheint es, was die Regelungen zur Folter angeht, sinnvoll, direkt im Liber Iudiciorum zu beginnen. Dies deswegen, weil sich die wichtigsten und markantesten Regelungen zur Folter, wie wir sehen werden, in einer – wie DAHN[201] es nennt – „Folterordnung“ Chindasvinths im ersten Titel des sechsten Buches befinden. DAHN bezieht diesen Terminus jedoch nur auf LVis. VI, 1, 2.[202] Betrachtet man die Regelungen jedoch näher, sind es eigentlich zwei “Folterordnungen”: LVis. VI, 1, 2 regelt die Foltervoraussetzungen für Freie und LVis. VI, 1, 5 für Sklaven und Freigelassene.[203] Daher bietet es sich an, die Folterregelungen im Codex Euricianus, im Breviarium Alarici und in der Antiqua im Zuge des Entwicklungsprofils dieser Regelungen zu beleuchten.

I. LVis. VI, 1, 2: Die erste zentrale „Folterordnung“ Chindasvinths zu den Foltervoraussetzungen für Freie

1. Überblick über LVis. VI und insbesondere LVis. VI, 1

Das sechste Buch des Liber Iudiciorum (Liber Sextus) ist überschrieben mit „*De isceleribus et tormentis*“[204], was WOHLHAUPTER mit „Von Verbrechen und Strafen“[205] übersetzt. Dem Inhalt des Buches wird man jedoch m.E. eher gerecht, wenn man „*tormentis*“ hier nicht mit „Strafen“, sondern mit „Foltern“ übersetzt (vgl. die Begrifflichkeiten im ersten Kapitel). Denn gerade im ersten Titel werden die Voraussetzungen der Folter ganz allgemein behandelt („*De accusationibus criminum*“)[206]. In den restlichen Titeln finden sich dann Vorschriften zu einzelnen Verbrechenstatbeständen (VI, 2: „*De maleficis et consulentibus eos adque*

201 *Dahn*, Westgothische Studien, S. 282; siehe auch *Lieberwirth*, Folter, S. 13 (23).
202 *Dahn*, Westgothische Studien, S. 282, Fn. 18.
203 siehe auch *Petit*, Iustitia Gothica, S. 302.
204 LVis. VI (ed. Zeumer), S. 246 ff. (246).
205 *Wohlhaupter*, Gesetze der Westgoten, S. 153.
206 LVis. VI, 1 (ed. Zeumer), S. 246 ff.; *Wohlhaupter*, Gesetze der Westgoten, S. 153 ff.

veneficis“[207]; VI, 3: „*De excutientibus hominum partum*“[208]; VI, 4: „*De vulnere et debilitatione*“[209]; VI, 5: „*De cede et morte hominum*“[210]).

Der erste Titel des sechsten Buches (I. Titulus), der uns hauptsächlich beschäftigen wird, ist überschrieben mit „*De accusationibus criminum*“[211], was WOHLHAUPTER treffend mit „Von der Strafklage“[212] übersetzt. Er enthält 7 *erae*.

VI, 1, 1 entstammt der Antiqua und beschäftigt sich mit der Herausforderung eines Sklaven , der eines Verbrechens angeklagt wurde („*Ut domino vel senioribus loci petatur servus in crimine accusatus*“)[213].

Mit VI, 1, 2 werden wir beginnen. Das Gesetz stammt laut Inskription von Chindasvinth („*Flavius Chindasvindus Rex*“) und wurde durch Ervig in ein paar Punkten ergänzt.[214] Es behandelt generell die Voraussetzungen, unter denen ein Freier gefoltert werden darf („*Pro quibus rebus et qualiter ingenuorum persone subdende sunt questioni*“)[215]. Aus diesem Grunde wird dieses Gesetz auch gern als „Folterordnung“ Chindasvinths bezeichnet.[216]

VI, 1, 3 ist eine Novelle von Egica, die das Verhältnis von Folter und Heißwasserprobe betrifft („*Quomodo iudex per examen caldarie causam perquirat*“)[217].

VI, 1, 4 entstammt wiederum der Antiqua und normiert, unter welchen Voraussetzungen Sklaven in Sachen ihrer Herren der Folter unterworfen werden können („*Pro quibus rebus et qualiter servi vel ancille torquendi sunt in capite dominorum*“[218]). Die Stelle wurde in einem Punkt von Ervig ergänzt.[219]

VI, 1, 5 stammt ebenso laut Inskription von Chindasvinth und wurde auch in ein paar Punkten von Ervig ergänzt.[220] Es behandelt wie VI, 1, 2 generell die

---

207 LVis. VI, 2 (ed. Zeumer), S. 257 ff.; *Wohlhaupter*, Gesetze der Westgoten, S. 155 ff.
208 LVis. VI, 3 (ed. Zeumer), S. 260 ff.; *Wohlhaupter*, Gesetze der Westgoten, S. 157 ff.
209 LVis. VI, 4 (ed. Zeumer), S. 262 ff.; *Wohlhaupter*, Gesetze der Westgoten, S. 159 ff.
210 LVis. VI, 5 (ed. Zeumer), S. 269 ff.; *Wohlhaupter*, Gesetze der Westgoten, S. 165 ff.
211 LVis. VI, 1 (ed. Zeumer), S. 246 ff. (246).
212 *Wohlhaupter*, Gesetze der Westgoten, S. 153.
213 LVis. VI, 1, 1 (ed. Zeumer), S. 246; Übersetzung bei *Wohlhaupter*, Gesetze der Westgoten, S. 153.
214 siehe LVis. ed. Zeumer, S. 247.
215 LVis. VI, 1, 2 (ed. Zeumer), S. 247 ff.; Übersetzung der Überschrift bei *Wohlhaupter*, Gesetze der Westgoten, S. 153.
216 diese Terminologie findet sich etwa bei *Dahn*, Westgothische Studien, S. 282; siehe auch *Lieberwirth*, Folter, S. 13 (23).
217 LVis. VI, 1, 3 (ed. Zeumer), S. 250 f.; bei *Wohlhaupter*, Gesetze der Westgoten, ist diese Stelle nur in Fn. 2 auf S. 153 erwähnt.
218 LVis. VI, 1, 4 (ed. Zeumer), S. 251 f.; Übersetzung bei *Wohlhaupter*, Gesetze der Westgoten, S. 153 ff.
219 siehe LVis. ed. Zeumer, S. 251 (252).
220 siehe LVis. ed. Zeumer, S. 252 (254 f.).

Foltervoraussetzungen, diesmal allerdings für Sklaven und Freigelassene („*Pro quantis rebus et qualiter servus aut libertus tormenta portabunt*“)[221].

In VI, 1, 6 regelt Chindasvinth, wie eine Anklage vor den König gebracht werden soll („*Qualiter ad regem accusatio deferatur*“)[222].

Das Begnadigungsrecht der Fürsten normiert Chindasvinth in VI, 1, 7 („*De servanda principibus pietate parcendi*“)[223].

Der Titel schließt mit VI, 1, 8 mit einer Antiqua-Stelle, die deklariert, dass nur der Täter selbst verantwortlich sein soll, nicht hingegen seine Verwandten o.ä. („*Quod ille solus culpabilis erit, qui culpanda conmiserit*“)[224].

2. Der Text von LVis. VI, 1, 2 – Auffälligkeiten und Besonderheiten

Betrachten wir nun den Text von LVis. VI, 1, 2 in der chindasvinthischen Version.[225] Zwar stammt die jüngste Version der Vorschrift von Ervig und trägt keine kennzeichnende Inskription, sie stammt aber, wie bereits oben festgestellt, ursprünglich von Chindasvinth.[226] Wie wir bereits festgehalten haben, beschränkte sich Ervig im Wesentlichen darauf, die Gesetze seiner Vorgänger zu überarbeiten. Darauf soll später noch näher eingegangen werden. Auch in dieser Vorschrift finden sich einige Änderungen durch Ervig, wie wir später bei der Betrachtung von Ervigs Gesetzgebung sehen werden.

Die Überschrift – die im übrigen auch Ervig unverändert lässt[227] – lautet:

Pro quibus rebus et qualiter ingenuorum persone subdende sunt questioni.

Übersetzung nach WOHLHAUPTER:

„In welchen Sachen und unter welchen Voraussetzungen Freie der peinlichen Frage unterworfen werden dürfen.“[228]

---

221 LVis. VI, 1, 5 (ed. Zeumer), S. 252 ff.; Übersetzung der Überschrift bei *Wohlhaupter*, Gesetze der Westgoten, S. 155.

222 LVis. VI, 1, 6 (ed. Zeumer), S. 255 f.; Übersetzung der Überschrift bei *Wohlhaupter*, Gesetze der Westgoten, S. 155.

223 LVis. VI, 1, 7 (ed. Zeumer), S. 256; Übersetzung der Überschrift bei *Wohlhaupter*, Gesetze der Westgoten, S. 155.

224 LVis. VI, 1, 8 (ed. Zeumer), S. 256; Übersetzung bei *Wohlhaupter*, Gesetze der Westgoten, S. 155.

225 in der Edition v. *Zeumer* S. 247 ff., jeweils linke Spalte.

226 siehe hierzu LVis. VI, 1, 2 (ed. Zeumer), S. 247 im Vergleich rechte/linke Spalte.

227 siehe in der Edition v. *Zeumer* S. 247, rechte Spalte.

228 *Wohlhaupter*, Gesetze der Westgoten, S. 153.

Es handelt sich also – wie bereits oben festgestellt – um allgemeine Bestimmungen, wann freie Personen gefoltert werden dürfen. Chindasvinth führt nun aus:

Si in criminalibus causis discretionis modus amittitur, criminatorum malitia nequaquam frenatur.[229]

Diese Einleitung Chindasvinths gibt bereits das Ziel für die Norm vor: er will die Verruchtheit von Verleumdern eindämmen. Daraus kann man schon ohne weiter zu lesen vermuten, dass er eine besonders sorgfältige Prüfung der Vorwürfe gegen den zu folternden Beschuldigten in diesem Gesetz fordern wird. Wie wir im Weiteren sehen werden – und da darf ich vorgreifen – ist genau dies der Fall.

Nun führt Chindasvinth sein Ziel näher aus:

Ideoque, si in causa regie potestatis vel gentis aut patrie seu homicidii vel adulterii equalem sibi nobilitate vel dignitate palatini officii quicumque accusandum crediderit, habeat prius fiduciam conprobandi quod obicit, et sic alienum sanguinem temtet inpetere. Quod si probare non potuerit, coram principe vel his, quos sua princeps auctoritate preceperit, trium testium suscriptione roborata inscriptio fiat, et sic questionis examen incipiat; ita ut, qui subditur questioni si innox tormenta pertulerit, accusator ei confestim serviturus tradatur, ut, salva tantum anima, quod in eo exercere voluerit vel de istatu eius iudicare elegerit, in arbitrio suo consistat.[230]

Zunächst stellt Chindasvinth klar, dass in einer ersten Betrachtung nur von Anklagen bestimmter Verbrechen die Rede ist: (1.) *in causa regie potestatis vel gentis aut patrie* (Majestätsverbrechen bzw. solche, die Volk und Heimat betreffen), (2.) *homicidii* (Totschlag bzw. Mord), (3.) *adulterii* (Ehebruch)[231].

Alsdann normiert er, dass das Folgende zunächst nur den Fall betrifft, dass der Beschuldigte dem Ankläger im vornehmen Rang gleich ist oder sie gar palatinische Beamte sind. Der Satz impliziert zumindest konkludent, dass Adlige oder gar palatinische Beamte nur von Gleichrangigen angeklagt werden sollten.[232] DAHN nennt dies „eine, freilich traurige, Anwendung der germanischen ‚Ebenburt vor Gericht'"[233]. Jedenfalls aber wird damit auch klargestellt, dass bei den

229 LVis. VI, 1, 2 (ed. Zeumer), S. 247, linke Spalte.

230 LVis. VI, 1, 2 (ed. Zeumer), S. 247, linke Spalte.

231 laut *Helfferich,* Westgothen-Recht, S. 96, „offenbart es die gute germanische Zucht, dass der Ehebruch gleich hinter dem Morde kam". Hierbei spielt auch christlicher Einfluss eine Rolle.

232 siehe *Claude*, Adel, S. 123; *Petit*, Iustitia Gothica, S. 302 f.; siehe auch *King*, Law and Society, S. 112; siehe auch *Martínez Díez,* La tortura judicial, S. 223 (236); vgl. *Thompson*, Goths, S. 257 f.; vgl. *Peters*, Folter, S. 66.

233 *Dahn*, Westgothische Studien, S. 282 (283).

genannten Verbrechen nicht einmal Adlige von der Folter ausgenommen sind.[234] THOMPSON sieht in dieser Regelung nicht ein neues Prinzip Chindasvinths, dass Adlige gefoltert werden können, sondern vielmehr die Einschränkung einer vorher herrschenden Praxis, Adlige zu foltern.[235] Auf die Intentionen Chindasvinths in Bezug auf den Adel wird noch einzugehen sein. Hier findet sich also schon eine Unterscheidung, in der Rang des Anklägers bzw. des Beschuldigten eine Rolle bei der Folterregelung spielen. Später wird Chindasvinth näher darauf eingehen.

Des Weiteren fordert er, dass der, der auf diese Weise einen Anderen anklagt, dies zunächst einmal beweisen soll. Hier zeigt sich schon die Ausführung des oben angeführten „Programmsatzes", dass der Schlechtigkeit der Verleumder Einhalt geboten werden soll.

So soll nun der Ankläger zunächst versuchen, den Anklagevorwurf in Gegenwart des *princeps* oder bestimmter Vertrauter von ihm zu beweisen. Wie genau er den Vorwurf in diesem Stadium der Anklage beweisen soll, ist hier nicht erwähnt.[236]

Gelingt ihm der – wie auch immer geführte – Beweis in Gegenwart dieser Personen nicht, hat er eine schriftliche Anklage, die sog. *inscriptio* abzufassen.[237] Diese muss von drei Zeugen unterschrieben werden.[238] Die Frage hier ist, welche Funktion diese drei Zeugen ausfüllen: so könnte man einerseits vermuten, es müsse sich um *Tatzeugen* handeln, die die Schilderungen des Anklägers zur Tat bestätigen können. Dagegen spricht aber schon, dass diese doch sinnvollerweise schon in Gegenwart des *princeps* oder seiner Vertrauten hätten präsentiert werden können – denn welche Beweisführung sonst wäre in jenem ersten Stadium der Anklage denkbar gewesen, außer einem schriftlichen Geständnis des Beschuldigten selbst? Wahrscheinlicher ist doch schon auf den ersten Blick, dass diese drei Zeugen die Anklage an sich bezeugen sollen, also die Tatsache, dass

---

234 siehe *Helfferich*, Westgothen-Recht, S. 96.

235 *Thompson*, Goths, S. 257.

236 vgl. hierzu die Ausführungen bei *Dahn*, Westgothische Studien, S. 282 (283): seiner Ansicht, dass in diesem Stadium schon der Angeschuldigte vollen Gegenbeweis seiner Unschuld erbringen könnte und bei Misslingen desselben und im Übrigen Beweisfälligkeit des Anklägers die Folter stattfindet, kann hier nicht gefolgt werden: bei einem misslungenen Unschuldsbeweis des Angeschuldigten und anschließendem Übergang zur Folter wäre ihm dann ja der Tatvorwurf bekannt, was jedoch nach LVis. VI, 1, 2 gerade nicht der Fall sein darf; ähnlich wie *Dahn* zwar auch schon *v. Bethmann-Hollweg,* Civilprozeß IV/1, S. 240, dieser bezieht sich jedoch auf LVis. VII, 1, 1, also auf den Diebstahlsprozess.

237 zum Akkusationsprinzip im westgotischen Strafprozess siehe *v. Bethmann-Hollweg,* Civilprozeß IV/1, S. 239; *Dahn*, Westgothische Studien, S. 263.

238 siehe hierzu auch *Petit*, Iustitia Gothica, S. 304; siehe auch *Thompson*, Goths, S. 258; siehe auch *Martínez Díez,* La tortura judicial, S. 223 (237 f.).

genau dieser Ankläger genau jenen Beschuldigten genau jener Tat anklagt. Dies könnte also eine Art Absicherung für die Richter und den Angeklagten bedeuten, damit der Ankläger, falls sich seine Behauptung als unwahr herausstellt, nicht später behaupten könnte, er habe die Anklage niemals vorgebracht. Mit dieser Frage werden wir uns später noch beschäftigen (vgl. unter 3. e.).

Wenn diese Voraussetzungen durch den Ankläger erfüllt werden, kann also der Angeklagte der peinlichen Frage unterworfen werden. Wenn er sich jedoch als unschuldig herausstellt, soll der Ankläger ihm als Sklave unterworfen sein – jedoch soll ihn der Angeklagte nicht töten dürfen.[239] Auch der adelige Ankläger läuft somit Gefahr, in der Sklaverei zu enden.[240] Dies stellt eine gewichtige Hürde für den Ankläger dar: riskiert er doch seine Existenz mit der Anklage gegen einen Anderen. Nach dieser Vorschrift wird sich jeder Ankläger zweimal überlegt haben, ob er einen Anderen anklagt – vor allem, wenn die Anklage unberechtigt war.[241] MARTÍNEZ DÍEZ bezeichnet die *inscriptio* darum mit Recht als eine Verbindung zwischen Kläger und Angeklagtem in einem Prozess, in dem der Besiegte die festgesetzte Strafe erhält.[242] Eine Vorschrift, die dem obigen „Programmsatz" Chindasvinths, das Wirken der Verleumder einzudämmen, sicherlich gerecht wird. Im Übrigen spricht auch diese strenge Vorschrift für die oben geäußerte Vermutung, dass die drei Zeugen der Bindung des Anklägers an seine Anklage dienten – so konnte er bei Erwiesenheit der Unschuld des Angeklagten ohne Weiteres seiner Strafe unterworfen werden.

Chindasvinth fährt fort:

Iudex tamen hanc cautelam servare debebit, ut accusator omnem rei ordinem scriptis exponat, et iudici occulte presentans, sic questionis examinatio fiat; et si eius professio, qui questioni subdendus est, conpar fuerit cum verbis accusatoris, criminis reus incunctanter habendus est. Certe si aliut dictio accusatoris habuerit, aliut eius confessio, qui subditur questioni, quia dubitari non potest, quod per tormenta sibi crimen inponat, oportebit accusatorem superioris legis huius sententie subiacere.[243]

Hier spezifiziert Chindasvinth das oben Gesagte noch weiter. Der Richter soll bei dieser Vorgehensweise eine bestimmte Vorsichtsmaßnahme beachten, nämlich,

239 siehe hierzu auch *Dahn*, Westgothische Studien, S. 282 (284); *derselbe* kritisiert *ebenda*, S. 320 f. die Peinigung des in die Gewalt des Geschädigten übergebenen Anklägers als „eine wahre Aufmunterung der Rachsucht"; siehe auch *Thompson*, Goths, S. 258; siehe auch *Martínez Díez,* La tortura judicial, S. 223 (239); vgl. *Helbing/Bauer,* Die Tortur, S. 46; vgl. *King*, Law and Society, S. 112.

240 siehe *Helfferich*, Westgothen-Recht, S. 96.

241 siehe schon *King*, Law and Society, S. 91; siehe auch *Martínez Díez,* La tortura judicial, S. 223 (239).

242 *Martínez Díez,* La tortura judicial, S. 223 (237).

243 LVis. VI, 1, 2 (ed. Zeumer), S. 247 f., linke Spalte.

dass der Ankläger den Vorwurf genau beschrieben schriftlich ausführt – dies konkretisiert die oben aufgeführte Forderung nach einer schriftlichen Anklage. Diese Konkretisierung lässt zwei Zwecke vermuten: zum Einen eine Spezifizierung des Tatvorwurfs, damit die Richter genau wissen, was der Angeklagte zu gestehen hat. Zum Anderen, damit sich der Ankläger, wenn es aufgrund der Unschuld des Angeklagten zu seiner Bestrafung im obigen Sinne kommen sollte, nicht darauf hinausreden kann, dass der Anklagevorwurf missverständlich formuliert bzw. von dem Richter falsch verstanden worden sei.[244]

Weiter heißt es, dass der schriftliche Tatvorwurf dem Richter heimlich überbracht werden soll.[245] Dazu bringt Chindasvinth später noch genauere Ausführungen.

Nunmehr schließt Chindasvinth die Wahrheit des Anklagevorwurfes aus dem Geständnis des Angeklagten: wenn es mit dem Anklagevorwurf übereinstimmt, ist der Angeklagte als überführt und damit als schuldig anzusehen.[246] Wenn das Geständnis aber vom Anklagevorwurf abweicht[247], muss der Ankläger gemäß oben stehendem Gesetz seinem Urteil unterworfen werden – also dem Angeklagten als Sklave übergeben werden. Dies gründet Chindasvinth darauf, dass nicht bezweifelt werden kann, dass man sich unter der Folter eines Verbrechens belasten würde. Hier zeigt sich ein großes Vertrauen des Königs in den Nutzen der Folter als Mittel zur Wahrheitserforschung.[248]

Darauf geht Chindasvinth nun genauer ein:

Quod si accusator, priusquam occulte iudici notitiam tradat, aut per se aut per quemlibet de re, qua accusat, per ordinem instruxerit quem accusat, non liceat iudici accusatum subdere questioni; cum iam per accusatoris indicium detectum constet ac publicatum esse negotium.[249]

---

244 *Dahn*, Westgothische Studien, S. 282 (283) spricht davon, dass von Seiten des Anklägers „Frage-Artikel“ übergeben werden, gemäß denen der Angeschuldigte unter der Folter verhört wird; siehe schon *v. Bethmann-Hollweg,* Civilprozeß IV/1, S. 240 f.; vgl. *Martínez Díez,* La tortura judicial, S. 223 (238).

245 vgl. hierzu *Nehlsen*, Sklavenrecht, S. 230 (232); vgl. *Helbing/Bauer,* Die Tortur, S. 46; siehe auch *Petit*, Iustitia Gothica, S. 304 f.; siehe auch *Helfferich*, Westgothen-Recht, S. 97; siehe auch *Martínez Díez,* La tortura judicial, S. 223 (238 f.).

246 siehe hierzu *v. Bethmann-Hollweg,* Civilprozeß IV/1, S. 241 f.; siehe auch *Petit*, Iustitia Gothica, S. 304 f.; siehe auch *Helfferich*, Westgothen-Recht, S. 97; siehe auch *Martínez Díez,* La tortura judicial, S. 223 (239).

247 wohl hieraus zieht *Dahn*, Westgothische Studien, S. 261 (262) den Schluss, dass bei der Folter Schriftform in Form von Protokollierung vorgeschrieben sei, wobei er (in Fn. 2) hierzu auf LVis. VI, 1, 2 und LVis. VII, 1, 1 verweist. Zwar kann m.E. ein solches Erfordernis nicht am Wortlaut der Vorschrift festgemacht werden, zugestanden sei Dahn aber, dass ein solches Erfordernis logische Konsquenz der Prüfung der Übereinstimmung von Geständnis und Anklageschrift darstellt und darum anzunehmen ist.

248 *King*, Law and Society, S. 112 mit Fn. 3.

249 LVis. VI, 1, 2 (ed. Zeumer), S. 248, linke Spalte.

Dies stellt eine bedeutende Neuerung[250] in den Gesetzen der Westgoten dar: Wenn der Ankläger (selbst oder durch einen Anderen) vor Übergabe der Anklageschrift an den Richter den Angeklagten darüber informiert, wessen er ihn anklagt, dann darf eine Folter an dem Angeklagten nicht mehr stattfinden.[251] Dies begründet Chindasvinth damit, dass die Angelegenheit öffentlich bekannt geworden ist. Damit wird der Tendenz, unter Schmerzen alles zu gestehen, was der Ankläger hören will, Rechnung getragen. Denn wenn der Inquisit schon weiß, was ihm vorgeworfen wird, braucht er, wenn er die Torturen nicht mehr aushält, nur mehr ein einfaches „Ja, ich gestehe!" herauszustoßen und schon ist er überführt.[252]

Somit liegen, um dieser Regelung in der Praxis nachzukommen, kumulativ zwei Voraussetzungen vor: zum Einen muss der Tatvorwurf dem zu Folternden noch unbekannt sein, zum Anderen muss sich das erfolterte Geständnis inhaltlich trotzdem mit dem Vorgeworfenen decken. Ein beachtlicher Fortschritt in der Strafrechtspflege also bei den Westgoten, um Unzulänglichkeiten des Beweisverfahrens vorzubeugen.

Dies hieß aber dann doch in letzter Konsequenz, dass auch unter der Folter dem Angeklagten nicht mitgeteilt werden durfte, was ihm vorgeworfen wurde, denn ansonsten hätte die obige Regel wenig Sinn gemacht.

Anders scheint dies DAHN zu sehen: seinen Ausführungen ist zu entnehmen, dass er wohl davon ausgeht, dass der Vorwurf nur bis zur Folter dem Angeschuldigten unbekannt sein darf. Dieser könnte dann durch ein Geständnis vor Mitteilung des Vorwurfs der Folter entgehen. DAHN geht damit davon aus, dass, wenn der Angeschuldigte dasselbe Verbrechen wie in der Anklageschrift aufgeführt gestand, darin der Beweis seiner Schuld gesehen wurde, gestand er ein anderes, sah man darin eine Lüge seinerseits, um sich der Folter zu entziehen. DAHN bezeichnet diese Vorgehensweise daher als „ziemlich kindisch gedacht".[253]

---

250 *Helfferich*, Westgothen-Recht, S. 97, zollt Chindasvinth hohe Anerkennung jedenfalls für die Normierung der schriftlichen und heimlichen Übergabe des Tatvorwurfs; *King*, Law and Society, S. 112, sieht das Erfordernis der Unbekanntheit des Tatvorwurfs vor der Folter als Ausfluss des gesunden Menschenverstandes („Commonsense demanded that if the accused already knew the details torture should not be allowed [...]".

251 *Dahn*, Westgothische Studien, S. 282 (283) spricht von der Verlautbarung der „Frage-Artikel", gemäß denen das Folterverhör stattfindet; siehe schon *v. Bethmann-Hollweg,* Civilprozeß IV/1, S. 240 f.; vgl. *Helbing/Bauer,* Die Tortur, S. 46; siehe auch *King*, Law and Society, S. 112; siehe auch *Thompson*, Goths, S. 258; siehe auch *Martínez Díez,* La tortura judicial, S. 223 (238 f.).

252 so schon *Nehlsen*, Sklavenrecht, S. 230 (231 f.); siehe auch *Thompson*, Goths, S. 258: „[...] the purpose of torturing him had been lost"; siehe auch *Schmoeckel* FS Kleinheyer, S. 437 (447 f.).

253 *Dahn*, Westgothische Studien, S. 282, 283 f. (283).

Folgt man seinen Ausführungen, würde wohl dem nicht geständigen Angeschuldigten dann der Vorwurf mitgeteilt und er anschließend gefoltert, womit er wieder nur durch ein einfaches „Ja“ gestehen könnte. Eine solche verquere Denkweise, wie sie DAHN vermutet, kann man jedoch m.E. dem Gesetz nicht entnehmen. Insbesondere sprechen die Ausführungen „*sic questionis examinatio fiat; et si eius professio, qui questioni subdendus est, conpar fuerit cum verbis accusatoris, criminis reus incunctanter habendus est. Certe si aliut dictio accusatoris habuerit, aliut eius confessio, qui subditur questioni, quia dubitari non potest, quod per tormenta sibi crimen inponat, oportebit accusatorem superioris legis huius sententie subiacere.*” für die zeitliche Reihenfolge, dass zunächst der Angeschuldigte der Folter unterworfen wurde und sich erst währenddessen ein Geständnis abzeichnen konnte. Dafür spricht auch die Ausführung, dass nicht bezweifelt werden kann, dass man *unter der Folter* ein Verbrechen gesteht. Wäre hier der Tatvorwurf schon bekannt, würde Chindasvinth seine Vorsichtsmaßnahme konterkarieren.

Es ist damit davon auszugehen, dass auch unter der Folter der Tatvorwurf nicht spezifiziert wurde.

Damit ist jedoch noch nicht gesagt, wie unbekannt genau der Tatvorwurf sein musste. So könnte es ja einerseits sein, dass dem Beschuldigten überhaupt nichts gesagt werden durfte außer der Tatsache, dass er etwas gestehen solle.[254]

Dies hätte aber sicher deutlich ausufern können. So konnte es doch in diesem Fall dazu kommen, dass der Beschuldigte gefoltert wurde, um das Geständnis zu einem Mord zu erlangen, dieser aber, selbst wenn er schuldig war, aber nicht wusste, ob man von dem Mord wusste oder irgend eine andere Straftat, die er begangen hatte, von ihm gestanden haben wollte, zunächst einmal mit dem Mord hinter dem Berg hielt und vorher einige weniger hart zu bestrafende Straftaten gestand, z.B. einen Diebstahl, den er begangen hatte, in der Hoffnung, dies sei schon der Strafvorwurf, der untersucht würde und er müsse nichts mehr von dem Mord erzählen.

Wahrscheinlicher ist es also wohl, dass zumindest der Tatbestand erwähnt wurde, z.B.: „Du sollst einen Menschen getötet haben“, wenn er dringend verdächtig war, beispielsweise seinen Schneider auf einem nahe gelegenen Felde getötet zu haben.[255] Dann wüsste der Beschuldigte nämlich, wenn er schuldig wäre, was er gestehen müsse und könnte dann ein präzises Geständnis abgeben, näm-

254 *Dahn*, Westgothische Studien, S. 282 (283) spricht, ohne dies näher zu spezifizieren, von bestimmten „Frage-Artikeln“, die dem Angeschuldigten unter der Folter vorgehalten wurden; siehe schon *v. Bethmann-Hollweg,* Civilprozeß IV/1, S. 240 f.

255 Möglich, dass diesen Fall auch *Dahn*, Westgothische Studien, S. 282 (283) meint, wenn er von den vorzuhaltenden „Frage-Artikeln“ spricht; dies ist womöglich auch schon bei *v. Bethmann-Hollweg,* Civilprozeß IV/1, S. 240 f. gemeint.

lich dass er genau diesen Schneider auf genau diesem Felde getötet habe. Dies wäre dann auch eine Information, die nur der Mörder wissen könnte, womit er überführt wäre. Gestände er dann auch noch, denselben am nahe gelegenen Fluss unter dem großen Apfelbaum vergraben zu haben und fände man den Leichnam dort, wäre dies ein weiteres belastendes Indiz gegen ihn.

Auch hierbei hätte es aber, um den Gedanken noch etwas weiterzuspinnen, freilich zu kuriosen Situationen kommen können. So hätte es sicherlich sein können, dass z.B. der Beschuldigte bei dem oben genannten Untersuchungsgegenstand plötzlich überraschend unter Folter das Geständnis ablegte, den heimlichen Liebhaber seiner Schwester in dessen Haus getötet und ihn bei Nacht und Nebel in dessen Gemüsegarten begraben zu haben, ein völlig anderer Mord also als der, den man untersuchte. Fand man dann auch den Leichnam des Liebhabers in dessen Gemüsegarten, so war der Beschuldigte plötzlich eines Mordes überführt, dessen er gar nicht bezichtigt worden war. Auch dann aber hätte man trotzdem noch nicht sicher sein können, dass er nicht doch auch noch den Schneider auf dem Felde ermordet hatte. So musste man in dieser gedachten Konstellation also nach dem Fund des ersten Leichnams wieder mit der Folter fortfahren – wieder mit dem Vorwurf: „Du sollst (noch) einen Menschen getötet haben" – ob nicht evtl. auch noch der Mord an dem Schneider heraus käme. Um die Spekulation auf die Spitze zu treiben, hätte es also passieren können, dass man, wenn man einen Massenmörder gefangen hatte, unter Umständen noch über ein Dutzend den Richtern gar nicht bekannte Leichen stolperte, bevor man (wenn überhaupt) den eigentlich gesuchten Leichnam fand bzw. ein Geständnis für den eigentlich untersuchten Mord bekam.

Aber das ist natürlich reine Spekulation, nur um die neue Dimension dieser Regelung zu verdeutlichen. In den meisten Fällen wird man es ja nur mit einem Mord, den der Beschuldigte begangen hatte (oder auch nicht), zu tun gehabt haben. Dann aber ist klar, dass diese Regelung einen großen Fortschritt zur Wahrheitsfindung dargestellt hat. Hätte man sich in späterer Zeit, gerade z.B. in den Hexenprozessen des Mittelalters, an diese Regelung Chindasvinths gehalten, wären sicherlich viele dunkle Kapitel der Rechtsgeschichte auf deutlich hellerem Papier geschrieben worden.

KING hält es für fraglich, ob die Folter überhaupt oft im Verfahren für statthaft erachtet wurde, weil sicherlich anzunehmen sei, dass der Tatvorwurf des Öfteren zu einem früheren Zeitpunkt im Verfahren bekannt geworden sei.[256] Damit wäre dann aber auch klargestellt, wie sehr Chindasvinth die Folter im Westgotenreich durch diese Regelung zurückdrängte.

Chindasvinth stellt im Folgenden klar:

---

256 *King*, Law and Society, S. 112; siehe auch *Kampers*, Geschichte, S. 264.

Similis quoque et de ceteris personis ingenuis ordo servandus est.[257]

Die Regel ist also auch bei den übrigen frei geborenen Personen zu beachten, das heißt, bei den niedrigeren Freien.[258] H. NEHLSEN hält es in diesem Zusammenhang für möglich, dass diese Bestimmung auch bei der Folter an Sklaven anzuwenden war, obwohl sie in den Regelungen über das Verfahren gegen Sklaven, insbesondere LVis. VI, 1, 5 nicht enthalten ist.[259] Für diese Ansicht spricht insbesondere, dass die Regelungen über die Sklavenfolter, wie wir sehen werden, eher Spezialprobleme behandeln, nicht aber, wie hier, einen detaillierten Verfahrensgang.[260] Es ist also durchaus möglich, dass für das Verfahren an sich auch solche Regelungen über die Freienfolter galten, solange keine spezielle Regelung bestand.

Weiter heißt es:

Nam si capitalia, que supra taxata sunt, accusata non fuerint, sed furtum factum dicitur vel quocumque inlicitum, si trecentorum summa est solidorum vel amplius, inscriptione premissa subdendus est questioni qui petitur. Si autem actio minoris est quantitatis, quam trecenti sunt solidi, per probationem convictus qui accusatur secundum leges alias conponere conpellatur; aut si convinci non potuerit, sacramento se expians conpositionem accipiat, que de mala petitione legibus continetur.[261]

Wenn also nun kein Kapitalverbrechen angeklagt ist, sondern nur ein Diebstahl oder sonst ein geringeres Vergehen, soll die Folter auf eine Anklage hin stattfinden, wenn die Sache 300 *solidi* oder mehr wert ist. Bei geringerem Wert soll der Angeklagte gemäß anderen Gesetzen Wiedergutmachung leisten, wenn er aufgrund der Aussage überführt ist. Wenn er aber, nachdem er sich durch den Eid gereinigt hat, nicht überführt worden ist, soll er Wiedergutmachung erhalten – solche nämlich, die von den Gesetzen wegen einer falschen Forderung normiert ist.

Hier stuft Chindasvinth also die Foltervoraussetzungen nach der Bedeutung der Sache ab: wenn es sich um die oben besprochenen Kapitalverbrechen handelt, soll wie oben vorgegangen werden. Wenn es sich aber um ein geringeres Vergehen handelt, z.B. einen Diebstahl, normiert Chindasvinth eine Wertgrenze: nur wenn die Sache (also z.B. das Diebesgut) mindestens 300 *solidi* wert ist, soll ein Freier der Folter unterworfen werden. Bei geringerem Wert als 300 *solidi* soll ein

---

257 LVis. VI, 1, 2 (ed. Zeumer), S. 248, linke Spalte.

258 siehe *Beyerle*, Entwicklungsproblem, S. 560; vgl. *Martínez Díez,* La tortura judicial, S. 223 (238).

259 *Nehlsen*, Sklavenrecht, S. 230 (232).

260 siehe dazu *Nehlsen*, Sklavenrecht, S. 230 (231).

261 LVis. VI, 1, 2 (ed. Zeumer), S. 248, linke Spalte.

Freier nicht gefoltert werden – er hat die Möglichkeit, sich durch einen Eid von seiner Schuld zu reinigen.[262] Gelingt dieser Exkulpationsbeweis, so gilt er als unschuldig und erhält die Wiedergutmachung, die von den Gesetzen für eine falsche Anklage normiert ist.

Die Hürde, einen Anderen anzuklagen, ist demnach bei Vergehen von geringerem Wert als 300 *solidi* noch sehr viel höher, da der freie Angeklagte sich nur durch einen Eid exkulpieren kann, womit dem Ankläger eine Klage wegen falscher Anklage droht.

Selbst jedoch, wenn sich ein Freier in Sachen unter 300 *solidi* nicht durch den Eid reinigen kann, soll er nicht gefoltert werden. Er soll nur Wiedergutmachung nach anderen Gesetzen leisten, also dem jeweiligen Spezialgesetz für das von ihm begangene Delikt.

Zu beachten ist, dass es sich bei 300 *solidi* um einen exorbitant hohen Geldbetrag handelte und damit eine sehr hohe Hemmschwelle für die Folter bestand. Zum Vergleich sei angeführt, dass ein überseeischer Kaufmann für einen Lohnarbeiter aus dem Westgotenreich 3 (!) *solidi* für ein Jahr zu bezahlen hatte.[263]

Nun kommt eine weitere Intention Chindasvinths zum Vorschein:

Speciali tamen constitutione decernimus, ut persona inferior nobiliorem a se vel potentiorem inscribere non presumat. Sed si petendum in causa patuerit, et probatio fortasse convincende rei defuerit, nobilior ille vel potentior conscientiam suam sacramentis purgare non differat, quod nec amiserit nec habeat penes se vel retineat rem, pro qua fuerit petitus; et reddito iuramento ille, qui male petit, sicut alia lex continet, ei conponere non moretur.[264]

Er möchte also insbesondere festsetzen, dass eine Person niedrigeren Ranges sich nicht anmaßen solle, einen Adligen oder Mächtigeren anzuklagen.[265] Wenn es aber doch dazu kommt und ein Beweis zur Überführung vielleicht fehlen sollte, soll der Adlige oder Mächtigere, der hier von einer Person niedrigeren Ranges

262 *Dahn*, Westgothische Studien, S. 280, bezeichnet den Reinigungseid als „Begünstigung, aber auch als Voraussetzung der Befreiung von der Haftpflicht"; siehe hierzu auch *v. Bethmann-Hollweg*, Civilprozeß IV/1, S. 240; siehe auch *Martínez Díez*, La tortura judicial, S. 223 (237); siehe auch *Petit*, Iustitia Gothica, S. 303; vgl. *Helfferich*, Westgothen-Recht, S. 97.

263 LVis. XI, 3, 4 (ed. Zeumer), S. 405; Übersetzung bei *Wohlhaupter*, Gesetze der Westgoten, S. 297; siehe zur immensen Höhe der 300 *solidi* schon *García López*, Estudios críticos, S. 540.

264 LVis. VI, 1, 2 (ed. Zeumer), S. 248 f., linke Spalte.

265 siehe zur Besserstellung der *nobiles* in Chindasvinths Gesetzgebung *Claude*, Adel, S. 119 f.; *derselbe* führt LVis. VI, 1, 2 jedoch *ebenda* auf S. 146 als Beispiel für Recesvinths (!) Gesetzgebung an. Da er sich zur Urheberschaft jedoch nicht äußert, ist zu vermuten, dass es sich dabei um ein Versehen handelt.

angeklagt wurde, sich mit dem Eid reinigen: er soll also unter Eid geloben, dass er die Sache weder weggenommen noch in seinem Besitz hat noch zurückhält. Nach erfolgter Reinigung durch den Eid erhält die Person niedrigeren Rangs, die ihn angeklagt hat, die ihr zugedachte Strafe, wie es das andere Gesetz vorschreibt: gemeint ist hiermit vermutlich LVis. VII, 1, 5 (Antiqua).[266]

In dieser Vorschrift ist normiert:

[...] Quicumque accusatur in crimine, id est veneficio, maleficio, furto aut quibuscumque factis inlicitis, accusator eius concurrat ad comitem civitatis vel iudicem, in cuius est territorio constitutus, ut ipsi secundum leges causam discutiant. [...] si vero innocens adprobatur, de iudicio securus abscedat. Ille vero, qui accusabit, et penam et damnum suscipiat, quod debuit percipi accusatus, si de crimine fuisset convictus. [...][267]

Übersetzung nach WOHLHAUPTER :

„[...] Wird jemand einer Missetat, der Giftmischerei, des Schadenzaubers, des Diebstahls oder sonst einer unerlaubten Handlung beschuldigt, so gehe der Ankläger vor den örtlich zuständigen Stadtgrafen oder Richter, damit diese nach den Gesetzen den Fall behandeln. [...] wird aber seine Unschuld bewiesen, so verlasse er frei den Gerichtshof. Der Ankläger aber soll Schaden und Strafe auf sich nehmen, die der Angeklagte im Überführungsfalle hätte tragen müssen. [...]“[268]

Wenn also keines der oben in LVis. VI, 1, 2 genannten Kapitalverbrechen vorliegt, ist die Strafe des falschen Anklägers die „Übernahme“ der Strafe, die den Angeschuldigten getroffen hätte, wenn er schuldig gewesen und überführt worden wäre.

Auch bei den geringeren Straftaten konkretisiert damit Chindasvinth seine Intention, die Schlechtigkeit der Verleumder einzudämmen: er möchte besonders die Verleumdung von Adligen und Mächtigen eindämmen. Die oben bei den schweren Straftaten konkludent implizierte Forderung, dass diese nur durch Gleichrangige angeklagt werden sollen, wird hier ausdrücklich klargestellt. Bei Rangunterschied sind damit bei geringeren Straftaten auch keine Wertgrenzen zu beachten.[269] Der gegenüber dem Ankläger höherrangige Angeklagte muss sich lediglich durch seinen Eid von aller Schuld freisprechen – eine vergleichsweise geringe Hürde für ihn. Eine vergleichsweise höhere Hürde für den Ankläger von niedrigerem Rang, der sich (mehr als) zweimal überlegen wird, ob er einen Ad-

266 so schon *Zeumer*, ed. LVis., S. 249, Fn. 1. Dort verweist Zeumer neben VII, 1, 5 auch noch auf II, 2, 9 (Chindasvinth). Da diese Vorschrift jedoch die Klage eines Sklaven behandelt, ist sie m.E. hier für den vorliegenden Fall nicht anzuführen.

267 LVis. VII, 1, 5 (ed. Zeumer), S. 288.

268 *Wohlhaupter*, Gesetze der Westgoten, S. 173.

269 so schon *Dahn*, Westgothische Studien, S. 282 (283).

ligen oder Mächtigeren anklagt, wenn ihn dadurch mit ziemlicher Sicherheit die Strafe der falschen Anklage trifft.

Während die Norm diesen Fall ausdrücklich nur für geringere Straftaten festsetzt, schreibt DAHN: „[...] Gegen die Capitalanklage des humilis ingenuus vertheidigt sich der honestior durch Reinigungseid, [...]“[270]. Dies ergibt sich m.E. nicht aus dem Gesetzeswortlaut. Der Reinigungseid bei Anklage durch einen Geringeren ist hier ausdrücklich nur bei geringeren Straftaten normiert, was sich schon dadurch zeigt, dass im Eid von einer Sache gesprochen wird. Bzgl. Anklagen von Adligen durch Geringere bei Kapitalverbrechen schreibt das Gesetz nur am Anfang zumindest implizit, dass sie nicht erfolgen sollen, wohl also gar nicht erst zugelassen werden. Da aber auch DAHN an anderer Stelle den Reinigungseid als das „Vorrecht der Vornehmen in allen Nicht-Capital-Fällen in Ermangelung des Beweises“[271] bezeichnet, geht er wohl davon aus (auch wenn er dies nicht ausdrücklich schreibt), dass die Nichtzulassung der Anklage in der Praxis auch mit einer Abwendung durch den Reinigungseid des Beklagten gelöst wurde. Aus dem Gesetz an sich ergibt es sich jedoch m.E. nicht. Auf die Wahrscheinlichkeit einer solchen „Praxislösung“ soll aber erst an späterer Stelle eingegangen werden, sobald wir uns ausführlich mit dem Verhältnis von Folter und Reinigungseid zu den weiteren Beweismitteln befasst haben (siehe unter 3.c) a.E.).

Weiter geht es nun folgendermaßen:

Verumtamen seu nobilis sive inferior seu ingenua persona, si questioni subdita fuerit, ita coram iudice vel aliis honestis viris a iudice convocatis accusator penas inferat, ne vitam extinguat.[272]

Unabhängig vom Rang der Angeklagten normiert Chindasvinth als Vorsichtsmaßnahme, dass diese nur in Gegenwart des Richters oder anderer, von ihm berufener achtbarer Männer gefoltert werden dürfen.[273] Zweck der Regelung ist laut Chindasvinth, dass der Angeklagte nicht sein Leben verlieren soll. Bei dieser Schutzmaßnahme für das Leben des Angeklagten kommt es Chindasvinth also nicht auf seinen gesellschaftlichen Rang an.

Bemerkenswert ist hier jedoch die Formulierung „*accusator penas inferat*“: während v. BETHMANN-HOLLWEG nach dem Wortlaut davon ausgeht, dass

270 *Dahn*, Westgothische Studien, S. 282 (283); ähnlich schon *v. Bethmann-Hollweg,* Civilprozeß IV/1, S. 239 f.; auch *Lieberwirth*, Folter, S. 13 (23).

271 *Dahn*, Westgothische Studien, S. 280.

272 LVis. VI, 1, 2 (ed. Zeumer), S. 249, linke Spalte.

273 siehe hierzu auch *Dahn*, Westgothische Studien, S. 282 (284), was er auf S. 261 als Öffentlichkeit der Folter bezeichnet; siehe dazu schon *v. Bethmann-Hollweg,* Civilprozeß IV/1, S. 241; siehe auch *Martínez Díez,* La tortura judicial, S. 223 (240).

der Ankläger selbst die Folterung durchführt[274], hält DAHN es für kaum denkbar, dass sich ein *palatinus* damit selbst befasst – er geht deswegen davon aus, dass „*inferat*" mit „beibringen lassen" zu übersetzen sei[275]. Eine Entscheidung in dieser Frage fällt leichter, wenn man die Formulierung im Gesamtzusammenhang betrachtet – es wird deswegen am Ende der Textbetrachtung noch darauf einzugehen sein.

Et quia per triduum questio agitari debet, si inminenti casu qui tormentis subditur mortuus fuerit ex malitia iudicis vel alico dolo, seu ab adversario accusati corruptus beneficio talia tormenta fieri non proibuit, unde mors occurreret, ipse iudex iniquitatis proximis parentibus simili vindicta puniendus tradatur. Si certe suo se sacramento innocentem reddiderit, et testes, qui fuerint presentes, iuraverint, quod nulla sua malitia vel dolo aut corruptione beneficii mors ipsa provenerit, nisi solo tormentorum eventu, pro eo, quod indiscretus iudex superflua non proibuit, CCC solidus heredibus mortui conpellatur exolvere. Accusator autem, in potestate proximorum parentum mortui traditus, eadem mortis pena multetur, qua ille multatus est, qui per eius accusationem morte damnatus interiit.[276]

Zunächst stellt Chindasvinth klar, dass die Folter innerhalb von drei Tagen vollzogen werden muss. Weiter beschäftigt sich Chindasvinth nun damit, was passiert, wenn der Angeklagte trotz der oben beschriebenen Schutzmaßnahme doch unter der Folter stirbt.

Zunächst normiert er den Fall, dass der Angeklagte aufgrund der Niedertracht des Richters oder der Arglist eines Anderen das Leben verliert, vielleicht, weil der Richter vom Gegner des Angeklagten Schmiergelder dafür entgegengenommen hat, dass er solche Foltern nicht verhindert, die den Tod des Angeklagten verursachen. Chindasvinth zeigt hier, dass er falschen Anklagen und der Folter Unschuldiger kompromisslos den Kampf ansagt: die Strafe für den Richter lässt keinen Raum für Missverständnisse. Er soll den nächsten Verwandten des verstorbenen Angeklagten ausgeliefert werden, um den gleichen Strafen unterworfen zu werden.[277] Chindasvinth nimmt hier also – anders als oben bei der Versklavung des falschen Anklägers – ggf. auch den Tod des korrupten Richters in Kauf. Der Vergleich mit der Strafe des falschen Anklägers im Falle, dass der Angeklagte stirbt (dazu gleich), legt als Grund hierfür die Verwendung eines

274 *v. Bethmann-Hollweg,* Civilprozeß IV/1, S. 241; ebenso *King*, Law and Society, S. 113 mit Fn. 2, der anführt, dass der Wortlaut keine andere Auslegung zulasse; vgl. auch *ebenda*, S. 260; ebenso *Martínez Díez,* La tortura judicial, S. 223 (240); ebenso *Petit*, Iustitia Gothica, S. 305.

275 *Dahn*, Westgothische Studien, S. 282 (284, Fn. 1).

276 LVis. VI, 1, 2 (ed. Zeumer), S. 249, linke Spalte.

277 siehe hierzu auch *Petit*, Iustitia Gothica, S. 305; siehe auch *King*, Law and Society, S. 113; siehe auch *Thompson*, Goths, S. 259; siehe auch *Martínez Díez,* La tortura judicial, S. 223 (240).

simplen Talionsprinzips nahe, wobei es für den Richter jedoch noch eine Exkulpationsmöglichkeit gab:

Der Richter hat nämlich die Möglichkeit, sich durch den Eid zu reinigen.[278] Zusätzlich jedoch müssen Zeugen, die anwesend waren, bezeugen können, dass der Tod des Angeklagten nicht aufgrund von Niedertracht, Arglist oder Korruption eingetreten ist, sondern nur durch die Vornahme der Folter an sich.[279] Dass der Richter zusätzlich zum Eid noch Zeugen benötigt, zeigt einmal mehr, dass Chindasvinth dies als eine besonders sensible Materie ansieht und auf eine besonders sorgfältige Vorgehensweise Wert legt.

Der Richter, der auf diese Weise fahrlässig den Tod des Angeklagten verschuldet hat, weil er unmäßige Foltern nicht verhindert hat, soll demnach gezwungen werden, 300 *solidi* an die Erben des Verstorbenen zu bezahlen.[280]

Härter trifft es dann den Ankläger: er soll den nächsten Verwandten des Verstorbenen übergeben werden, wo er ebenfalls mit dem Tod bestraft werden soll.[281] Dieser hat also keine Möglichkeit, sich zu exkulpieren, auch wenn der Richter leichtfertig gehandelt hat. Chindasvinth stuft damit den (ggf. falschen) Ankläger, der durch seine (ggf. falsche) Anklage den Tod des Angeklagten verursacht, auf niedrigster Stufe ein, so dass ihn nichts mehr retten soll.

Bemerkenswert ist an dieser Passage, dass sie – zumindest ihrem Wortlaut nach – nicht nur für den unschuldigen, sondern allgemein für jeden zu Folternden gilt. Dies erscheint zunächst nicht verwunderlich: so macht eine Schutzvorschrift für alle Angeklagten, dass sie nicht ihr Leben unter der Folter verlieren sollen, durchaus Sinn. Beachtenswerter wird es jedoch, wenn man die Bestrafung des unmäßigen Richters sowie des Anklägers betrachtet.

Der Richter, der leichtfertig oder vorsätzlich den Tod eines Angeklagten verursacht, soll demnach nicht nur bestraft werden, wenn der Angeklagte unschuldig war, sondern generell, weil er übermäßige Foltern nicht verhindert hat. Dies erscheint noch durchaus einleuchtend.

---

278 siehe hierzu auch *Dahn*, Westgothische Studien, S. 281 und 284; siehe schon *v. Bethmann-Hollweg,* Civilprozeß IV/1, S. 241; siehe auch *Martínez Díez,* La tortura judicial, S. 223 (240 f.); siehe auch *Petit*, Iustitia Gothica, S. 305; siehe auch *King*, Law and Society, S. 113; siehe auch *Thompson*, Goths, S. 259.

279 siehe hierzu auch *Dahn*, Westgothische Studien, S. 282 (284); vgl. *v. Bethmann-Hollweg,* Civilprozeß IV/1, S. 241; siehe auch *Petit*, Iustitia Gothica, S. 305; siehe auch *King*, Law and Society, S. 113; siehe auch *Thompson*, Goths, S. 259; siehe auch *Martínez Díez,* La tortura judicial, S. 223 (240 f.).

280 siehe hierzu auch *Petit*, Iustitia Gothica, S. 305; siehe auch *Thompson*, Goths, S. 259; siehe auch *Martínez Díez,* La tortura judicial, S. 223 (240 f.).

281 siehe hierzu *v. Bethmann-Hollweg,* Civilprozeß IV/1, S. 241; vgl. *Helbing/Bauer,* Die Tortur, S. 46; siehe auch *Petit*, Iustitia Gothica, S. 305; siehe auch *Thompson*, Goths, S. 259; siehe auch *Martínez Díez,* La tortura judicial, S. 223 (240).

Bemerkenswert ist jedoch, dass auch den Ankläger *generell* die harte Bestrafung treffen soll, obwohl ja oben in der Vorschrift gerade die Bestrafung wegen einer *falschen* Anklage behandelt wird. Hierzu ist im Zusammenhang die oben betrachtete Formulierung „*accusator penas inferat*" betrachtenswert. Zwar geht DAHN[282] davon aus, dass hiernach gerade nicht der Ankläger selbst die Foltern vornimmt. Dies kann man aber nicht kategorisch ausschließen. Jedenfalls nämlich wird man annehmen müssen, dass, wenn nicht der Ankläger selbst, dann doch zumindest jemand aus seiner Sphäre – also etwa ein Beauftragter des Anklägers o.ä. – die Folterungen hiernach vornimmt. Ein „neutraler", also etwa dem Richter unterstehender „Folterknecht" ist im Normzusammenhang nicht denkbar. Es geht ja in dieser Stelle gerade nicht zwingend um eine unrechte Anklage. Der Ankläger, der eine berechtigte Anklage vorbringt, kann aber nichts dafür, wenn der Richter oder einer seiner „Folterknechte" unmäßig handelt. Worin also sonst läge der Anknüpfungspunkt, den Ankläger auf diese Art und Weise haften zu lassen, wenn nicht in der Tatsache, dass *er selbst* oder ein von *ihm* Beauftragter gerade die übermäßigen Foltern durchgeführt hat.[283]

Um diese „Folterordnung" besser zu verstehen, ist es nötig, sie im Spiegel der Rechtsentwicklung im westgotischen Reich zu betrachten, was im Folgenden vorgenommen werden soll.

3. Die in LVis. VI, 1, 2 behandelten Themen im Spiegel der westgotischen Rechtsentwicklung

Diese erste „Folterordnung" Chindasvinths zeigt schon, dass sich in der Lex Visigothorum eine Fülle von Bestimmungen zum Thema Folter befinden. Hieraus lässt sich zunächst auf eine starke Beeinflussung des westgotischen Rechts durch das römische Recht schließen, jedoch bedarf dies näherer Betrachtung. Im Fol-

282 *Dahn*, Westgothische Studien, S. 282 (284, Fn. 1).

283 die Frage zwar nicht in dieser Breite problematisierend, aber im Ergebnis doch gleich schon *King*, Law and Society, S. 113, wenn er schreibt, dass *der Ankläger,* der sein Opfer aus Unerfahrenheit oder Verzweiflung zu unmäßig foltert, an die nächsten Verwandten ausgeliefert wird; vgl. auch *ebenda*, S. 260; von einer Folterung durch den Ankläger selbst gehen neben *v. Bethmann-Hollweg,* Civilprozeß IV/1, S. 241 und *King* auch *Martínez Díez,* La tortura judicial, S. 223 (240) und *Petit*, Iustitia Gothica, S. 305 aus, allerdings ohne über den Wortlaut der Vorschrift hinausgehende Begründung. *Martínez Díez,* La tortura judicial, S. 223 (240) stützt die hier vertretene Ansicht jedoch dadurch, dass er auch schon von der Folterung durch den Ankläger oder seine Untergebenen („del acusador o de los subalternos") spricht, also auch seiner Ansicht nach der Ankläger die Folter nicht zwingend in eigener Person durchführen musste, was ja der Hauptkritikansatzpunkt Dahns war.

genden werden wir uns fragen müssen, wieso gerade der Westgotenkönig Chindasvinth eine solch detaillierte „Folterordnung" schuf, die sich teilweise, wie wir noch sehen werden, erheblich von römisch-rechtlichen Regeln unterschied und solch teilweise äußerst fortschrittliche Gesetze enthielt – eine Fortschrittlichkeit, die sich in den Gesetzen der anderen germanischen Stämme, namentlich der Ostgoten, Burgunden, Franken und Langobarden so nicht vollzogen hat[284]. Betrachtet man Chindasvinths detaillierte und ausgefeilte Regelungen – ein Konstrukt, das verwundert, wenn wir es mit den eben genannten Folterregelungen der anderen auf römischem Boden angesiedelten Germanenstämme dieser Zeit vergleichen – könnte man zunächst an römische Ursprünge denken. Dies vor allem, da wir bereits im ersten Kapitel die scharfe Kritik Ulpians und einiger anderer bedeutender früherer Juristen an der Folter betrachtet haben. Auch Ulpian arbeitete, wie gesehen, vor allem mit dem Argument der unterschiedlichen Konstitution der Beschuldigten. Diesem Argument redet aber Chindasvinth das Wort, wenn er die Unbekanntheit des Tatvorwurfs bei der Folter verlangt. Der Beschuldigte hat gar keine Möglichkeit, nur, um den Schmerz zu beenden, ein volles Geständnis abzulegen – er weiß ja, wenn er unschuldig ist, gar nicht, was er gestehen soll. Ulpian wollte, wie wir bereits besprochen haben, vor allem die Belastung Dritter unter der Folter vermeiden, was wir als „altertümlichen Drittschutz" bezeichnet haben. Ebenso verlangte er eine gewisse Skepsis des Richters gegenüber der Folter sowie die Vermeidung von Suggestivfragen.

Es lag nach dem im ersten Kapitel Gesagten auch anderen römischen Juristen besonders am Herzen, verbindlichere Richtlinien in Form einer Art Prozessordnung zu schaffen, um Missbrauch vorzubeugen.

Nun schafft Chindasvinth hier gerade eine solche Prozessordnung, die das betrachtete römische Mindestmaß um Einiges übersteigt. Ebenso findet sich in LVis. VI, 1, 2, wie bereits angesprochen, die m.E. bemerkenswerteste Neuerung in der Lex Visigothorum, dass bei Bekanntheit des Tatvorwurfes eine Folter ausgeschlossen ist. Dies erinnert an Ulpians besprochene Forderung, der Richter dürfe dem Inquisiten keine Suggestivfragen stellen. Die chindasvinthische Regelung geht also sogar noch über die Forderung des Ulpian hinaus, indem sie die Folter im Falle, dass dem Angeschuldigten die Anklage vor der Folter bekannt

284 siehe hierzu statt vieler *Schmoeckel* FS Kleinheyer, S. 437 (445 ff.); siehe auch *Lieberwirth*, Folter, S. 13 (23 ff.); allgemein zur mangelnden Vergleichbarkeit zwischen Lex Visigothorum und den übrigen Stammesrechten siehe auch *Dahn*, Westgothische Studien, S. 299; *ebenda* bezeichnet *derselbe* auf S. 300 insbesondere LVis. VI, 1, 2 als eine „reiche, in keinem der andern Stammrechte auch nur annähernd ähnliche Casuistik, welche alle vorkommenden Fälle zu erschöpfen trachtet"; *vgl. Brunner/v. Schwerin,* Deutsche Rechtsgeschichte II, S. 542; vgl. auch *Petit*, Iustitia Gothica, S. 301; vgl. *Peters*, Folter, S. 66.

gemacht wird, ganz ausschließt. Auf den ersten Blick könnte man hierfür also römische Einflüsse vermuten. Wir dürfen jedoch keine voreiligen Schlüsse ziehen. Zunächst soll anhand von LVis. VI, 1, 2 das Entwicklungsprofil der Folterregelungen in der westgotischen Rechtsentwicklung betrachtet werden. Dies kann Anhaltspunkte dafür bieten, woher Chindasvinth seine Ideen bezog und woher es rührt, dass er solch raffinierte Regelungen geschaffen hat.

a) Gesetzgebung durch Einzelfallbetrachtung

Zunächst muss noch einmal klarstellend erwähnt werden, dass es sich bei den Normen der Lex Visigothorum – nach heutiger Terminologie – zumindest im weiteren Sinne um „Case-Law", also um Fallrecht handelt. Dies verrät uns schon der Titel des von Reccesvinth kodifizierten Gesetzbuches: *Liber Iudiciorum*.[285] Zudem ergibt sich aus einigen Stellen der Lex Visigothorum, dass von mehr oder weniger näher bestimmten Fällen oder von Erfahrungswerten aus früheren Fällen die Rede ist.

So schildert uns Chindasvinth in LVis. II, 2, 9 (das insoweit von Ervig übernommen wurde)[286]:

[...] Nonnulli enim ingenui servos alienos ledere promti sunt et ad servi petitionem iudicio adesse contemnunt, adserentes, se utique cum eo causam dicere non debere, a quo eis conponi non poterit, si victores extiterint. Sed ne per hanc dilationem, dum etiam servi dominus supra L milia absens est, aut hutilitate domini sui fiat inpedimentum, aut ipse servus indebite perferat fortasse periculum, id consultissime decernendum helegimus: ut nulli penitus audientia denegetur, [...][287]

Die Bemerkung, dass sich Freie oftmals Sklaven gegenüber so verhalten, zeigt deutlich, dass hier die Erfahrung von Einzelfällen verarbeitet wird und dieses Gesetz nun dem Abhilfe schaffen will. Auch die Bestimmung über den Herrn, der weiter als fünfzig Meilen weg ist, lässt den Bezug auf einen Einzelfall vermuten.[288]

Ebenso sagt Chindasvinth in LVis. II, 4, 11:

[...] Plerosque cognovimus ita sese interdum per placitum obligare, ut pro sua suorumque utilitate testificare non differant; si quis autem contra eos habuerit testimonium dicere, nullatenus adquiescant. Quod quia satis est contrarium veritati, hanc omnes iudices se noverint habere licentiam, [...][289]

285 vgl. *Zeumer*, Geschichte I, S. 419 (488); siehe hierzu schon *King*, Law-code, S. 131 (150); vgl. *García López*, Estudios críticos, S. 9.
286 vgl. in der Edition von *Zeumer*, S. 85.
287 LVis. II, 2, 9 (ed. Zeumer), S. 85 f.
288 siehe zu dieser Bestimmung und ihrer Einleitung auch *Nehlsen*, Sklavenrecht, S. 170.
289 LVis. II, 4, 11 (ed. Zeumer), S. 103.

Schon die Einleitung mit „*cognovimus*" zeigt, dass auf die leidvollen Erfahrungen aus früheren Fällen zurückgegriffen wird und nun Abhilfe für die Richter geschaffen werden soll. Auch die genaue Beschreibung der Vorgehensweise dieser Menschen zeigt den Bezug auf frühere Fälle.

Genauso verhält es sich mit LVis. II, 1, 26:

[...] Cognovimus multos iudices eo, quod, per cupiditatis occasionem supergredientes legum ordinem, ex causis sibi tertiam presumant tollere partem. [...][290]

Auch VI, 1, 2 selbst wirkt, wie wir an den detaillierten Einzelregelungen gesehen haben, wie eine Regelung, die verhindern will, dass sich die schlechten Erfahrungen früherer Fälle wiederholen.

Erwähnenswert ist in diesem Zusammenhang auch eine Egica-Novelle, die mit den Worten beginnt:

[...] Multas cognovimus querelas, et ab ingenuis multa mala pati, [...][291]

Deutlicher kann man hier nicht formulieren, dass es in der Vergangenheit Probleme gegeben hat, die nun behoben werden sollen.

In dieses Bild passt auch die Einleitung dieser Egica-Novelle:

[...] Priscarum quidem legum sanctionibus manifeste depromitur, quibus modis quibusque perquisitionum titulis fugitivorum latebrosa vagatio reprimatur. Sed dum iudicum diversis occasionibus vel susceptorum fraude eorum fuga occulitur, verum est, quod et ipsarum legum ordo difficile adimpletur, et increscente vitio potior latitantibus aditus propagatur, ita ut non sit penitus civitas, castellum, vicus aut villa vel diversorium, in quibus mancipia latere minime dignoscantur. [...][292]

Hier leitet Egica mit einem Überblick über die bestehenden rechtlichen Verhältnisse ein und begründet damit die Schaffung des neuen Gesetzes: er legt dar, dass trotz bestehender Gesetze[293] über die Flucht von Sklaven diese stetig zunimmt und in kaum einer Gemeinde nicht Fälle von flüchtigen Sklaven bekannt sind. Die vorherrschenden Fälle von flüchtigen Sklaven trotz bestehender Gesetze nimmt Egica also als Begründung, dieses neue, strengere Gesetz zu schaffen, um die Rechtsdurchsetzung zu erleichtern.

---

290 LVis. II, 1, 26 (ed. Zeumer), S. 72 f.
291 LVis. VI, 1, 3 Nov. (ed. Zeumer), S. 250.
292 LVis. IX, 1, 21 Nov. (ed. Zeumer), S. 363 f.
293 siehe hierzu *Dahn*, Westgothische Studien, S. 301 und 303.

b) Die Einleitung: Chindasvinths „Programmsatz“ für die Gesetzgebung

Wir haben schon oben Chindasvinths Einleitung zu VI, 1, 2 betrachtet:

Si in criminalibus causis discretionis modus amittitur, criminatorum malitia nequaquam frenatur. [...][294]

Diese Einleitung stellt den „Programmsatz“ für die Norm dar: Chindasvinth will die Schlechtigkeit der Verleumder eindämmen – dies ist Ziel für das folgende Gesetz, der Zweck, dem das Gesetz als Mittel gerecht werden soll.[295] Die nähere Ausgestaltung des Gesetzes, die dieses Ziel verwirklichen soll, haben wir oben bereits betrachtet. Diese Einleitung lässt vermuten, dass es in der Vergangenheit des Öfteren zu verleumderischen Anklagen gekommen ist bzw. immer noch kommt, Chindasvinth also aus aktuellen Anlass dieses Gesetz erlassen hat. Dies werden wir noch im Kapitel über Chindasvinths Leben und Regentschaft eingehender untersuchen (siehe Kapitel 5). Die „Programmsatz-Einleitung“ ist darum bei der Analyse von LVis. VI, 1, 2 zu erwähnen, weil sie eine typische Vorgehensweise in Chindasvinths Gesetzgebung darstellt. In vielen seiner Gesetze schildert er – oft moralisierend[296] – zunächst den Zweck, den Anlass für das Gesetz.[297] Dies zeigt sich vor allem in den Einleitungen folgender Gesetze von Chindasvinth:

LVis. II, 2, 9:

Superflua excusantem lex ideo corripit, ut omnis presumtio coerceri facillime possit. [...][298]

LVis. III, 4, 13:

Si perpetratum scelus legalis censura non reprimit, sceleratorum temeritas ab adsuetis vitiis nequaquam quiescit. [...][299]

---

294 LVis. VI, 1, 2 (ed. Zeumer), S. 247.

295 vgl. hierzu auch *Martínez Díez,* La tortura judicial, S. 223 (239).

296 siehe zur Selbstdarstellung Chindasvinths als gerechter Herrscher durch moraltheologische Elemente *Diesner*, Chindasvind, S. 15 ff.

297 *Dahn*, Westgothische Studien, S. 304, spricht hiervon als Gesetze, „welche in langen Einleitungen, an die Varien Cassiodors erinnernd, aber ohne deren oft geistreiche Wendungen die moralischen Motive der Bestimmung und die Abscheulichkeit des zu ahndenden Delicts expliciren – ganz im Ton geistlicher Kundgebungen – bis sie aus diesem oratorischen Berge das oft sehr winzige juristische Mäuslein hervorgehen lassen.“

298 LVis. II, 2, 9 (ed. Zeumer), S. 85; vgl. zu dieser Einleitung auch *Nehlsen*, Sklavenrecht, S. 170.

299 LVis. III, 4, 13 (ed. Zeumer), S. 152.

LVis. VI, 4, 5:

Non minoris est noxe legum statuta nescire, quam sciendo prava conmittere. [...][300]

LVis. VI, 5, 15:

Cum ceterorum criminum reos penas semper oporteat excipere, quas merentur, nefas esse putandum est, homicidas umquam indemnes relinquere, quos severiori magis condecet atrocitate puniri. [...][301]

Aus der Fülle dieser „Programmsatz-Einleitungen" lässt sich schließen, dass es Chindasvinth durchaus am Herzen lag, dass diejenigen, die seine Gesetze anwendeten – wohl namentlich die Richter – auch verstanden, warum sie nach diesem oder jenem Gesetz so oder so vorgehen mussten. Dies lässt Chindasvinth als einen Gesetzgeber erscheinen, der überlegt und nachdenklich vorging und darauf Wert legte, dass seine Gesetze sinnvoll und richtig angewendet wurden. Auf Chindasvinths generelles Verhältnis zu den Richtern werden wir später noch zu sprechen kommen (siehe unter 3. o.).

c) Der Beweis des Tatvorwurfs

aa) Liber Iudiciorum

Wie festgestellt, muss derjenige, der einen Anderen eines Verbrechens anklagen will, zunächst – noch bevor er eine Anklageschrift ausfertigt – den behaupteten Vorwurf beweisen, und zwar in Gegenwart des *princeps* oder seiner Vertrauten:

[...] habeat prius fiduciam conprobandi quod obicit, et sic alienum sanguinem temtet inpetere. Quod si probare non potuerit, coram principe vel his, quos sua princeps auctoritate preceperit, [...][302]

Wie dieser Beweis genau ausgestaltet sein soll, erwähnt Chindasvinth an dieser Stelle nicht. Wir müssen also auf andere Normen der Lex Visigothorum von Chindasvinth oder seinen Vorgängern zurückgreifen, um genauere Schlüsse ziehen zu können, was Chindasvinth hier unter Beweis versteht.

Hier findet sich im Liber Iudiciorum schon in der Antiqua eine geeignete Stelle: In LVis. II, 4, 2 (Antiqua) spricht der Gesetzgeber vom Zeugenbeweis[303]. Dabei

300 LVis. VI, 4, 5 (ed. Zeumer), S. 267.
301 LVis. VI, 5, 15 (ed. Zeumer), S. 281.
302 LVis. VI, 1, 2 (ed. Zeumer), S. 247.
303 siehe zum Zeugenbeweis *Dahn*, Westgothische Studien, S. 275 ff.

stellt er jedoch klar, dass ein Zeuge seine Aussage auch beschwören muss:

[...] quia testes sine sacramento testimonium peribere non possunt. [...][304]

Im nächsten Satz geht der Gesetzgeber auf die Gewichtung der Zeugenaussagen ein:

[...] Quod si ab utraque parte testimonia equaliter proferantur, discussa prius veritate verborum, quibus magis debeat credi, iudicis extimabit electio. [...][305]

Der Gesetzgeber stellt also klar, dass bei Zeugenaussagen auf beiden Seiten nicht etwa eine Patt-Situation „Aussage gegen Aussage“ bestehen soll, sondern dass vielmehr dem Richter Ermessen eingeräumt werden soll, die Glaubwürdigkeit der einzelnen Zeugen eigenständig zu beurteilen.[306]

Im selben Titel finden sich im Anschluss auch noch Vorschriften von Chindasvinth, die den Zeugenbeweis näher erläutern.

In LVis. II, 4, 3 spricht Chindasvinth vom Verhältnis des Zeugenbeweises zum Urkundenbeweis[307]:

[...] Quotiens aliut testis loquitur, quam ea scriptura continet, in qua ipse suscripsisse dinoscitur, quamvis contra scripture textum diversa verborum sit a testibus inpugnatio, scripture tamen potius constat esse credendum. Quod si testes dixerint ea, que offertur, scriptura minime roborasse, prolator eius probare debebit, utrum ab eisdem testibus scriptura fuisse roborata constiterit. Et si hoc ipse quibuslibet aliis documentis convincere fortasse nequiverit, experientia iudicis id requirere sollerter curabit; ita ut pro manus contropatione testis ille, qui negat, iudice presente scribat, qui etiam plus cogatur scribere, ut veritas facilius innotescat; ubi scilicet et hoc omnino querendum est, ut scripture querantur et presententur, quas antea fecit sive suscripsit. Et si tota ista defecerint, tunc condicionibus editis iurare non differat, quod nequaquam inibi suscriptor accesserit. [...][308]

Sagt also ein Zeuge etwas Gegenteiliges aus als das, was in einer Urkunde enthalten ist, von der man weiß, dass er sie unterzeichnet hat, so gibt das Gesetz dem Beweiswert der Urkunde den Vorzug. Nun kann der Zeuge aber wiederum andere Zeugen aufbringen, dass die Urkunde ungültig ist. Gelingt dies, muss derjenige, der die Urkunde als Beweis eingebracht hat, diese im Gegenzug durch drei Zeu-

304 LVis. II, 4, 2 (ed. Zeumer), S. 95; Übersetzung bei *Wohlhaupter*, Gesetze der Westgoten, S. 51.
305 LVis. II, 4, 2 (ed. Zeumer), S. 95; Übersetzung bei *Wohlhaupter*, Gesetze der Westgoten, S. 51.
306 siehe hierzu auch *Dahn*, Westgothische Studien, S. 277 f.
307 siehe zum Urkundenbeweis *Dahn*, Westgothische Studien, S. 274 f.
308 LVis. II, 4, 3 (ed. Zeumer), S. 95 f.

gen bestärken lassen. Misslingt dies, muss der Richter den ursprünglichen Zeugen dazu anhalten, zum Zwecke des Wahrheitsbeweises eine ähnliche Urkunde zu schreiben. Zudem soll sich der Richter anstrengen, vergleichbare Urkunden zu finden. Bei Fehlschlagen seiner Anstrengungen soll er den Zeugen schwören lassen, dass er die Urkunde niemals unterzeichnet habe.

Die Stelle sagt zum Verhältnis Zeugen- und Urkundenbeweis generell nichts aus – sie behandelt nur den Fall, dass ein Zeuge gegenteilig zum Inhalt einer von ihm unterzeichneten Urkunde aussagt. Im Prinzip sagt uns die Stelle also, dass ein Zeuge grundsätzlich als unglaubwürdig angesehen wird, wenn er nun etwas anderes behauptet als früher – wobei hier nur der spezielle Fall besteht, dass seine frühere Aussage in einer von ihm unterzeichneten Urkunde enthalten ist.

In LVis. II, 4, 5 schildert Chindasvinth die Modalitäten einer Zeugenaussage:

> *[...] Testes non per epistulam testimonium dicant, sed presentes quam noverunt non taceant veritatem nec de aliis negotiis testimonium dicant, nisi de his tantummodo, que sub presentia eorum acta esse noscuntur. Certe si idem testes, aut parentes vel amici, seu etate decrepiti vel infirmitate gravati aut in aliam et longinquam provinciam constituti, de re, que ipsis est cognita, testimonium aliquibus iniungendum putaverint, et si non sint omnes de uno territorio, qui testimonium dicendum conmittunt, in eo tamen territorio, ubi ille conmanet, qui plus ex his videtur idoneus, congregentur et ante eiusdem territorii iudicem vel coram his, quos iudex elegerit, et mandatum faciant idoneis ingenuis, quibus voluerint, et quod illis est cognitum per condicionum seriem iurare procurent; qualiter, quibus testificandi vicissitudo conmittitur, id indubitanter, ubi necesse fuerit, suo sacramento confirment, quod iurare mandatores suos iustissime et evidentissime per semetipsos audierint. Aliter autem mandatum de talibus negotiis editum aput omnes iudices erit semper invalidum.*[309]

Zunächst werden die allgemeinen Modalitäten betreffend eine Zeugenaussage behandelt: so soll die Zeugenaussage persönlich anwesend vor Gericht abgegeben werden, nicht schriftlich – dies ist unserem heutigen Prozessrecht, sowohl im Zivil- als auch im Strafverfahren, nicht ganz unähnlich.[310] Auch Chindasvinth legte hier also Wert auf das „sachnächste Beweismittel“[311].

Des Weiteren sollen die Zeugen die Wahrheit sagen, soweit sie Kenntnis davon haben und nicht in fremden Angelegenheiten, sondern nur in solchen, von denen sie wissen, dass sie unter ihren eigenen Augen stattgefunden haben. Den heute sogenannten „Zeugen vom Hörensagen“[312] wollte Chindasvinth demnach vermeiden.

309 LVis. II, 4, 5 (ed. Zeumer), S. 98.

310 vgl. insoweit zum Strafverfahren § 250 StPO, zum Mündlichkeitsgrundsatz *Meyer-Goßner,* StPO, § 250 Rn. 1 ff.; *ebenda,* § 261 Rn. 7; vgl. zum Zivilverfahren § 128 ZPO, §§ 373 ff. ZPO.

311 siehe hierzu im geltenden Recht etwa *Meyer-Goßner,* StPO, § 250 Rn. 3.

312 siehe zum „Zeugen vom Hörensagen“ im geltenden Recht etwa *Meyer-Goßner,* StPO, § 250 Rn. 4 f.

Anschließend berichtet Chindasvinth noch, was geschehen soll, wenn Zeugen in verschiedenen Provinzen wohnen oder wegen Gebrechen nicht erscheinen können, was für diese Untersuchung jedoch keine gesteigerte Rolle spielt.

Am Ende bestätigt Chindasvinth die oben genannte Antiqua-Stelle (LVis. II, 4, 2), dass Zeugenaussagen unter Eid („*sacramento*“, vgl. oben LVis. II, 4, 2) abgegeben werden.[313]

Schließlich finden sich im Liber Iudiciorum auch noch einige Stellen, die sich mit den Anforderungen an einen Zeugen befassen, d.h. welche Personen überhaupt Zeugen sein können.[314]

Schon die Antiqua stellt zunächst klar, dass man sein Zeugnisrecht durch bestimmte Verhaltensweisen verlieren kann:

> *[...] Certe si admonitus quisquam a iudice de re, quam novit, testimonium peribere noluerit, aut si nescire se dixerit, id ipsum etiam iurare distulerit et per gratiam aut per venalitatem vera subpresserit: si nobilis fuerit, testimonium postea in nullo iudicio dicere permittatur, nec testimonium ipsius recipiatur ulterius. Quod si, licet ingenue, minoris tamen fuerint dignitatis persone, et testimonium careant et C flagella infamati suscipiant; quia non minor reatus est vera subprimere quam falsa confingere.*[315]

Übersetzung nach WOHLHAUPTER:

> „[...] Wenn nun ein Adeliger, vom Richter hingewiesen auf eine Angelegenheit, um die er weiß, ein Zeugnis nicht ablegen will oder erklärt, nichts zu wissen, über diese Erklärung auch den Eid verweigert und aus Gunst oder infolge Bestechlichkeit die Wahrheit verschweigt, so verliere er für alle Gerichte das Zeugnisrecht und niemals werde fürderhin mehr sein Zeugnis entgegengenommen. Wenn es sich um zwar freie, aber nicht so hochgestellte Personen handelt, sollen sie das Zeugnisrecht einbüßen, 100 Peitschenhiebe empfangen und ihre Ehre verlieren. Denn es ist keine kleinere Missetat, Wahres zu verschweigen als Falsches zu erdichten.“[316]

Der Gesetzgeber der Antiqua will hiermit erkennbar gewährleisten, dass vor den Gerichten seines Reiches auch die Wahrheit gesagt würde: sagt man sie nicht oder verweigert man sie, verliert man sein Zeugnisrecht auf ewig. Für einen Adligen stellt dies die einzige Konsequenz dar, bei nicht so hoch gestellten Freien folgt noch eine körperliche Züchtigung und der Ehrverlust. Konsequenz ist aber immer der Verlust des Zeugnisrechtes. Erfreuliche Folge ist damit aus Sicht des Gesetzgebers für den Rechtsfrieden, dass der Betreffende keine weitere Gelegenheit bekommt, falsch auszusagen, was der Rechtspflege äußerst dienlich ist.

---

313 siehe zu LVis. II, 4, 5 auch *Zeumer*, Geschichte II, S. 39 (102 f.).
314 siehe hierzu *Dahn*, Westgothische Studien, S. 276.
315 LVis. II, 4, 2 (ed. Zeumer), S. 95.
316 *Wohlhaupter*, Gesetze der Westgoten, S. 51/53.

Bemerkenswert ist der vom Gesetzgeber der Norm ans Ende gesetzte Satz, der fast wie ein abschließender „Programmsatz" wirkt: das Verschweigen der Wahrheit ist genauso schlimm wie das Erdichten von Lügen.

In eine ähnliche Richtung geht in der Antiqua LVis. II, 4, 14:

[...] Si quis animam suam periurio necaverit, seu quisque presumtuose periurasse detegitur, aut si quislibet videns se impressum sciendo veritatem negaverit, dum hoc certius iudex agnoverit, addicatur et centum flagella suscipiat et statim sic notam infamie incurrat, ut postea ei testificari non liceat. [...][317]

Eine weitere Stelle (*Antiqua emendata*) zeigt uns, dass es aber bereits bestehende Zeugnishindernisse gab, die mit dem vorherigen Verhalten des potentiellen Zeugen nichts zu tun hatten:

Ut contra extraneos parentela et propinquitas testimonium minime dicant. [Überschrift, Anm. d. Bearb.].

Fratres, sorores uterini, patrui, amite, avunculi, matertere sive eorum filii, item nepos, neptis, consubrini vel amitini in iudicio adversus extraneos testimonium dicere non admittantur ; nisi forsitan parentes eiusdem cognationis inter se litem habuerint.[318]

Übersetzung nach WOHLHAUPTER :

„Daß Blutsfreunde und Verwandte keinesfalls Zeugnis gegen Dritte ablegen sollen [Überschrift, Anm. des Bearb.].

Halbgeschwister von einer Mutter, Vatersbrüder und Vatersschwestern, Mutterbrüder und Mutterschwestern oder deren Kinder, ferner der Enkel, die Enkelin und Geschwisterkinder sollen bei Rechtsstreitigkeiten gegen Dritte zum Zeugnis nicht zugelassen werden, es sei denn, daß etwa Verwandte der gleichen Sippe einen Rechtsstreit miteinander führen."[319]

Dem Gesetzgeber[320] lag offensichtlich daran, die Glaubwürdigkeit von Zeugen zu verbessern – eine solche schien er näheren Verwandten dessen, für den sie aussagen, nicht zuzutrauen, außer wenn der Gegner der gleichen Sippe angehörte.[321] Verglichen mit unseren heutigen Zeugenregelungen eine sehr strenge Regelung. Der moderne deutsche Gesetzgeber verweigert Verwandten das Zeugnis gerade nicht, gibt ihnen aber ein Zeugnisverweigerungsrecht.[322]

---

317 LVis. II, 4, 14 (ed. Zeumer), S. 104f.

318 LVis. II, 4, 13 (ed. Zeumer), S. 104.

319 *Wohlhaupter*, Gesetze der Westgoten, S. 53.

320 laut *Zeumer*, Geschichte II, S. 39 (107) handelt es sich um ein eurizianisches Gesetz.

321 siehe schon sich wesentlich ausführlicher dieser Norm widmend *Zeumer*, Geschichte II, S. 39 (105 ff.).

322 siehe § 52 Abs. 1 StPO für das Strafverfahren; § 383 Abs. 1 Nr. 1–3 ZPO für das

Der Gesetzgeber von LVis. II, 4, 13 stellt damit klar, dass auch unabhängig vom Verhalten bei früheren Zeugenaussagen verwandtschaftliche Zeugnishindernisse bestehen.

Demgegenüber stellt Chindasvinth als Gesetzgeber einen weiteren Katalog auf, wer vor Gericht nicht als Zeuge auftreten darf. Demgemäß ist LVis. II, 4, 1 überschrieben mit den Worten „*De personis, quibus testificari non liceat*"[323] (Übersetzung der Überschrift nach WOHLHAUPTER: „Von den Personen, die nicht Zeugen sein dürfen"[324]).

Chindasvinth führt weiter aus:

Homicide, malefici, fures, criminosi sive venefici, et qui raptum fecerint vel falsum testimonium dixerint, seu qui ad sortilegos divinosque concurrerint, nullatenus erunt ad testimonium admittendi.[325]

Auch dieser Ausschlusskatalog Chindasvinths ist also an das vorherige Verhalten der potentiellen Zeugen geknüpft. Derjenige, der bereits einmal falsch ausgesagt hat, ist natürlich erwähnt – auch nach Chindasvinth darf er kein Zeuge mehr sein. Des weiteren nennt Chindasvinth noch die Mörder, Schadenszauberer, Diebe, Verbrecher, Giftmörder und Räuber ebenso wie die, die Anhänger der Zauberei oder Wahrsagung sind. Dies offensichtlich deswegen, weil diesen Personen schon von ihrer Vergangenheit ausgehend keine hohe Glaubwürdigkeit bescheinigt werden kann.[326]

Über die erforderliche Glaubwürdigkeit von Zeugen schreibt Chindasvinth auch in LVis. II, 4, 3:

[...] In duobus autem idoneis testibus, quos prisca legum recipiendos sancsit auctoritas, non solum considerandum est, quam sint idonei genere, hoc est indubitanter ingenui, sed etiam, si sint honestate mentis perspicui adque rerum plenitudine opulenti. Nam videtur esse cavendum, ne forte quisque conpulsus inopia, dum necessitatem non tolerat, precipitanter periurare non metuat.[327]

Chindasvinth stellt klar, dass es sich ohne Frage um Freie handeln muss, die auch achtbar sein müssen. Sie sollen von ehrbarem Rang sein und Vermögen besitzen.[328] Die pekuniäre Anknüpfung erklärt Chindasvinth im nächsten Satz damit, dass man darauf achten muss, dass niemand unüberlegt wegen seiner finanziellen

Zivilverfahren.

323 in der Edition v. *Zeumer*, S. 95.

324 *Wohlhaupter*, Gesetze der Westgoten, S. 51.

325 LVis. II, 4, 1 (ed. Zeumer), S. 95.

326 siehe schon *Zeumer*, Geschichte II, S. 39 (99).

327 LVis. II, 4, 3 (ed. Zeumer), S. 95 (96).

328 siehe hierzu *Nehlsen*, Sklavenrecht, S. 171.

Not einen Meineid schwört. Er fürchtete damit wohl die Gefahr einer Bestechung des Zeugen.[329] ZEUMER geht davon aus, dass dieses Erfordernis aus dem Vorbild einer verlorenen, auf römischem Recht beruhenden Antiqua herrührt.[330]

Dass grundsätzlich nur Freie ohne Weiteres als Zeugen aussagen dürfen, bestätigt Chindasvinth ein weiteres Mal in LVis. II, 4, 4 – die Sklavenaussage muss unter Folter bestätigt werden:

[...] Servo penitus non credatur, si super aliquem crimen obiecerit, aut si etiam dominum suum in crimine inpetierit, nisi in tormentis positus exponat quod dixerit; [...][331]

Dem Sklaven darf also vor Gericht nicht gelaubt werden, vor allem, wenn er seinen eigenen Herrn belastet, außer er sagt dasselbe unter der Folter aus.[332]

Eine Ausnahme macht Chindasvinth jedoch selbst unter den Sklaven:

[...] excepto servi nostri – nisi qui ad hoc regalibus servitiis mancipantur –, ut non inmerito palatinis officiis liberaliter honorentur, id est stabulariorum, gillonariorum, argentariorum coquorumque prepositi, vel si qui preter his superiori ordine vel gradu procedunt; quos tamen omnes et regia potestas iugiter non habet ignotos, et nullis eos esse constat pravitatibus aut criminibus inplicatos. Quibus utique vera dicendi vel testificandi licentia, sicut et ceteris ingenuis, hac lege conceditur. De reliquis autem ad palatinum servitium pertinentibus, quicumque aliquem ad testimonium crediderit advocandum, non aliter ei fides adcommodabitur, nisi regie potestatis electio iusta et honesta permiserit esse credendum, quod ille a se noverit esse testificandum.[333]

Es dürfen also Sklaven im königlichen Dienst aussagen, allerdings nur bestimmte. Weitere Voraussetzung ist, dass sie mit den Diensten des Palastes verdientermaßen beehrt sind, wobei Chindasvinth einzelne Stellungen aufzählt und ergänzt, dass auch solche, die noch höher als diese in ihrer Position sind, ein Zeugnisrecht haben sollen. Ebenso dürfen sie niemals in eine Schlechtigkeit oder ein Verbrechen verwickelt gewesen sein. Das Zeugnisrecht soll ihnen damit zustehen wie Freien.[334] Am Ende stellt Chindasvinth nochmals klar, dass sich das Zeugnisrecht nur auf diese königlichen Sklaven erstreckt, nicht aber auf andere Sklaven in königlichen Diensten. Diesen soll keine Glaubwürdigkeit zukommen, es sei denn, der König bewilligt ihre Zeugenaussage.[335]

329 so schon *Dahn*, Könige VI, S. 166.
330 *Zeumer*, Geschichte II, S. 39 (101).
331 LVis. II, 4, 4 (ed. Zeumer), S. 97.
332 siehe hierzu *Zeumer*, Geschichte II, S. 39 (101 f.); siehe auch *Thompson*, Goths, S. 268; siehe auch *Martínez Díez*, La tortura judicial, S. 223 (242).
333 LVis. II, 4, 4 (ed. Zeumer), S. 97.
334 siehe hierzu auch *Nehlsen*, Sklavenrecht, S. 170 (171); siehe auch *Martínez Díez*, La tortura judicial, S. 223 (242); siehe auch *Thompson*, Goths, S. 268.
335 siehe hierzu *Helfferich*, Westgothen-Recht, S. 96 f.; siehe auch *Zeumer*, Geschichte II, S. 39 (101 f.).

Chindasvinth macht damit Glaubwürdigkeit nicht nur am gesellschaftlichen Status, sondern auch an der Nähe zum König fest und an dessen persönlichem Vertrauen in den potentiellen Zeugen.[336]

Ebenso in LVis. II, 4, 3 geht Chindasvinth auf den Verlust des Zeugnisrechts ein:

[...] Et si post haec quocumque modo patuerit, pro extinguenda veritate mentitum eum fuisse, falsitatis notatus infamia, si honestior persona fuerit, quantum ille perdere potuerat, cuius parti testimonium peribere contemsit, tantum dupla ei satisfactione conpellatur exolvere. Si certe inferior est persona et unde duplam rem dare non habeat, et testimonium amittat et C flagellorum hictus extensus accipiat. [...][337]

Es handelt sich hier jedoch um den speziellen Fall, dass ein Zeuge schwört, eine bestimmte Urkunde, die etwas Gegenteiliges aussagt, als er jetzt aussagt, niemals unterzeichnet zu haben. Ist er eine höhere Person, kann er den Zeugnisverlust damit „abwenden“, dass er der Person, die davon betroffen war, die doppelte Summe dessen zahlt, was sie verloren hätte. Eine Person niedrigeren Rangs, die nicht ausreichendes Vermögen hat, um das Doppelte zu bezahlen, soll demgegenüber ihr Zeugnisrecht auf alle Zeit verlieren und darüber hinaus noch hundert Peitschenhiebe erhalten.

Bei einer „gewöhnlichen“ Falschaussage statuiert Chindasvinth bzgl. des Verlusts der Zeugenfähigkeit Folgendes:

[...] Si quis contra alium falsum testimonium dixerit et in mendacio invenitur, aut certe si ipse dixerit, quia falsum testimonium dedit: si maioris loci persona est, det illi de propria facultate sua, contra quem falsum testimonium dixerat, tantum, quantum per testimonium eius perdere debuit, et se testificare ultra non noverit. Quod si minoris loci persona est et non habuerit unde conponat, ipse tradatur in potestate illi, contra quem falsum testimonium dixerat, serviturus. [...][338]

Auffällig ist hier der Unterschied zu LVis. II, 4, 3 : die höhere Person musste bei LVis. II, 4, 3 das Doppelte dessen bezahlen, was der Andere durch die Aussage verloren hatte, behielt aber ihr Zeugnisrecht. Bei LVis. II, 4, 6 hingegen muss sie nur genau diese Summe bezahlen, verliert aber das Zeugnisrecht. Die niedrigere Person, die nicht bezahlen kann, verlor bei LVis. II, 4, 3 ihr Zeugnisrecht und erhielt hundert Peitschenhiebe. Bei LVis. II, 4, 6 wird sie demjenigen, gegen den sie falsch ausgesagt hat, als Sklave ausgeliefert.[339] Daraus lässt sich

336 siehe zu LVis. II, 4, 4 *Dahn*, Westgothische Studien, S. 278; hierzu auch *Claude*, Adel, S. 122; siehe auch *Zeumer*, Geschichte II, S. 39 (101 f.).

337 LVis. II, 4, 3 (ed. Zeumer), S. 95 (96).

338 LVis. II, 4, 6 (ed. Zeumer), S. 98 f.

339 siehe zu diesem Gesetz schon *Zeumer*, Geschichte II, S. 39 (103).

schließen, dass Chindasvinth die „gewöhnliche" falsche Zeugenaussage als schändlicher ansah als den vorher geschilderten Fall mit dem Schwören, man habe eine Urkunde nicht unterzeichnet, die etwas Gegenteiliges aussagte als man selbst jetzt.

In einer anderen Norm stellt Chindasvinth fest, dass es auch Fälle gibt, in denen man das Zeugnisrecht nicht verliert:

[...] Plerosque cognovimus ita sese interdum per placitum obligare, ut pro sua suorumque utilitate testificare non differant; si quis autem contra eos habuerit testimonium dicere, nullatenus adquiescant. Quod quia satis est contrarium veritati, hanc omnes iudices se noverint habere licentiam, ut talia conmenta instanter inquirant et inventa disrumpant, adque quos eadem placita nominaverint, centenis flagellis verberandos insistant; ita tamen, ut ista disciplina non ad infamie notam eis pertineat, sed testificandi, quod cognitum habent, sit illis ex lege concessa semper et indubitata libertas.[340]

Chindasvinth normiert hier, dass jene, "die sich durch schriftliches Gedinge verpflichten, in Sachen Dritter nicht die Wahrheit zu sagen"[341], zwar hundert Peitschenhiebe erhalten sollen, jedoch nicht in Ehre oder Freiheit beeinträchtigt werden. Sie haben weiterhin das Recht, vor Gericht als Zeugen auszusagen. Das reine Verpflichten zu einer Falschaussage kostete also noch nicht das Zeugenrecht – erst die Falschaussage selbst.[342]

Wir dürften also nach alldem eine ziemlich genaue Vorstellung haben, was Chindasvinth in LVis. VI, 1, 2 unter Beweis in diesem Verfahrensstadium versteht – es wird nach dem Betrachteten überwiegend der Beweis durch Zeugen gemeint sein.[343] Im Folgenden wollen wir zur Abrundung des Bildes noch Parallelstellen im Codex Euricianus und im Breviar betrachten.

bb) Codex Euricianus und Lex Romana Visigothorum

Schon im Codex Euricianus und im Breviarium Alarici finden sich Regelungen zum Beweisrecht. So spricht schon der Codex in CE rest. 6 L. Bai. 9, 7 von „*sacramento*", "*testibus*" und "*periuras[se]*".[344]

Aber auch das Breviar beschäftigt sich mit dem Beweis im Strafverfahren. Die wohl wichtigste Parallelvorschrift hierzu ist Brev. P. 5, 16, 1:

---

340 LVis. II, 4, 11 (ed. Zeumer), S. 103.

341 (Auszug der) Übersetzung der Überschrift von LVis. II, 4, 11 nach *Wohlhaupter*, Gesetze der Westgoten, S. 53.

342 siehe zu dieser Vorschrift auch *Dahn*, Westgothische Studien, S. 276.

343 *Dahn* sieht insbesondere im Zeugenbeweis die „*probatio*" im Sinne von LVis. VI, 1, 2, Westgothische Studien, S. 275.

344 CE rest. 6 L. Bai. 9, 7 (ed. Zeumer), S. 30.

In criminibus eruendis quaestio quidem adhibetur; sed non statim a tormentis incipiendum est: ideoque prius argumentis quaerendum est: et si suspicione aliqua reus urgeatur, adhibitis tormentis de sociis et sceleribus suis confiteri compellitur.[345]

Übersetzung nach CONRAT:

„Bei Eruierung von Verbrechen wird die Tortur angewendet: es ist jedoch nicht unverzüglich mit den Foltern zu beginnen und deshalb zuerst durch Beweismittel zu erforschen."[346]

„Wird ein Angeschuldigter von irgend einem Verdacht beschwert, so wird er durch Anwendung der Foltern angehalten, wegen seiner Komplizen und seiner Verbrechen ein Geständnis zu machen."[347]

Voraussetzung für die Folter ist nach dem Breviar also zunächst ein *Verdacht.* Diese Regelung findet sich auch schon bei Ulpian.[348] Vor der Folter sollen jedoch Beweismittel ausgeforscht werden. Die Folter soll hier unter diesen Voraussetzungen auch wegen seiner Komplizen angewendet werden.

Dies stellt eine bemerkenswerte Parallele zu der Normierung in LVis. VI, 1, 2 dar: bevor gefoltert wird, müssen zunächst einmal andere Beweismittel herangeschafft werden. Sowohl Brev. P. 5, 16, 1 als auch LVis. VI, 1, 2 wollen also hier erkennbar einer ungerechtfertigten Folterung vorbeugen, indem sie ein vorheriges Beweiserfordernis aufstellen. Natürlich drängt sich hier der Verdacht auf, dass Brev. P. 5, 16, 1 als Vorbild für LVis. VI, 1, 2 gedient hat, da Chindasvinth schon vor der Anklageschrift (und damit auch vor der Folter) ein erstes Vorbringen von Beweisen fordert.

Andererseits kann man sich auch auf den Standpunkt stellen, dass ein solches vorheriges Beweiserfordernis als Voraussetzung für die Folter einem jeden umsichtigen Gesetzgeber einfallen sollte – allerdings belehrt uns die Rechtgeschichte in vielerlei Hinsicht eines Besseren.

Zumindest können wir festhalten, dass Chindasvinth das Breviarium als Quelle vorgelegen hat, womit auch bei ihm teilweise Einflüsse aus dem Breviar anzunehmen sind.[349] Eine gewisse Beeinflussung Chindasvinths durch diese Vorschrift kann damit nicht ausgeschlossen werden.

Auch definiert das Breviar, was unter Beweismitteln zu verstehen ist. So heißt es in Brev. P. 5, 5, 3:

345 Brev. P. 5, 16, 1 (ed. Haenel), S. 430.

346 *Conrat*, Breviarium Alaricianum, S. 621 – wohl aus Aufbaugründen hat er die Übersetzung in zwei Teile aufgeteilt.

347 *Conrat*, Breviarium Alaricianum, S. 621 – wohl aus Aufbaugründen hat er die Übersetzung in zwei Teile aufgeteilt.

348 (Ulp.) D. 48, 18, 1 pr. (ed. Mommsen), S. 862.

349 siehe schon *Conrat*, Geschichte der Quellen, S. 3.

Confiteri quis in iudicio non tantum sua voce, sed et literis et quocunque modo potest; convinci autem non nisi scriptura aut testibus potest.[350]

Übersetzung nach CONRAT:

„Ein Geständnis ablegen kann Jemand bei Gericht nicht nur mündlich, sondern auch durch einen Brief und in beliebiger Weise."[351]

„Jemand kann gerichtlich nur mittels Urkunde oder Zeugen überführt werden."[352]

Des Weiteren stellt auch das Breviar detaillierte Einzelregelungen zum strafrechtlichen Beweisverfahren auf.

So regelt es, dass dem Geständnis desjenigen, der auch eines Verbrechens angeklagt wird, kein Glauben gegen andere zu schenken ist, solange nicht seine Unschuld erwiesen ist – das Breviar stuft nämlich eine solche Erklärung als gefahrvoll ein und will sie nicht zulassen.[353] Das Gleiche gilt, wenn jemand unter der Folter seine Verbrechen bekennt und gegen andere aussagen will, weil einem, der sich selbst eines Verbrechens bekannt hat, nicht in Bezug auf andere Personen geglaubt werden dürfe.[354]

Auch das Breviar stellt bereits verwandtschaftliche Zeugnishindernisse auf. Ebenso nimmt es ausdrücklich Freigelassene von der Zeugenberechtigung aus:

Adversus se invicem testimonium parentes et filii vel liberti dicere prohibentur : quia veritatis professionem propinquitatis affectio impedire cognoscitur.[355]

Übersetzung nach CONRAT:

„Eltern und Kinder untereinander sind behindert, wider den andern Zeugnis abzulegen: die verwandtschaftliche Gesinnung wird erachtet, das Bekenntnis der Wahrheit zu hindern."[356]

„Freigelassene sind behindert, Zeugnis abzulegen."[357]

Bei anderen Verwandten sind die Anforderungen weniger streng – es soll auf den Willen des Zeugen ankommen:

350 Brev. P. 5, 5, 3 (ed. Haenel), S. 420.

351 *Conrat*, Breviarium Alaricianum, S. 518 (Teilübersetzung 1).

352 *Conrat*, Breviarium Alaricianum, S. 513 (Teilübersetzung 2).

353 Brev. C. Th. 9, 1, 7 Interpretatio (ed. Haenel), S. 170; Übersetzung bei *Conrat*, Breviarium Alaricianum, S. 618.

354 Brev. C. Th. 9, 1, 11, 1 Interpretatio (ed. Haenel), S. 172; Übersetzung bei *Conrat*, Breviarium Alaricianum, S. 618.

355 Brev. P. 5, 17, 3 Interpretatio (ed. Haenel), S. 430.

356 *Conrat*, Breviarium Alaricianum, S. 619 (Teilübersetzung 1).

357 *Conrat*, Breviarium Alaricianum, S. 619 (Teilübersetzung 2).

In affinem vel cognatum inviti testes interrogari non possunt.[358]

Übersetzung nach CONRAT:

„Gegen einen Affinen oder Blutsverwandten können Zeugen wider ihren Willen nicht befragt werden.“[359]

Hier weicht die Lex Visigothorum vom Breviar ab: während nach der bereits betrachteten Antiqua-Stelle[360] Blutsverwandte generell nicht gegeneinander als Zeugen aussagen dürfen, gilt dies im Breviar nur für Eltern und Kinder – andere Blutsverwandte dürfen nur nicht gegen ihren Willen zur Zeugenaussage gezwungen werden.

Bezüglich der Sklaven und Freigelassenen wird noch ausdrücklich bestimmt, dass sie nicht gegen ihren Herrn oder Patron aussagen dürfen.[361] Freigelassene dürfen auch nicht gegen dessen Kinder und Enkel aussagen – dies ist sogar mit Strafe bewehrt.[362]

Auch die Lex Romana Visigothorum normiert, dass bestimmte Personen aufgrund ihres Lebenswandels von der Zeugenaussage ausgeschlossen sind:

Suspectos gratiae testes et eos vel maxime, quos accusator de domo produxerit vel vitae humilitas infamaverit, interrogari non placuit: in teste enim et vitae qualitas spectari debet et dignitas.[363]

Übersetzung nach CONRAT:

„Man war dahin einig, dass Zeugen, die der Gunst verdächtig sind, und diejenigen noch besonders, die der Ankläger aus seinem Hause herbeigeführt, oder welche die Niedrigkeit ihrer Lebensführung verunehrt haben wird, nicht befragt werden: denn bei einem Zeugen muss sowohl die Art seines Wandels, als auch die Dignität ins Auge gefasst werden.“[364]

Dies erinnert an das oben angeführte Gesetz von Chindasvinth, das von den achtbaren Männern spricht.[365] Von einer Beeinflussung durch Brev. P. 5, 17, 1

---

358 Brev. P. 5, 17, 2 (ed. Haenel), S. 430.

359 *Conrat*, Breviarium Alaricianum, S. 619.

360 LVis. II, 4, 13 (ed. Zeumer), S. 104.

361 Brev. P. 1, 12, 3 (ed. Haenel), S. 348; Übersetzung bei *Conrat*, Breviarium Alaricianum, S. 619 für die Freigelassenen, S. 624 für die Sklaven, weil er bei der Übersetzung aufgrund seiner thematischen Ordnung Freigelassene und Sklaven getrennt behandelt.

362 Brev. N.V. 6, 1, 9 Interpretatio (ed. Haenel), S. 282; Übersetzung bei *Conrat*, Breviarium Alaricianum, S. 619.

363 Brev. P. 5, 17, 1 (ed. Haenel), S. 430.

364 *Conrat*, Breviarium Alaricianum, S. 619 f.

365 LVis. II, 4, 3 (ed. Zeumer), S. 95 (96).

zu sprechen, erscheint jedoch als zu weitgehend, da die Vorschriften doch ihre eigenen Besonderheiten aufweisen. Zudem ist die Glaubwürdigkeitsbeurteilung eines Zeugen nach seiner Dignität doch etwas, was einem umsichtigen Gesetzgeber auch ohne Vorlage zugetraut werden kann.

Die Beurteilung nach der Dignität bestätigt die Lex Romana Visigothorum auch nochmals in Brev. C. Th. 11, 14, 2 pr. Interpretatio:

[...] Hoc etiam dicit, ut honestioribus magis quam vilioribus testibus fides potius admittatur.[366]

Übersetzung nach CONRAT :

„Ehrbaren Personen soll eher als Zeugen niederen Standes Glauben geschenkt werden."[367]

Zu beachten ist auch Brev. C. Th. 11, 14, 2, 1 Interpretatio:

Unius autem testimonium, quamlibet splendida et idonea videatur esse persona, nullatenus audiendum.[368]

Übersetzung nach CONRAT:

„Das Zeugnis eines Einzigen, für wie vornehm und tüchtig die Person auch gelten mag, ist unter keinen Umständen zu vernehmen."[369]

Hier hat schon der Gesetzgeber erkannt, dass die positive öffentliche Meinung über eine Person keine Gewähr dafür ist, dass sie auch wirklich vor Gericht die Wahrheit sagt.

Schließlich normiert Brev. C. Th. 11, 14, 2 pr. Interpretatio, dass ein Zeuge schon vor seiner Aussage schwören muss:

Testes priusquam de causa interrogentur, sacramento debere constringi, ut iurent, se nihil falsi esse dicturos. [...][370]

Übersetzung nach CONRAT:

„Zeugen müssen, bevor sie über eine Sache befragt werden, durch den Eid angehalten werden, oder schwören, dass sie nichts Falsches aussagen werden."[371]

---

366 Brev. C. Th. 11, 14, 2 pr. Interpretatio (ed. Haenel), S. 232.
367 *Conrat*, Breviarium Alaricianum, S. 620.
368 Brev. C. Th. 11, 14, 2, 1 Interpretatio (ed. Haenel), S. 232.
369 *Conrat*, Breviarium Alaricianum, S. 620.
370 Brev. C. Th. 11, 14, 2 pr. Interpretatio (ed. Haenel), S. 232.
371 *Conrat*, Breviarium Alaricianum, S. 620.

Das Beschwören ist, wie gesehen, auch in LVis. II, 4, 2 (Antiqua) normiert.[372] Dort ist nicht ganz klar, ob ein Beschwören vor oder nach der Aussage gemeint ist, die Formulierung „[...] *quia testes sine sacramento testimonium peribere non possunt* [...]" lässt zunächst die Möglichkeit offen, dass tatsächlich auch ein vorheriges Beschwören, nichts Falsches zu sagen, gemeint sein kann. Jedoch sagt LVis. II, 4, 2 ausdrücklich:

[...] Iudex, causa finita et sacramentum secundum leges, sicut ipse ordinaverit, a testibus dato, iudicium emittat; [...][373]

WOHLHAUPTER übersetzt dies mit:

„[...] Nach Schluß der Verhandlung und nach dem von den Zeugen den Gesetzen gemäß und dem Befehl des Richters entsprechend abgelegten Eid, erlasse der Richter sein Urteil; [...]"[374]

Diese Formulierung spricht eher für eine Eidesleistung nach der Aussage – ganz klar geht dies aus dem Wortlaut jedoch nicht hervor. Auch wenn der Eid vor der Aussage geleistet worden wäre, würde das Urteil ja immer noch nach dem Eid und dem Schluss der Verhandlung erlassen. Es klingt aber eher so, als würde der Eid am Ende der Verhandlung abgelegt werden.[375]

Auch nach Betrachtung des Codex Euricianus und des Breviars können wir also an unserem obigen Fazit festhalten, was unter Beweis im Sinne von LVis. VI, 1, 2 zu verstehen ist. Die betrachteten Stellen, insbesondere im Breviar, runden dieses Bild ab. Es handelt sich also, wie schon DAHN bemerkt, um „materielle, rationelle Beweismittel" wie etwa Zeugen oder Urkunden wie im römischen Beweisverfahren.[376] Auch DAHN sieht insbesondere im Zeugenbeweis die „*probatio*" im Sinne von LVis. VI, 1, 2.[377] Ebenso bemerkt ZEUMER, dass unter „*probatio*" „der Beweis durch Zeugen, Urkunden und anderes Beweismaterial,

---

372 LVis. II, 4, 2 (ed. Zeumer), S. 95; Übersetzung bei *Wohlhaupter*, Gesetze der Westgoten, S. 51.

373 LVis. II, 4, 2 (ed. Zeumer), S. 95.

374 *Wohlhaupter*, Gesetze der Westgoten, S. 51.

375 schon *Zeumer*, Geschichte II, S. 39 (99 f.) geht von einem nachträglichen Beschwören aus.

376 *Dahn*, Westgothische Studien, S. 273; *v. Bethmann-Hollweg*, Civilprozeß IV/1, S. 239 spricht davon, dass im westgotischen Recht zunächst „der wirkliche Beweis, d. i. die Ermittlung der wirklichen Wahrheit durch Zeugen u. s. w., in erster Linie" gesucht wird.

377 *Dahn*, Westgothische Studien, S. 275; siehe dazu auch *Thompson*, Goths, S. 258; auch *De Hinojosa*, Das germanische Element, S. 282 (299) schreibt, dass der Zeugen- und Urkundenbeweis der gewöhnliche Beweis in der Lex Visigothorum ist.

dessen freie Würdigung dem Richter überlassen zu sein scheint", verstanden wird.[378]

Die Übersicht darüber, was Chindasvinth unter einem vorgeschalteten Beweisverfahren versteht, bevor es zur Anklageschrift und damit auch bevor es zur Folter kommt, verdeutlicht uns auch jetzt schon den Stellenwert der Folter im chindasvinthischen Westgotenreich: sie ist dem Zeugen- und Urkundenbeweis nachrangig.[379] Erst wenn diese Beweismittel keine Früchte tragen, kommt es zu einer Anklageschrift, die dann zur Folter führen kann.[380] Es ist damit hier schon eine Tendenz Chindasvinths festzustellen, die Folter im Strafverfahren etwas zurückzudrängen – zunächst sollen andere Beweismittel ausgeschöpft werden. Hierzu finden sich schon Vorbilder im Breviar, eigene Überlegungen Chindasvinths hierzu sind jedoch nicht auszuschließen. Die Tendenz zur Zurückdrängung der Folter wird zudem bestärkt durch die bereits betrachteten harten Strafen gegen falsche Ankläger und die großen Hürden, die sie überwinden müssen, um die Folterung eines Angeschuldigten zu erreichen.[381] MARTÍNEZ DÍEZ sieht in der Gesetzgebung Chindasvinths darum indirekt ein allmähliches Aufgeben der Folter, wenn nicht sogar Schritte zu ihrer völligen Abschaffung in der Praxis.[382] Was die Freienfolter anbelangt, muss ihm schon an dieser Stelle Recht gegeben werden – weitere Betrachtungen werden diesen Verdacht untermauern.

An dieser Stelle kommen wir nicht umhin, nochmals auf die oben angesprochene Aussage DAHNS[383] zurückzukommen, dass sich der *honestior* bei Anklage durch einen Geringeren auch in Kapitalklagen durch den Reinigungseid freisprechen kann. Hier wird, wie bereits angeführt, vielmehr davon ausgegangen, dass eine solche Anklage dem Gesetzeswortlaut entsprechend überhaupt nicht zugelassen wurde. Gerade das jetzt betrachtete Verhältnis der Folter zur *probatio*

---

378 *Zeumer*, Geschichte II, S. 39 (78); siehe *ebenda* zur Subsidiarität des Reinigungseides gegenüber diesen Beweismitteln.

379 so schon *Dahn*, Westgothische Studien, S. 278; *Petit*, Iustitia Gothica, S. 304; siehe auch *King*, Law and Society, S. 111 mit Fn. 7; siehe auch *Beyerle*, Entwicklungsproblem, S. 550 f., S. 558 f. mit Fn. 21, S. 560; *Zeumer*, Geschichte II, S. 39 (78) spricht jedenfalls von der Nachrangigkeit des Reinigungseides gegenüber dem Zeugen- und Urkundenbeweis, was i.E. auf dasselbe hinausläuft.

380 siehe *v. Bethmann-Hollweg*, Civilprozeß IV/1, S. 239; siehe auch *King*, Law and Society, S. 111 mit Fn. 7; siehe auch *Beyerle*, Entwicklungsproblem, S. 560; siehe auch *Martínez Díez*, La tortura judicial, S. 223 (238).

381 *Martínez Díez*, La tortura judicial, S. 223 (239) sieht durch diese Strafandrohung die Folter zu einem zusätzlichen Beweismittel reduziert, das nur noch ein Ankläger wagt, der sich seiner Sache sehr sicher ist; die Zurückhaltung gegenüber der Folter durch vorsichtige und detaillierte Regelung erwähnt schon *King*, Law and Society, S. 112.

382 *Martínez Díez*, La tortura judicial, S. 223 (247).

383 *Dahn*, Westgothische Studien, S. 282 (283).

untermauert m.E. diese Ansicht und lässt eine eidliche Reinigung als „Praxislösung“ äußerst unwahrscheinlich erscheinen. Denn nicht nur die Folter, auch der Reinigungseid ist nachrangig gegenüber der *probatio*, also dem Zeugen- oder Urkundenbeweis, da der Reinigungseid im gleichen Verfahrensschritt wie anderweitig die Folter stattfindet, nur eben als Alternative zu dieser in bestimmten Fällen.[384] Nach erfolgloser *probatio* kommt es dann zur *inscriptio*, die zu Reinigungseid oder Folter führen kann. Eine „Praxislösung“ durch Reinigungseid bei der Kapitalklage durch einen Geringeren kann es damit nicht geben, denn diese könnte nur in zwei gleichsam unwahrscheinlichen Alternativen stattfinden: Entweder durfte sich der *honestior* sofort auf das erste Vorbringen des Geringeren hin durch den Eid reinigen. Dies wäre aber systemwidrig, da, wie gesehen, der Reinigungseid erst nach erfolgloser *probatio* und erfolgter *inscriptio* erfolgen soll. Die zweite Alternative wäre, das vorgeschriebene System bis zum Reinigungseid durchzuführen. Das Anhören von Zeugen etc. sowie die Annahme einer *inscriptio* in einem Fall, den das Gesetz ohnehin verbietet, ist aber mehr als abwegig. Es bleibt damit hier bei der schon oben geäußerten Ansicht, dass das anklägerische Vorbringen eines Geringeren gegen einen *honestior* im Falle einer Kapitalklage von vornherein gar nicht beachtet und seine Anklage nicht zugelassen wurde.

d) Die Anklageberechtigung

In LVis. VI, 1, 2 ist vom Ankläger die Rede. Auch hierzu gibt es in der Lex Visigothorum verschiedene Vorschriften, wer überhaupt als Ankläger auftreten durfte. So schildert schon die Antiqua, wie man vorzugehen hat, wenn ein Sklave eine Missetat anzeigt:

[...] Si servus sine conscientia domini sui aliquid indicaverit, aliter ei non credatur, nisi dominus pro persona servi testimonio suo dixerit esse credendum, de honestate mentis eius proferens testimonium verum.[385]

Übersetzung nach WOHLHAUPTER:

„[...] Zeigt ein Knecht[386] ohne Wissen seines Herrn etwas an, so soll man ihm nicht glauben, wenn nicht der Herr erklärt, daß man dem Knecht nach seiner Persönlichkeit Glauben schenken könne, indem er so ein wahres Zeugnis über dessen ehrenhaften Sinn ablegt.“[387]

384 siehe *Zeumer*, Geschichte II, S. 39 (78).
385 LVis. VII, 1, 2 (ed. Zeumer), S. 287.
386 siehe aber zur Begrifflichkeitsproblematik „Sklave“ – „Knecht“ – „Unfreier“ *Nehlsen*, Sklavenrecht, S. 58 ff.
387 *Wohlhaupter*, Gesetze der Westgoten, S. 171.

Chindasvinth normiert in einem anderen Gesetz, dass bei Ehebruch unter bestimmten Umständen, nämlich wenn der Ehemann durch einen Trank oder Hexerei seitens der Ehefrau nicht in der Lage ist, den Ehebruch anzuklagen, auch seinen volljährigen legitimen Söhnen oder, falls es Letzteren an Alter oder Erfahrung mangelt, seinen Verwandten ein Klagerecht zusteht.[388]

Bei einer Mordanklage legt Chindasvinth in der Überschrift von LVis. VI, 5, 14 fest:

Ut homicida cunctis liceat accusare.[389]

Übersetzung der Überschrift nach WOHLHAUPTER:

„Daß jedermann Anklage gegen einen Mörder erheben darf."[390]

In dieser Vorschrift führt Chindasvinth weiter aus:

Si homicidam nullus accuset, iudex, mox facti crimen agnoverit, licentiam habeat corripere criminosum, ut penam reus excipiat, quam meretur. Nec enim propter accusatoris absentiam aut aliquod fortasse conludium sceleris debet vindicta differri, sed tam uxor mortem mariti, vel si quid noxium ab alio forte pertulerit, quam etiam maritus, si simile aliquid uxorem pati contigerit, licitum habebit inquirere et iuxta qualitatem criminis legaliter ulciscendum insistere; ita ut, si manente adversus reum tali intentione maritus et uxor vitam finierint et inperfectam causam reliquerint, eorum filii seu propinqui, quibus ad capiendam hereditatem legitima successio conpetit, accusare reum vel homicidam hac, sicut parentes facere potuerant, instanter prosequi habeant potestatem. [...][391]

Chinasvinth konkretisiert das vorhergehende Gesetz noch in einem weiteren:

Quod et proximis et extraneis homicida conceditur accusare.[392]

Übersetzung der Überschrift nach WOHLHAUPTER:

„Daß sowohl die nächsten Verwandten wie Sippenfremde Anklage gegen einen Mörder erheben dürfen."[393]

Chindasvinth führt näher aus:

388 LVis. III, 4, 13 (ed. Zeumer), S. 152 ff.; siehe zu dieser Vorschrift auch *Dahn*, Westgothische Studien, S. 264; siehe auch *Zeumer*, Geschichte III, S. 571 (611 f.).
389 LVis. VI, 5, 14 (ed. Zeumer), S. 280.
390 *Wohlhaupter*, Gesetze der Westgoten, S. 167.
391 LVis. VI, 5, 14 (ed. Zeumer), S. 280.
392 LVis. VI, 5, 15 (ed. Zeumer), S. 281.
393 *Wohlhaupter*, Gesetze der Westgoten, S. 167.

[...] primo proximis occisi datur licentia accusandi; quod si iidem proximi ad querendam defuncti mortem aut tepidi fuerint aut forte distulerint, tunc accusandi homicidam tam omnibus generaliter aliis parentibus quam exteris aditum pandimus; [...] Nam homicidii reus numquam potest esse securus, cum contra eum accusationem deferre nulli penitus licentia denegetur.[394]

Chindasvinth liefert am Ende noch eine sinnvolle Begründung für das unbeschränkte Anklagerecht bei Mord: der Mörder soll sich niemals sicher fühlen können.

e) Die schriftliche Anklage

aa) Liber Iudiciorum

LVis. VI, 1, 2 setzt, wenn der Ankläger seinen Vorwurf „in erster Instanz" mit den oben genannten Beweismitteln nicht beweisen kann, die Abfassung einer schriftlichen Anklage, die von drei Zeugen unterzeichnet wird, voraus – erst dann kann der Beschuldigte gefoltert werden:[395]

[...] trium testium suscriptione roborata inscriptio fiat, et sic questionis examen incipiat; [...][396]

Durch die Formulierung „*suscriptione*" stellt Chindasvinth klar, dass es sich um Zeugen handeln muss, die des Schreibens mächtig sind.[397] Während die „*subscriptio*" voraussetzt, dass der Unterzeichner schreiben kann, stellt das „*signum*" einen Ersatz für die „*subscriptio*" dar, wenn er es nicht vermag, sei es aus genereller Unkundigkeit, sei es aufgrund temporärer Verhinderung.[398]

Weiter oben schon haben wir uns gefragt, welche Funktion die drei Zeugen in der Anklageschrift haben: Tatzeugen oder Zeugen der Errichtung der Anklageschrift. Betrachtet man die Rechtsentwicklung im Liber Iudiciorum, ist diese

394 LVis. VI, 5, 15 (ed. Zeumer), S. 281.

395 siehe auch *Petit*, Iustitia Gothica, S. 304; siehe auch *Helfferich*, Westgothen-Recht, S. 97; siehe auch *Thompson*, Goths, S. 258; siehe auch *Beyerle*, Entwicklungsproblem, S. 562.

396 LVis. VI, 1, 2 (ed. Zeumer), S. 247; siehe zu dieser Stelle auch *Dahn*, Westgothische Studien, S. 282 (283).

397 *Zeumer*, Zum westgothischen Urkundenwesen, S. 13 (22 f.).

398 siehe Fragmenta Gaudenziana c. XV (ed. Zeumer), S. 469 (471): *"[...] ita ut in ea donatione ipse donator propria manu subscribat, et ipsa donatio non minus tribus testibus roboretur. Si autem ipse donator et testes litteras nesciunt, unusquisque signum propria manu faciat. [...]"*; *Zeumer*, Zum westgothischen Urkundenwesen, S. 13 (17).

Frage schnell beantwortet. Das schriftliche Anklageerfordernis als Foltervoraussetzung, auch unter dreifacher Bezeugung, ist nämlich durchaus keine Neuerung durch Chindasvinth – es findet sich schon in der Antiqua:

[...] Iudex reum, qui accusatur, antea non torqueat, quam ille, qui accusat, si indicem presentare noluerit, se per placitum trium testium roboratione firmatum ea condicione constringat, ut, si his, qui accusatus est, manifestis indiciis innocens conprobatur, ipse penam, quam illi intendit, excipiat; [...][399]

Übersetzung nach WOHLHAUPTER:

„[...] Der Richter soll den Angeklagten nicht eher foltern, als bis der Kläger, der keinen Anzeiger stellen will[400], sich durch eine von drei Zeugen bekräftigte Urkunde verpflichtet hat, selbst die dem Angeklagten zugedachte Strafe auf sich zu nehmen, wenn dessen Unschuld durch offenkundige Anzeichen bewiesen wird; [...]"[401]

Schon diese Stelle bestätigt die obige Vermutung, dass es sich bei den drei Zeugen keinesfalls um Tatzeugen handelt, sondern um Zeugen der Errichtung der Anklageschrift selbst: dann nämlich kann sich der Ankläger, wenn sich die Unschuld des von ihm Beschuldigten herausstellt, nicht aus der Affäre ziehen, weil die drei Zeugen bestätigen können, dass die Anklageschrift tatsächlich von ihm errichtet wurde. Gerade vor dem Hintergrund, dass der Ankläger bei Unschuld des Angeklagten dessen Strafe selbst auf sich nehmen muss, stellen die drei Zeugen eine zusätzliche Absicherung zur Durchsetzung dieser Strafe dar: der Ankläger kann dann durch Ausflüchte nicht mehr seiner Bestrafung entgehen.

Zwar liegt der Fall hier nicht ganz genauso wie in LVis. VI, 1, 2: hier geht es um den Kläger, also den Geschädigten eines Diebstahls. Dieser will seinen Anzeiger nicht stellen, also den, der ihm berichtet hat, der Beschuldigte habe ihn, den Kläger, bestohlen.[402] Deswegen muss er sich in der Urkunde verpflichten, dafür die dem Beschuldigten zugedachte Strafe auf sich zu nehmen, wenn dieser unschuldig sein sollte. Würde er seinen Anzeiger stellen, würden diesen die Folgen einer ggf. falschen Anklage treffen.[403] Dies wird später bei den Strafen für

399 LVis. VII, 1, 1 (ed. Zeumer), S. 286; siehe hierzu *Dahn*, Westgothische Studien, S. 276; siehe hierzu auch *v. Bethmann-Hollweg*, Civilprozeß IV/1, S. 240; siehe auch *King*, Law and Society, S. 92.

400 es geht bei LVis. VII, 1, 1 konkret um die Diebstahlsanzeige, Anm. d. Bearb.

401 *Wohlhaupter*, Gesetze der Westgoten, S. 169; siehe hierzu auch *Dahn*, Westgothische Studien, S. 269; siehe auch *v. Bethmann-Hollweg*, Civilprozeß IV/1, S. 240.

402 siehe zur Unterscheidung zwischen Ankläger und Anzeiger schon *Dahn*, Westgothische Studien, S. 264; vgl. schon *v. Bethmann-Hollweg*, Civilprozeß IV/1, S. 238; vgl. *King*, Law and Society, S. 92.

403 so schon *Dahn*, Westgothische Studien, S. 282 (283); siehe auch *King*, Law and Society, S. 92.

falsche Anklagen noch besprochen werden (siehe unter 3. f.). Darum besteht hier ein Unterschied in der Rolle der *inscriptio* im Gegensatz zum späteren Gesetz Chindasvinths (LVis. VI, 1, 2): sie ist hier nicht zwingende Voraussetzung, um die Klage anzustrengen, sondern eine von zwei Alternativen. Nur, wenn der Kläger seinen Anzeiger nicht stellen will, muss er sich mittels *inscriptio* binden.[404] Es läuft also zwar im Endeffekt auf denselben Gedanken hinaus, nur ist eben noch ein Dritter (der Anzeiger) im Spiel.

Jedenfalls beweist die Stelle, dass das Erfordernis von drei Zeugen schon vor der Gesetzgebungszeit Chindasvinths ein Erfordernis der Bezeugung der Rechtshandlung an sich, nicht etwa der Tat, darstellt.

In einer weiteren Antiqua-Stelle ist ausdrücklich vom Erfordernis der Anklageschrift, bevor gefoltert werden darf, die Rede:

> *[...] Prius tamen pene non subiaceat, quam aut sub presentia iudicum manifestis probationibus arguatur, aut certe, sicut in aliis legibus continetur, eum accusator inscribat; et sic in presentia iudicum superius nominatorum questionis agitetur examen.*[405]

Übersetzung nach WOHLHAUPTER:

> „[...] Man soll ihn der Pein nicht vorher unterwerfen, als bis er vor den Richtern durch klare Beweise überführt ist oder auch, bis, wie in anderen Gesetzen bestimmt, der Ankläger eine Klageschrift überreicht hat; und dann soll in Gegenwart der oben genannten Richter zur peinlichen Frage geschritten werden."[406]

Auch hier ist die Anklageschrift als Voraussetzung genannt, damit gefoltert werden kann. Hier ist die Anklageschrift aber schon – wie auch später durch Chindasvinth in LVis. VI, 1, 2 – als Alternative dazu erwähnt, dass der Beschuldigte nicht schon durch weitere Beweismittel überführt werden kann.

Insofern muss angenommen werden, dass sowohl LVis. VII, 1, 1 als auch LVis. VII, 1, 5 direkte Vorbilder für Chindasvinth waren, als er LVis. VI, 1, 2 geschaffen hat.[407] Denn auch LVis. VI, 1, 2 fordert zunächst stichhaltige Beweise und erst dann, wenn diese nicht beigebracht werden können, soll eine Anklageschrift abgefasst werden. Durch die Anklageschrift aber unterzeichnet der Ankläger auch sein eigenes Schicksal: wenn der Beschuldigte nämlich unschuldig ist, wird der Ankläger der ihm zugedachten Strafe unterworfen. Die drei Zeugen aus LVis. VII, 1, 1 sichern dies beweiskräftig ab.

---

404 so schon *Martínez Díez,* La tortura judicial, S. 223 (237 f.).

405 LVis. VII, 1, 5 (ed. Zeumer), S. 288.

406 *Wohlhaupter*, Gesetze der Westgoten, S. 173.

407 auf den Zusammenhang zwischen der *inscriptio* in LVis. VI, 1, 2 und LVis. VII, 1, 5 weist schon *Zeumer* hin, ed. LVis. S. 247, Fn. 2.

Mit den „anderen Gesetzen“ in LVis. VII, 1, 5 ist wohl vor allem LVis. VII, 1, 1 gemeint.[408]

Aber auch Chindasvinth selbst konkretisiert das Anklageschriftserfordernis noch in weiteren Gesetzen:

[...] Ita ut ille, qui aliquid scire se dicit, quod ad cognitionem principis possit deduci, et in eo loco fuerit, ubi tunc regiam potestatem esse contigerit, aut per se statim suggerat omne, quod novit, aut per fidelem regis eius auditibus denuntianda procuret. Quod si procul a rege eum esse provenerit, et per aliquem principi mandandum crediderit, quod accusationem alterius dinoscitur pertinere, coram illo, cui hoc suggerendum conmittit, talem epistulam faciat, per quam evidenter quid mandet exponat. Quam etiam epistulam tres testes, quos sibi novit esse fideles, evidentibus signis aut suscriptionibus simul cum ipso confirment, ut postea quod mandaverit negare non possit.[409]

Wenn also jemand sein Wissen um eine (geplante) Tat vor den König bringen will und sich gerade in seiner Nähe aufhält, soll er sein Wissen dem König durch einen *fidelis* zu Ohren bringen.[410] Bei den sog. *fideles* handelt es sich vermutlich um die Getreuen, die dem König durch ihren Treueeid besonders verpflichtet waren, mehr noch als die anderen Untertanen.[411] Der *fidelis* soll es dann vor den König bringen.

Wenn der König aber in der Ferne weilt und ihm der Ankläger die Botschaft durch einen Anderen überbringen will, soll er in Gegenwart des auserkorenen Überbringers einen Brief aufsetzen. In diesem soll er sein Vorbringen genau beschreiben. Der Brief muss von drei Zeugen unterzeichnet werden, die als vertrauenswürdig bekannt sind.[412] War in LVis. VI, 1, 2 die Funktion der drei Zeugen

---

408 so (wohl) schon *Zeumer*, ed. LVis., S. 288, Fn. 3. Zwar findet sich dort der Verweis auf LVis. **VI**, 1, 1 – es kann sich jedoch insoweit nur um einen Druckfehler handeln, da ein Verweis auf LVis. VI, 1, 1 in diesem Zusammenhang keinen Sinn ergibt. M.E. ist schon aufgrund des passenderen Sachzusammenhangs davon auszugehen, dass eine Verweisung auf LVis. VII, 1, 1 bezweckt war; insoweit irreführend *Wohlhaupter*, Gesetze der Westgoten, S. 173 Fn. 1, der bei den „anderen Gesetzen“ in LVis. VII, 1, 5 auf LVis. VI, 1, 2 verweist. Von Wohlhaupter war dies sicherlich nur als Vergleichshinweis gedacht, die Kommentierung wirkt aber so, als hätte der Gesetzgeber der Antiqua mit den „anderen Gesetzen“ auf LVis. VI, 1, 2 angespielt. Dies kann aber nicht der Fall gewesen sein, da LVis. VI, 1, 2 ja erst viel später unter Chindasvinth entstand.

409 LVis. VI, 1, 6 (ed. Zeumer), S. 255 (256).

410 siehe zu dieser Bestimmung *Claude*, Adel, S. 119; vgl. *Helfferich*, Westgothen-Recht, S. 97 (dort jedoch als LVis. VI, 1, 5 bezeichnet).

411 *Claude*, Adel, S. 116 i.V.m. S. 119; *Sánchez Albornoz,* En torno a los origines del feudalismo I, S. 41 ff., insbesondere S. 43 mit Fn. 8; vgl. dazu *Claude*, Königs- und Untertaneneid, S. 358 (368 ff.).

412 siehe hierzu auch *Helfferich*, Westgothen-Recht, S. 97.

noch missverständlich, so formuliert Chindasvinth hier ganz deutlich, wozu die Unterschrift der drei Zeugen notwendig ist: damit er später nicht leugnen kann, was er vorgebracht (bzw. dem Boten für den König übergeben) hat. Damit konkretisiert Chindasvinth selbst LVis. VI, 1, 2 in diesem Punkt und beugt jedem Missverständnis vor.

Zu erwähnen ist noch, dass Chindasvinth hier von „*evidentibus signis aut suscriptionibus*" spricht, also nicht zwingend die „*subscriptio*" eines schreibfähigen Zeugen nötig ist. Chindasvinth verlangt jedoch von den Zeugen, die aufgrund von Unkundigkeit des Schreibens oder temporärer Verhinderung (siehe die obigen Ausführungen) keine „*subscriptio*" leisten können, zumindest „*signa evidentia*", also solche, die auf besondere Art und Weise identifizier- und unterscheidbar waren, mithin auch zum Handschriftenvergleich herangezogen werden konnten. Damit konnten diese auch die „*subscriptio*" ersetzen.[413]

In einem weiteren Gesetz von Chindasvinth begegnen die drei Zeugen noch einmal, zwar in anderem Zusammenhang, aber auch mit der Funktion, dass sie die Rechtshandlung an sich bezeugen, wenn auch in diesem Fall keine Anklageschrift:

> *[...] Ingenuam vero et pauperem personam adque in crimine iam ante reppertam non aliter ex mandato subdendam questioni permittimus, quam ut mandator de eadem personam non servo, sed ingenuo per mandatum, sua vel trium testium adnotatione firmatum, specialiter conmittat agendum. [...]*[414]

Abschließend bleibt zu erwähnen, dass auch die betrachteten harten Strafen, die den Ankläger erwarten, wenn sich seine Anklage als unrecht herausstellt, dafür sprechen, dass die drei Zeugen die Selbstbindung des Anklägers bekräftigen sollen. Umso wichtiger ist es nämlich angesichts dieser existenzgefährdenden Sanktionen für eine falsche Anklage, dass dem Ankläger keine Möglichkeit für Ausflüchte gegeben wird.

Wir können also festhalten: wenn der Ankläger den Tatvorwurf nicht schon vorher beweisen kann, muss er eine schriftliche Anklage verfassen. Diese muss von drei Zeugen unterzeichnet werden, die einzig und allein die Funktion haben, die Bindung des Anklägers an seine Anklageschrift zu bestärken, damit er, wenn er falsch angeklagt hat, nicht seiner ihm zugedachten Strafe entgehen kann. Vorbilder für seine Gesetzgebung in diesem Punkt waren für Chindasvinth jedenfalls zwei Normen aus der Antiqua.

---

413 *Zeumer*, Zum westgothischen Urkundenwesen, S. 13 (23).

414 LVis. II, 3, 4 (ed. Zeumer), S. 90.

bb) Lex Romana Visigothorum

Möglicherweise gab es aber auch schon Vorbilder im Breviar.[415] So ist schon in Brev. C. Th. 9, 1, 4 Interpretatio zu lesen:

> *Tam civile negotium quam criminale accusationis professio manu accusatoris conscripta praecedat.*[416]

Übersetzung nach CONRAT:

> „Sowohl einem bürgerlichen, als auch einem kriminellen Handel soll die von der Hand des Anklägers abgefasste Profession der Anklage vorausgehen."[417]

Noch deutlicher ist Brev. C. Th. 9, 1, 11 pr. Interpretatio:[418]

> *Ante inscriptionem nemo efficitur criminosus: nam inscriptione per ordinem facta, tunc a iudice suscipiendus est reus [...]*[419]

Übersetzung nach CONRAT:

> „Vor der Inskription wird Niemand Angeklagter."[420]
>
> „Nachdem die Inskription ordnungsmässig geschehen ist, dann ist der Angeschuldigte von dem Judex aufzunehmen [...]"[421]

---

415 auf den Ursprung der in Chindasvinths LVis. VI, 1, 2 (und auch in LVis. VII, 1, 5 Antiqua) normierten *inscriptio* im römischen Recht nach Brev. C. Th. 9, 1, 2–10 weist schon *Dahn* hin, Westgothische Studien, S. 282 (283, Fn. 7); *derselbe* weist *ebenda*, S. 261 auf die Herkunft des gesamten Strafverfahrens aus dem römischen Inskriptionsprozess hin; auch *v. Bethmann-Hollweg,* Civilprozeß IV/1, S. 240, Fn. 21 sieht die *inscriptio* als Entlehnung aus dem römischen Recht an; auch *Martínez Díez,* La tortura judicial, S. 223 (237, vgl. 235) verweist bzgl. der *inscriptio* in LVis. VI, 1, 2 auf Brev. C. Th. 9, 1, 8 und 9, 1, 11; auf weitreichende Parallelen zum römischen Inskriptionsverfahren weist auch *Lieberwirth*, Folter, S. 22 (51) hin; vgl. auch *Thompson*, Goths, S. 258.

416 Brev. C. Th. 9, 1, 4 Interpretatio (ed. Haenel), S. 170.

417 *Conrat*, Breviarium Alaricianum, S. 502.

418 auf die Verbindung zwischen Brev. C. Th. 9, 1, 11 und LVis. VII, 1, 1 Antiqua weist schon *Zeumer* hin, ed. LVis., S. 286, Fn. 1; siehe auch *Martínez Díez,* La tortura judicial, S. 223 (235).

419 Brev. C. Th. 9, 1, 11 pr. Interpretatio (ed. Haenel), S. 172.

420 *Conrat*, Breviarium Alaricianum, S. 605 (Teilübersetzung 1).

421 *Conrat*, Breviarium Alaricianum, S. 612 f. (Teilübersetzung 2).

Vor allem aber ist Brev. C. Th. 9, 1, 9 Interpretatio zu beachten:[422]

[...] Iudices autem puniendi sunt et damnandum officium, si fortasse tacuerint, si innocentem nisi praemissa inscriptione subdendum crediderint quaestioni.[423]

Übersetzung nach CONRAT:

„Die Iudices sind zu strafen und das Officium hat, wenn sie geschwiegen haben werden, zu büssen, falls sie einen Unschuldigen, ohne vorgängige Inskription, der Folterung überliefern zu sollen geglaubt haben werden."[424]

Hier schreibt also schon das Breviar fest, dass eine Folterung ohne vorherige Anklageschrift nicht stattfinden darf. Es steht zu vermuten, dass diese Regelung schon für den Antiqua-Gesetzgeber für LVis. VII, 1, 1 und LVis. VII, 1, 5 teilweise als Vorbild gedient hat. Natürlich muss man bei einem Vergleich der Vorschriften die Eigenleistung des Antiqua-Gesetzgebers bemerken, der hier die Regelung noch ausgefeilt hat. Zumindest als „Inspiration" aber wird man diese Stelle sehen können. Es spricht auch einiges dafür, dass auch Chindasvinth selbst neben den beiden Antiqua-Stellen zusätzlich mit dieser Breviar-Stelle als Vorbild gearbeitet hat. Dafür spricht vor allem, dass in LVis. VI, 1, 2 wie in der Breviar-Stelle das Wort *„inscriptio"* für die Anklageschrift verwendet wird, was die beiden Antiqua-Stellen nicht tun. Nur LVis. VII, 1, 5 spricht von *„inscribat"*.

Auch Brev. C. Th. 9, 1, 6 Interpretatio ist in diesem Zusammenhang zu erwähnen:[425]

Nisi inscriptione celebrata per ordinem reum quemquam non fieri, nec ad iudicium exhiberi, quia sicut convictum poena constringit, ita et accusatorem, si non probaverit, quod obiecit.[426]

Übersetzung nach CONRAT:

„Ohne Vornahme einer ordnungsmässigen Inskription wird Jemand nicht zu einem Angeschuldigten gemacht und nicht vor Gericht geladen."[427]

---

422 auf die Verbindung zwischen Brev. C. Th. 9, 1, 9 und LVis. VII, 1, 1 Antiqua weist schon *Zeumer* hin, ed. LVis., S. 286, Fn. 1.

423 Brev. C. Th. 9, 1, 9 Interpretatio (ed. Haenel), S. 172.

424 *Conrat*, Breviarium Alaricianum, S. 621.

425 auf die Verbindung zwischen Brev. C. Th. 9, 1, 6 und LVis. VII, 1, 1 Antiqua weist schon *Zeumer* hin, ed. LVis., S. 286 Fn. 1.

426 Brev. C. Th. 9, 1, 6 Interpretatio (ed. Haenel), S. 170.

427 *Conrat*, Breviarium Alaricianum, S. 612 (Teilübersetzung 1).

„Ohne Vornahme einer ordnungsmässigen Inskription wird Jemand nicht zu einem Angeschuldigten gemacht, weil, wie den Überführten, so auch den Ankläger, die Strafe ergreift, falls er nicht erwiesen haben wird, was er vorgehalten hat.“[428]

Auch diese Stelle verwendet das Wort „*inscriptio*“ und stellt auch gleich den Zweck der Bindung des Anklägers dar: den Ankläger trifft die Strafe, wenn seine Anklage haltlos ist. Wie bei der vorhergehenden kann man also auch bei dieser Breviar-Stelle davon ausgehen, dass sie zumindest inspirativ sowohl dem Antiqua-Gesetzgeber von LVis. VII, 1, 1 und LVis. VII, 1, 5 als auch Chindasvinth als Vorlagetexte für ihre Gesetzgebung gedient haben.

Dies wird auch verdeutlicht durch folgende Stelle:[429]

Quicunque alium de homicidii crimine periculosa vel capitali obiectione pulsaverit, non prius a iudicibus audiatur, quam se similem poenam, quam reo intendit, conscripserit subiturum: et si servos alienos accusandos esse crediderit, se simili inscriptione constringat, futurum ut supplicia innocentum servorum aut poena capitis sui aut facultatum amissione compenset.[430]

Übersetzung nach CONRAT:

„Wer auch immer einen Andern wegen des Verbrechens der Tötung durch eine gefährliche, bez. kapitale Beschuldigung angegriffen haben wird, soll nicht eher von den Iudices vernommen werden, als bis er schriftlich niedergelegt haben wird, sich einer gleichen Strafe, wie diejenige, welche er gegen den Angeklagten richtet, unterziehen zu sollen. Wird er fremde Sklaven anklagen zu müssen geglaubt haben, so soll er sich durch eine gleiche Inskription binden, die Supplizien an unschuldigen Sklaven entweder mit der Strafe seines Caput oder mit dem Verlust seines Vermögens zu kompensieren.“[431]

Ebenso muss man diese Norm betrachten:

Si quis iratus crimen aliquod temere cuilibet obiecerit, convicium non est pro accusatione habendum, sed permisso tractandi spatio, id quod iratus dixit, per scripturam se probaturum esse fateatur. Quod si fortasse resipiscens post iracundiam, quae dixit, iterare aut scribere fortasse noluerit, non ut reus criminis teneatur.[432]

Übersetzung nach CONRAT:

---

428 *Conrat*, Breviarium Alaricianum, S. 605 (Teilübersetzung 2 mit Teilen der ersten).

429 auf die Verbindung zwischen Brev. C. Th. 9, 1, 8 und LVis. VII, 1, 1 Antiqua weist schon *Zeumer* hin, ed. LVis., S. 286, Fn. 1; siehe auch *Martínez Díez,* La tortura judicial, S. 223 (235).

430 Brev. C. Th. 9, 1, 8 Interpretatio (ed. Haenel), S. 172.

431 *Conrat*, Breviarium Alaricianum, S. 606.

432 Brev. C. Th. 9, 1, 3 Interpretatio (ed. Haenel), S. 168 (170).

„Wenn Jemand im Zorn einer beliebigen Person irgend ein Verbrechen ohne Grund zur Last gelegt haben wird, ist die Schmähung nicht für eine Anklage zu halten: vielmehr soll er, unter Gewährung einer Erwägungsfrist, sich hierzu bekennen, dass er dasjenige, was er im Zorn gesagt hat, mittels Urkunde bestätigen werde. Wird er etwa, indem er sich nach seinem Zornesausbruch besinnt, dasjenige, was er gesagt hat, nicht haben wiederholen oder niederschreiben wollen, so soll jener nicht eines Verbrechens für angeschuldigt gelten."[433]

Damit sollen offensichtlich übereilte Anklagen verhindert werden. Der Gesetzgeber verdeutlicht hier einmal mehr, dass nur eine schriftliche Anklage beachtet werden darf.

Ebenso muss man sich in diesem Zusammenhang die bereits erwähnte Breviar-Stelle ins Gedächtnis rufen, welche normiert, dass vor der Folter zunächst andere Beweismittel erforscht werden müssen.[434] Auch diese wird durchaus, wie festgestellt, mindestens eine Inspiration für Chindasvinth dargestellt haben, noch vor der Anklageschrift (und damit auch vor der Folter) das Erfordernis aufzustellen, zunächst den Vorwurf anderweitig zu beweisen.

Wir können also festhalten, dass nicht nur die aufgezeigten Normen der Antiqua Chindasvinth zu seiner Gesetzgebung in LVis. VI, 1, 2 als Vorbilder gedient haben werden, sondern dass er auch vom Breviar beeinflusst gewesen sein wird, welches offenbar auch schon den Antiqua-Gesetzgeber inspiriert hat. Die Institution der schriftlichen Anklage war damit schon im Breviar vorhanden und wurde von der Antiqua wie von Chindasvinth weitergeführt. Aber auch die drei Zeugen als Bekräftigung der Bindung des Anklägers an die Anklageschrift stellen keine Neuerung durch Chindasvinth dar, sie waren schon in der Antiqua normiert. Zwar können eigene Überlegungen Chindasvinths nicht ausgeschlossen werden. Soweit es jedoch diese Thematik betrifft, sind grundsätzlich keine großartigen Neuerungen, sondern vielmehr der Rückgriff auf Altbewährtes festzustellen. Auf solch Altbewährtes jedoch, das auch tendenziell der voreiligen Folterung eines Angeschuldigten entgegenwirkt und somit Chindasvinths bisher beobachteter eher zurückhaltender Tendenz gegenüber der Folter zugute kommt. Man kann also hier schon festhalten, dass Chindasvinth teilweise bewährte ältere Regelungen in seinen neuen Gesetzen zusammenfasst, wobei er, wie wir bereits gesehen haben, auch Wert darauf legt, dass seine Gesetze richtig verstanden und angewendet werden.

433 *Conrat*, Breviarium Alaricianum, S. 604.

434 Brev. P. 5, 16, 1 (ed. Haenel), S. 430; Übersetzung bei *Conrat*, Breviarium Alaricianum, S. 621.

f) Die Bestrafung des falschen Anklägers

aa) Die Auslieferung des Anklägers als Sklave

(1) Liber Iudiciorum

LVis. VI, 1, 2 setzt eine drastische Strafe für den falschen Ankläger fest: er soll dem unschuldig Beschuldigten als Sklave ausgeliefert werden, weil er verschuldet hat, dass dieser unschuldig der peinlichen Frage unterzogen wurde:

[...] ita ut, qui subditur questioni si innox tormenta pertulerit, accusator ei confestim serviturus tradatur, ut, salva tantum anima, quod in eo exercere voluerit vel de istatu eius iudicare elegerit, in arbitrio suo consistat. [...][435]

Etwas Ähnliches begegnet uns schon in der Antiqua:

[...] Index autem, si non potuerit probare quod indicavit, pro omni satisfactione teneatur obnoxius. Quod si rerum causa est, et ingenuus est, cum infamio novecuplam, servus vero sexcuplam conpositionem exolvat, et C insuper flagella idem servus suscipiat. Quod si isdem ingenuus unde conponere non habuerit, et ei, quem infamare temtavit, et ei, cui mentitus est, pariter serviturus tradatur. Servus vero si conpositionem pro se exolvere non potuerit, aut si noluerit pro eo satisfacere dominus, servum pro reatu tradere non moretur.[436]

Übersetzung nach WOHLHAUPTER:

„[...] Der Anzeiger aber, der seine Anzeige nicht zu erweisen vermag, soll für allen Schaden aufkommen. In solchen Fällen wird ein Freier ehrlos und muß neunfachen Ersatz leisten; wenn es ein Knecht war, so leiste er sechsfachen Ersatz und empfange darüber hinaus 100 Peitschenhiebe. Reicht das Vermögen des Freien in diesem Falle zur Buße nicht aus, so soll er dem, dessen Ehre er angegriffen hat und dem, den er belogen hat, gemeinsam als Knecht übergeben werden. Kann aber der Knecht nicht selbst für den Schaden aufkommen und will auch sein Herr nicht statt seiner leisten, so soll er den Knecht ausliefern.“[437]

Hier haben wir die Besonderheit, dass nicht sofort die Strafe der Versklavung fällig wird. Der Freie leistet Ersatz und wird ehrlos – erst wenn er nicht bezahlen kann, soll er als Sklave gemeinsam dem Beschuldigten und dem Kläger übergeben werden. Ein Sklave leistet geringeren Ersatz als ein Freier, erhält aber noch 100 Peitschenhiebe. Erst wenn er oder sein Herr nicht zahlen können oder – im

435 LVis. VI, 1, 2 (ed. Zeumer), S. 247.
436 LVis. VII, 1, 1 (ed. Zeumer), S. 286 (287).
437 *Wohlhaupter*, Gesetze der Westgoten, S. 171.

Falle des Herrn – wollen, soll der Herr ihn ausliefern. Die Versklavung des Freien kann also durch die Buße abgewendet werden, nicht jedoch der Verlust seiner Ehre. Zur Erklärung muss man jedoch anmerken, dass es bei LVis. VII, 1, 1 und bei LVis. VI, 1, 2 um verschiedene Deliktsarten geht. LVis. VII, 1, 1 behandelt nicht die schweren Straftaten aus LVis. VI, 1, 2 am Anfang, sondern den Diebstahl. Es geht hier auch nicht um die Versklavung des *Klägers* – also des durch den Diebstahl Geschädigten – sondern um die Versklavung des *Anzeigers*, also dessen, der dem Kläger berichtet hat, der Beschuldigte habe die Sache gestohlen. Darum wird dieser Anzeiger auch dem Beschuldigten und dem Kläger ausgeliefert.[438]

In anderen Vorschriften erwähnt auch Chindasvinth eine Auslieferung als Sklave bei falscher Zeugenaussage, wenn der falsch Aussagende nicht die Mittel hat, Wiedergutmachung zu leisten.[439]

Es darf an dieser Stelle nicht unerwähnt bleiben, dass die Versklavung eines zahlungsunfähigen Bußschuldners keine Besonderheit für eine ungerechtfertigte Anklage darstellt, sondern sich generell im Falle der Insolvenz des Täters auch in anderen Zusammenhängen durchgängig in den Gesetzen der Westgoten findet.[440]

Eine Auslieferung an den Angeklagten bei falscher Anklage normiert Chindasvinth auch in LVis. VI, 1, 6. Dort jedoch stellt er gleichzeitig klar, dass man bei berechtigter Anklage nichts zu befürchten hat[441]:

[...] Si quis principi contra quemlibet falsa suggesserit, ita ut dicat eum adversus regem, gentem vel patriam aliquid nequiter meditatum fuisse aut agere vel egisse, seu in auctoritatibus vel preceptis regie potestatis aut eorum, qui iudiciaria ordinatione funguntur, fraudulenter quippiam inmutasse, adque etiam scripturam falsam fecisse vel recitasse falsamque monetam ferisse, sed et si veneficium vel maleficium aut adulterium uxoris aliene fortasse prodiderit, horum vel similium criminum accusator, que ad capitis periculum vel rerum amissione pertinere videntur, si vera repperiantur que dixerit, nullam omnino calumniam sustinebit. Si certe quod opponit falsum esse constiterit, et per solam invidiam id fecisse patuerit, ut iacturam capitis aut detrimentum corporis vel rerum damna pateretur quem accusare conatus est, in potestate traditus accusati, ille hanc penam in se suisque rebus suscipiat, qui hoc alium innocentem pati voluerat. [...][442]

---

438 siehe hierzu auch *King*, Law and Society, S. 92.

439 LVis. II, 4, 6 (ed. Zeumer), S. 98 (99) für eine niedrigere Person; LVis. II, 4, 9 (ed. Zeumer), S. 102.

440 siehe etwa LVis. VI, 4, 2 (ed. Zeumer), S. 263 f.; LVis. VII, 2, 14 (ed. Zeumer), S. 293 (294); LVis. VII, 3, 3 (ed. Zeumer), S. 298 (299); LVis. VIII, 2, 1 (ed. Zeumer), S. 318 (319); LVis. IX, 1, 2 (ed. Zeumer), S. 352 (353).

441 siehe zum Begriff der „*calumnia*“ *Dahn*, Westgothische Studien, S. 267: „‚gerichtliche Behelligung‘ überhaupt“.

442 LVis. VI, 1, 6 (ed. Zeumer), S. 255 f.

Die Versklavung als Strafe dafür, dass man einen anderen falsch beschuldigt hat, ist also zwar grundsätzlich nichts Neues. Sie trat aber vorher immer nur im Falle von Insolvenz ein. Bei geringeren Vergehen, wie einem Diebstahl, normierte schon die Antiqua, dass man als Sklave ausgeliefert werden soll, wenn man als falscher Anzeiger keine Wiedergutmachung zu leisten in der Lage ist. Chindasvinths Regelung in LVis. VI, 1, 2 ist ungleich drastischer, da er keine Möglichkeit der Wiedergutmachung für den falschen Ankläger gibt, um die Auslieferung als Sklave an den falsch Beschuldigten abzuwenden. Jedoch muss auch beachtet werden, dass es in LVis. VI, 1, 2 nicht nur um einen Diebstahl, sondern um Kapitalverbrechen geht, aufgrund derer der Beschuldigte, wenn seine Unschuld nicht erwiesen worden wäre, sehr viel härter, in vielen Fällen mit dem Tode bestraft worden wäre. Es ist also nicht auszuschließen, dass sich Chindasvinth hier zumindest teilweise an den Vorgaben der Antiqua orientiert hat.

(2) Codex Euricianus

Aber schon im Codex Euricianus gibt es eine Parallelstelle, in der es um die falsche Anklage eines fremden Sklaven geht, wenn dieser unschuldig die Folter erleidet:

Si quis servum accusaverit iniuste alienum, et innocens tormenta pertulerit, pro eo quod innocentem in tormenta tradidit, domino simile mancipium reddere non moretur. Si vero innocens in tormentis mortuus fuerit, duos servos eiusdem meriti sine dilatione restituat. Si non habuerit servum aut unde conponat, ipse subiaceat servituti, qui innocentem fecit occidi.[443]

Hier wird also auch im Falle, dass der falsche Ankläger dem Herrn des Sklaven keinen Ersatz leisten kann, die Unterwerfung des Anklägers in den Sklavenstand angeordnet. Auch hier tritt dies nur im Falle von Insolvenz ein. Zwar ist nicht ausdrücklich normiert, dass er auch konkret dem Herrn des falsch angeklagten Sklaven ausgeliefert werden soll, dies ergibt sich jedoch aus dem Zusammenhang. Denn vorher sollte er gerade dem ja Ersatz durch gleichwertige Sklaven leisten, da er dies nicht kann, muss er nunmehr also seine eigene Arbeitsleistung als Sklave für den geschädigten Herrn erbringen. Man kann wohl nicht ausschließen, dass diese Vorschrift schon als Inspiration für den Antiqua-Gesetzgeber bei der eben besprochenen Norm gedient hat oder für Chindasvinth selbst. Hierauf soll später bei den Vorschriften über die Sklavenfolter noch eingegangen werden.

Wir können damit festhalten, dass es die Versklavung bei falscher Anschuldigung zwar schon im Codex Euricianus und auch in der Antiqua gab, allerdings

443 CE rest. 11 L. Bai. 9, 19 (ed. Zeumer), S. 31.

nur, wie es auch ansonsten nicht unüblich war, im Falle der Insolvenz. Chindasvinth hat damit diese Vorbilder nicht blind übernommen, sondern seine eigene Version der Regelung geschaffen.

bb) Alternative Bestrafungen des Anklägers

(1) Liber Iudiciorum

Aber nicht zwingend ist im westgotischen Recht immer die Versklavung des falschen Anklägers als Sanktion vorgesehen. Wir haben bereits in LVis. VI, 1, 2 eine andere Bestrafung für den falschen Ankläger bei geringeren Straftaten i.V.m. LVis. VII, 1, 5 gesehen: der Ankläger hat die Strafe zu tragen, die den Angeschuldigten getroffen hätte, wenn er verurteilt worden wäre:

[...] Ille vero, qui accusabit, et penam et damnum suscipiat, quod debuit percipi accusatus, si de crimine fuisset convictus. [...][444]

Übersetzung nach WOHLHAUPTER:

„[...] Der Ankläger aber soll Schaden und Strafe auf sich nehmen, die der Angeklagte im Überführungsfalle hätte tragen müssen. [...]"[445]

Auch haben wir bei der bisherigen Betrachtung gesehen, dass es auch Fälle gab, in denen man zuerst Wiedergutmachung leisten konnte. Erst wenn man hierzu nicht die Mittel hatte, wurde man versklavt. Dies war, wie gesehen, schon in LVis. VII, 1, 1 der Fall (allerdings nicht für den Ankläger, sondern für den *index*).[446]

Auch hat LVis. VII, 1, 1 (Antiqua) vorgeschrieben:

[...] Iudex reum, qui accusatur, antea non torqueat, quam ille, qui accusat, si indicem presentare noluerit, se per placitum trium testium roboratione firmatum ea condicione constringat, ut, si his, qui accusatus est, manifestis indiciis innocens conprobatur, ipse penam, quam illi intendit, excipiat; [...][447]

Übersetzung nach WOHLHAUPTER:

---

444 LVis. VII, 1, 5 (ed. Zeumer), S. 288.

445 *Wohlhaupter*, Gesetze der Westgoten, S. 173.

446 LVis. VII, 1, 1 (ed. Zeumer), S. 286 (287); Übersetzung bei *Wohlhaupter*, Gesetze der Westgoten, S. 169 (171); auf den Zusammenhang zwischen LVis. VII, 1, 5 und LVis. VII, 1, 1 weist schon *Zeumer* hin, ed. LVis., S. 288, Fn. 2.

447 LVis. VII, 1, 1 (ed. Zeumer), S. 286.

„[...] Der Richter soll den Angeklagten nicht eher foltern, als bis der Kläger, der keinen Anzeiger stellen will[448], sich durch eine von drei Zeugen bekräftigte Urkunde verpflichtet hat, selbst die dem Angeklagten zugedachte Strafe auf sich zu nehmen, wenn dessen Unschuld durch offenkundige Anzeichen bewiesen wird; [...]"[449]

Von Chindasvinth gibt es noch einige Regelungen im Zivilverfahren, in denen der unrechte Kläger Schadensersatz in Geld leisten muss.[450] Auch betont Chindasvinth noch in anderen Gesetzen, dass man sich strafbar macht, wenn man die Folterung eines Unschuldigen verursacht.[451] Auch regelt er die Strafbarkeit von falschen Zeugenaussagen in mehreren Gesetzen. Neben dem oben besprochenen Verlust des Zeugnisrechts müssen diese falsch aussagenden Zeugen oftmals Schadensersatz in Geld leisten – bei niedrigeren Personen kommt es auch zu Körperstrafen.[452]

(2) Codex Euricianus

Auch im Codex Euricianus gab es, wie bereits gesehen, die Möglichkeit, zunächst Wiedergutmachung zu leisten, so dass man erst versklavt wurde, wenn einem dies nicht gelang.[453]

In einer weiteren Stelle im Codex heißt es:

Si quis contra caput alterius falsa suggesserit vel pro quacumque invidia de iniusta re accusationem commoverit, ipse penam vel damnum, quod alteri intulit, excipiat.[454]

Den falschen Ankläger soll also genau die Strafe bzw. das Urteil treffen, die/das der durch ihn fälschlich Beschuldigte erhalten hätte. Dies erscheint als eine Ausformung des Talionsprinzips.[455] Scheinbar hat diese Vorschrift als Vorbild für die eben erwähnten Antiqua-Stellen, vor allem LVis. VII, 1, 5 fungiert.[456] Eine Vorbildfunktion der Codex-Stelle ist schon wegen der ähnlichen Formulierung mit „*penam et damnum*" bzw. „*penam vel damnum*" anzunehmen.

448 es geht bei LVis. VII, 1, 1 konkret um die Diebstahlsanzeige, Anm. d. Bearb.
449 *Wohlhaupter*, Gesetze der Westgoten, S. 169.
450 LVis. II, 2, 5 (ed. Zeumer), S. 82; LVis. II, 2, 9 (ed. Zeumer), S. 85 (86).
451 LVis. II, 3, 4 (ed. Zeumer), S. 90 (in der ervigianischen Version erweitert Ervig diesen Hinweis sogar, indem er ausdrücklich auf LVis. VI, 1, 2 hinweist).
452 LVis. II, 4, 3 (ed. Zeumer), S. 95 (96); LVis. II, 4, 6 (ed. Zeumer), S. 98 f.; LVis. II, 4, 9 (ed. Zeumer), S. 102.
453 CE rest. 11 L. Bai. 9, 19 (ed. Zeumer), S. 31.
454 CE rest. 10 L. Bai. 9, 18 (ed. Zeumer), S. 31.
455 siehe *Beyerle*, Entwicklungsproblem, S. 559 für LVis. VII, 1, 5.
456 so schon *Zeumer*, ed. LVis., S. 288, Fn. 1.

(3) Lex Romana Visigothorum

Im Breviar ist vor allem diese Stelle zu betrachten:

Nisi inscriptione celebrata per ordinem reum quemquam non fieri, nec ad iudicium exhiberi, quia sicut convictum poena constringit, ita et accusatorem, si non probaverit, quod obiecit.[457]

Übersetzung nach CONRAT:

„Ohne Vornahme einer ordnungsmässigen Inskription wird Jemand nicht zu einem Angeschuldigten gemacht und nicht vor Gericht geladen."[458]

„Ohne Vornahme einer ordnungsmässigen Inskription wird Jemand nicht zu einem Angeschuldigten gemacht, weil, wie den Überführten, so auch den Ankläger, die Strafe ergreift, falls er nicht erwiesen haben wird, was er vorgehalten hat."[459]

Ebenso haben wir bei den Anklagevorschriften bereits folgende Norm betrachtet:

Quicunque alium de homicidii crimine periculosa vel capitali obiectione pulsaverit, non prius a iudicibus audiatur, quam se similem poenam, quam reo intendit, conscripserit subiturum: et si servos alienos accusandos esse crediderit, se simili inscriptione constringat, futurum ut supplicia innocentum servorum aut poena capitis sui aut facultatum amissione compenset.[460]

Übersetzung nach CONRAT:

„Wer auch immer einen Andern wegen des Verbrechens der Tötung durch eine gefährliche, bez. kapitale Beschuldigung angegriffen haben wird, soll nicht eher von den Iudices vernommen werden, als bis er schriftlich niedergelegt haben wird, sich einer gleichen Strafe, wie diejenige, welche er gegen den Angeklagten richtet, unterziehen zu sollen. Wird er fremde Sklaven anklagen zu müssen geglaubt haben, so soll er sich durch eine gleiche Inskription binden, die Supplizien an unschuldigen Sklaven entweder mit der Strafe seines Caput oder mit dem Verlust seines Vermögens zu kompensieren."[461]

In die gleiche Richtung geht auch Brev. C. Th. 9, 27, 3 Interpretatio:

[...] sed aut in accusatum, si convictus fuerit, aut in accusatorem, si non convicerit legibus, ex sententia iudicis poenam, quam passurus erat reus, accusator excipiat.[462]

457 Brev. C. Th. 9, 1, 6 Interpretatio (ed. Haenel), S. 170.
458 *Conrat*, Breviarium Alaricianum, S. 612 (Teilübersetzung 1).
459 *Conrat*, Breviarium Alaricianum, S. 605 (Teilübersetzung 2 mit Teilen der ersten).
460 Brev. C. Th. 9, 1, 8 Interpretatio (ed. Haenel), S. 172.
461 *Conrat*, Breviarium Alaricianum, S. 606.
462 Brev. C. Th. 9, 27, 3 Interpretatio (ed. Haenel), S. 200.

Übersetzung nach CONRAT:

„Wird der Ankläger den Angeklagten nicht den Gesetzen gemäss überführt haben, so soll er auf Grund des Urteils des Judex die Strafe, welche der Angeklagte hätte erdulden sollen, erleiden.“[463]

Weiter sagt Brev. C. Th. 9, 7, 2 Interpretatio:

Si quis adversarium suum ita apud iudicem crediderit accusandum, ut se asserat violentiam pertulisse, ad probationem rei eum convenit attineri: quod si probare non potuerit, quem dixerat violentum, eandem poenam suscipiat, quam ille, quem impetit, convictus potuisset excipere. [...][464]

Übersetzung nach CONRAT:

„Wenn Jemand seinen Gegner in der Art bei dem Judex anklagen zu sollen geglaubt haben wird, dass er behauptet, Gewaltthätigkeit erlitten zu haben, ist man darüber einig, dass er zum Beweise der Sache angehalten wird: wird er nicht haben beweisen können, dass derjenige, welchen er als solchen bezeichnet hatte, gewaltthätig ist, so soll ihn die gleiche Strafe treffen, welche jenen, den er angreift, nach seiner Überführung hätte treffen können.“[465]

Auch hier wird also davon gesprochen, dass der falsche Ankläger genau die Strafe erhalten soll, die der Angeschuldigte bekommen hätte. Dieses Prinzip galt mithin auch schon für die Römer im westgotischen Reich Alarichs II. Hier findet sich damit in der Lex Visigothorum das alte Talionsprinzip, das schon im römischen Recht für falsche Anklagen galt.[466]

Im Breviar findet sich jedoch noch folgende Vorschrift:

Si quem poenituerit accusare criminaliter et inscriptionem fecisse de eo, quod probare non potuerit, si ei cum accusato innocente convenerit, invicem se absolvant. Si vero iudex eum qui accusatus est, criminosum esse cognoverit et inter reum et accusatorem per corruptionem de absolutione reatus convenerit, is, qui reus probatur, remoto colludio, poenam excipiat legibus constitutam.[467]

Übersetzung nach CONRAT:

463 *Conrat*, Breviarium Alaricianum, S. 605.
464 Brev. C. Th. 9, 7, 2 Interpretatio (ed. Haenel), S. 182.
465 *Conrat*, Breviarium Alaricianum, S. 606 f.
466 siehe zum Prinzip der Talion bei falschen Anklagen im römischen Recht *Mommsen*, Römisches Strafrecht, S. 496 f. mit weiteren Nachweisen.
467 Brev. C. Th. 9, 27, 1 Interpretatio (ed. Haenel), S. 198.

„Wird es Jemanden gereut haben, die Kriminalanklage zu erheben und eine Inskription veranstaltet zu haben mit Bezug auf dasjenige, was er nicht wird haben beweisen können, so sollen, wenn er mit dem unschuldigen Angeklagten sich vereinigt haben wird, sie sich gegenseitig entbinden. Wird jedoch der Judex erkannt haben, dass derjenige, welcher angeklagt worden ist, ein Verbrecher ist, und zwischen dem Angeschuldigten und dem Ankläger mittels Bestechung wegen Entbindung mit Bezug auf das Verbrechen eine Verabredung stattgefunden haben, so hat derjenige, welcher als schuldig erwiesen wird, unter Fernhaltung der Kollusion die gesetzlich festgesetzte Strafe zu erleiden."[468]

Hier kann der Ankläger also seinen Fehler noch rückgängig machen und sich mit dem unschuldigen Angeklagten einigen. Es handelt sich hierbei um die sog. *Abolitio*, die durch Titel 27 des 9. Buches des Codex Theodosianus des Breviars geregelt wird: *„De abolitionibus*"[469].

Für diese ist weiter geregelt:

Accusator, qui se laqueo legis adstringit, agnoscat, nullum sibi fore ad latebram abolitionis recursum, postquam aliquid iniuriae merito inscriptionis illatae tolerarit inscriptus, id est si vel carcerem sustinuerit vel tormenta vel verbera vel catenas, nisi forte ille, qui haec pertulit, contemnat et donet ipse, quod pertulit, ac par fuerit tam petitoris quam petiti in accipienda abolitione consensus. Prius tamen quam aliquis de quaestione liberetur, sequitur illud, ut plerisque criminibus ne consentientibus quidem partibus praestetur abolitio, ut sunt illa, in quibus aut violata maiestas, aut patria oppugnata vel prodita, aut peculatus admissus, aut sacramenta deserta sunt, omniaque ea, quae iure veteri continentur. In quibus iudex non minus accusatorem ad docenda, quae detulit, quam reum ad purganda, quae negat, debet urgere.[470]

Übersetzung nach CONRAT:

„Der Ankläger, der sich durch die Fessel des Gesetzes bindet, möge erkennen, dass ihm kein Rücktritt in den Schlupfwinkel der Abolition zustehen werde, nachdem der Inskribierte kraft der ihm zugefügten Inskription irgendwelche Unbill erduldet haben wird, das will sagen, wenn er entweder Haft oder Foltern oder Schläge oder Ketten ertragen haben wird, es sei denn etwa, dass es derjenige, welcher es durchgemacht hat, geringschätzt und in Person dasjenige, was er durchgemacht hat, verzeiht, und ein übereinstimmender Wille, sowohl bei dem Angreifer als auch bei dem Angegriffenen mit Bezug auf die Annahme der Abolition vorhanden gewesen sein wird."[471]

„Bevor irgend Jemand von der Untersuchung befreit wird, ist in Betracht zu ziehen, dass für sehr viele Verbrechen, nicht einmal bei Zustimmung der Parteien, Abolition gewährt wird, wie es diejenigen sind, wobei entweder die Maiestas verletzt oder die Vaterstadt belagert, bez. verraten worden oder ein Pekulat verübt worden ist, oder Sacramenta im Stich gelassen worden sind, und Alles dasjenige, was in dem alten Rechte inbegriffen

468 *Conrat*, Breviarium Alaricianum, S. 616.
469 Brev. C. Th. 9, 27 (ed. Haenel), S. 198.
470 Brev. C. Th. 9, 27, 2 (ed. Haenel), S. 200.
471 *Conrat*, Breviarium Alaricianum, S. 615 f. (Teilübersetzung 1).

ist. Bei diesen Verbrechen muss der Judex nicht weniger den Ankläger zum Nachweise dessen, was er angebracht hat, als den Angeklagten zur Reinigung von demjenigen, was er bestreitet, anhalten.“[472]

Grundsätzlich kann sich also der Ankläger nicht mehr aus der Affäre ziehen, wenn bereits eine Folterung stattgefunden hat. Jedoch kann auch dies durch eine Einigung mit dem Angeklagten umgangen werden, wenn dieser dazu noch bereit ist. Klargestellt wird durch die Norm jedoch auch, dass für besonders schwere Verbrechen eine Abolition nicht in Frage kommt.

Weiter heißt es:

Si criminis accusator intra triginta dies abolitionem petierit, etiam invito reo a iudice concedatur: ut liberi et accusatus et accusator abscedant: post triginta vero dies, quam accusatus custodiae fuerit traditus, nisi abolitionem et reus et accusator a iudice petierint, accusatori solo non esse praestandam. Quod si testes exhibiti ad petitionem accusatoris fuerint, et in custodiam missi fuerint, et abolitio petita praestitaque fuerit, sumtus, quos fecerunt testes, eis accusator exsolvat. Nam si testes exhibiti ab accusatore poenae subiacuerint, etiamsi consentient partes, abolitio a iudicibus denegetur, sed aut in accusatum, si convictus fuerit, aut in accusatorem, si non convicerit legibus, ex sententia iudicis poenam, quam passurus erat reus, accusator excipiat.[473]

Übersetzung nach CONRAT:

„Wenn der Ankläger wegen eines Verbrechens innerhalb dreissig Tagen die Abolition verlangt haben wird, soll sie auch wider den Willen des Angeklagten von dem Judex gewährt werden, sodass sowohl Angeklagter als auch Ankläger frei abziehen dürfen: dreissig Tage, nachdem der Angeklagte der Haft übergeben gewesen sein wird, ist die Abolition, wenn sie nicht sowohl Angeklagter als auch Ankläger von dem Judex erbeten haben werden, dem Ankläger allein nicht zu gewähren.“[474]

„Wenn Zeugen auf die Anforderung des Anklägers entboten und in Haft gelegt gewesen sein werden und die Abolition erbeten und gewährt gewesen sein wird, soll der Ankläger ihnen die von den Zeugen gemachten Ausgaben erstatten. Wenn jedoch die von dem Ankläger vorgeforderten Zeugen einer Strafe unterlegen haben werden, soll, wenn auch die Parteien zustimmen werden, die Abolition von den Iudices geweigert werden: vielmehr soll der Ankläger entweder gegen den Angeklagten, wenn er überführt gewesen sein wird, oder gegen den Ankläger, wenn er nach den Gesetzen nicht überführt haben wird, auf Grund des Urteils des Judex die Strafe welche der Angeklagte hätte erdulden sollen, davontragen.“[475]

Hier werden die vorgehenden Vorschriften noch weiter konkretisiert. Der Ankläger kann also die Abolition *ohne* Zustimmung erreichen, wenn er sie innerhalb

472 *Conrat*, Breviarium Alaricianum, S. 616 f. (Teilübersetzung 2).
473 Brev. C. Th. 9, 27, 3 Interpretatio (ed. Haenel), S. 200.
474 *Conrat*, Breviarium Alaricianum, S. 615 (Teilübersetzung 1).
475 *Conrat*, Breviarium Alaricianum, S. 617 (Teilübersetzung 2).

von dreißig Tagen verlangt (außer natürlich, wenn einer der vorgenannten Fälle wie etwa Folter stattgefunden hat). Gleichzeitig stellt die Norm aber klar, dass nach diesen dreißig Tagen die Abolition nur noch *mit* Zustimmung des Angeklagten erreicht werden kann. Die Abolition stellt mithin ein gewaltiges „Rettungsseil“ für den Ankläger eines Unschuldigen dar, um sich vor der Strafe zu retten.

Chindasvinth hat diesen Gedanken nicht aufgegriffen. Möglich ist natürlich, dass dies eine ständige Rechtspraxis darstellte, die der Kodifizierung nicht bedurfte. Aufgrund der Detailtreue Chindasvinths in seinen Gesetzen ist dies m.E. jedoch unwahrscheinlich.[476] Aufgrund der bisher betrachteten guten Kenntnis Chindasvinths des Breviars muss man wohl davon ausgehen, dass er diese Möglichkeit bewusst abschneiden wollte. Dies unterstreicht auch die eingangs dargestellte Intention Chindasvinths, die Schlechtigkeit der falschen Ankläger zu unterbinden. Er wollte ihnen damit wohl auch kein „Rettungsseil“ belassen. Dies zeigt einmal mehr das eigenständige und überlegte gesetzgeberische Denken Chindasvinths.

Zu beachten ist jedoch, dass unter Ervig ein solches „Rettungsseil“ in LVis. VI, 1, 2 eingefügt wurde, was später bei Ervigs Gesetzgebung noch betrachtet werden wird.

Zusammenfassend kann man sagen, dass Chindasvinth zwar auch bei der Bestrafung des falschen Anklägers Altbewährtes übernommen hat, diese Regelungen jedoch weiterentwickelt hat. Die Versklavung des falschen Anklägers existierte schon in Codex und Antiqua, jedoch subsidiär – sie wurde nur fällig, wenn man nicht in irgendeiner Art und Weise Wiedergutmachung leisten konnte. Die Versklavung ohne Abwendungsmöglichkeit für besonders schwere Verbrechen wie Hochverrat und Mord ist also eine Neuerung durch Chindasvinth. Diese harte Strafe unterstreicht einmal mehr, wie sehr es ihm am Herzen lag, die Tätigkeiten der Verleumder zurückzudrängen und voreilige Folterungen von Angeschuldigten zu vermeiden. Diese Tendenz gegenüber der Folter tritt bei Chindasvinth damit noch stärker auf als unter seinen Vorgängern. Auch ein vermögender Ankläger kann sich damit nicht mehr aus der Affäre ziehen. Unter Ervig wurde die Möglichkeit einer finanziellen Einigung mit dem Angeklagten jedoch wieder geschaffen. Bei leichteren Straftaten greift Chindasvinth auf Altbewährtes zurück, wobei er sogar (wohl) auf LVis. VII, 1, 5 Antiqua verweist: der falsche Ankläger soll genau die Strafe tragen, die der Angeschuldigte erhalten hätte, wenn er verurteilt worden wäre. Dieser Gedanke fand sich auch schon im Codex und im Breviar. Das Breviar sah jedoch noch das „Rettungsseil“ der Abolition vor, das

476 von einer Geltung dieser Institution auch ohne Erwähnung in der Norm geht aber ohne überzeugende Begründung *Martínez Díez,* La tortura judicial, S. 223 (246) aus. Auf diese Ansicht, der hier nicht gefolgt wird, soll später bei Ervigs Gesetzgebung noch näher eingegangen werden.

Chindasvinth im Gegensatz zu Ervig später jedoch nicht übernahm. Auch dies untermauert die verleumderfeindliche Tendenz, die die Folter eher zurückhaltend anwenden will. Dadurch, dass er die Rechtsfolge für den falschen Ankläger in seiner Regelung zu einer nicht-subsidiären Versklavung ohne Abwendungsmöglichkeit bei der falschen Anklage von schweren Verbrechen ummoduliert hat, zeigt er auch, dass er seine Absichten nicht nur mit Altbewährtem, sondern auch mit eigenen Überlegungen in Gesetzesform umsetzen kann.

g) Erhaltung des Lebens des falschen Anklägers

LVis. VI, 1, 2 spricht davon, dass der falsche Ankläger zwar als Sklave ausgeliefert werden soll, nicht jedoch sein Leben verlieren soll:

> *[...] ita ut, qui subditur questioni si innox tormenta pertulerit, accusator ei confestim serviturus tradatur, ut, salva tantum anima, quod in eo exercere voluerit vel de istatu eius iudicare elegerit, in arbitrio suo consistat. [...]*[477]

Eine solche Schutzvorschrift für den falschen Ankläger lässt sich weder in vorherigen Gesetzen des Liber Iudiciorum noch im Codex oder im Breviar finden. Hier handelt es sich wohl um eine Neuerung durch Chindasvinth. Er konkretisiert hiermit wohl den von ihm verfolgten Zweck der Auslieferung des falschen Anklägers an den fälschlich Beschuldigten als Sklaven: zwar soll es für den falschen Ankläger eine Sanktion sein – für den fälschlich Beschuldigten aber soll es eine echte, materielle Wiedergutmachung sein, nicht eine bloße Befriedigung von Rachegelüsten. Der fälschlich Beschuldigte soll nicht seinen Zorn stillen, indem er den in sein Eigentum übergegangenen Ankläger tötet, sondern soll eine werthaltige Gegenleistung für die von ihm erlittenen Qualen erhalten: die Arbeitsleistung des falschen Anklägers auf (dessen) Lebenszeit.

h) Die genaue schriftliche Beschreibung des Anklagevorwurfs und die heimliche Übergabe an den Richter – die Unbekanntheit des Tatvorwurfs als Voraussetzung für die Folter

aa) Liber Iudiciorum

Nachdem LVis. VI, 1, 2 eine schriftliche Anklage als Voraussetzung für die Unterwerfung unter die peinliche Frage normiert, legt Chindasvinth im weiteren Normtext fest, dass der Vorwurf darin genau beschrieben sein muss. Außerdem muss sie dem Richter heimlich übergeben werden:

477 LVis. VI, 1, 2 (ed. Zeumer), S. 247.

[...] Iudex tamen hanc cautelam servare debebit, ut accusator omnem rei ordinem scriptis exponat, et iudici occulte presentans, sic questionis examinatio fiat; [...][478]

In Bezug auf die genaue Beschreibung des Tatvorwurfs trifft Chindasvinth eine ähnliche Regelung in der bereits erwähnten Stelle aus LVis. VI, 1, 6:

[...] Quod si procul a rege eum esse provenerit, et per aliquem principi mandandum crediderit, quod accusationem alterius dinoscitur pertinere, coram illo, cui hoc suggerendum conmittit, talem epistulam faciat, per quam evidenter quid mandet exponat. [...][479]

Dies unterstreicht ein weiteres Mal Chindasvinths Genauigkeit und seine Liebe zum Detail. Er will verhindern, dass ein Beschuldigter gefoltert wird, ohne dass man eine exakte Vorstellung von seiner Tat, d.h. dem, was er gestehen soll, hat. Ein weiterer Grund könnte sein, dass sich der Ankläger im Nachhinein nicht darauf hinausreden können soll, die Anklage wäre nur missverständlich formuliert gewesen.

Die heimliche Übergabe an den Richter soll gerade dem Ziel Vorschub leisten, das Chindasvinth später in der Norm noch festsetzt: der Angeklagte darf über den genauen Tatvorwurf nicht informiert sein, bevor er gefoltert wird. Erfährt er es nämlich, darf er nicht mehr der Folter unterworfen werden:

[...] Quod si accusator, priusquam occulte iudici notitiam tradat, aut per se aut per quemlibet de re, qua accusat, per ordinem instruxerit quem accusat, non liceat iudici accusatum subdere questioni; cum iam per accusatoris indicium detectum constet ac publicatum esse negotium. [...][480]

Eine direkte Vorbildvorschrift in diesem Sinne ist in vorhergehenden Normen des Liber Iudiciorum nicht ersichtlich. Als kleine Inspiration könnte allerdings folgende Antiqua-Stelle gedient haben:

[...] Qui rem furtivam requirit, quid querat, iudici occulte debet exponere, ut ostendat per manifesta signa, quid perdidit; ne veritas ignoretur, si non evidentia signa monstraverit.[481]

Übersetzung nach WOHLHAUPTER:

„[...] Wer eine gestohlene Sache einklagt, muß dem Richter insgeheim darlegen, um was es sich handelt, indem er in schlüssiger Weise dartut, was ihm abhanden gekommen; sonst weiß man nicht um die Wahrheit, wenn er keine schlüssigen Anzeichen erbracht hat.“[482]

478 LVis. VI, 1, 2 (ed. Zeumer), S. 247 f.
479 LVis. VI, 1, 6 (ed. Zeumer), S. 255 (256).
480 LVis. VI, 1, 2 (ed. Zeumer), S. 247 (248).
481 LVis. VII, 2, 1 (ed. Zeumer), S. 289.
482 *Wohlhaupter*, Gesetze der Westgoten, S. 175.

Hier ist natürlich nicht von einer Anklageschrift die Rede, sondern von einer gestohlenen Sache. Diese soll dem Richter von dem Kläger heimlich genau beschrieben werden. Der Zweck in dieser Vorschrift ist klar: der Kläger soll nicht später irgendeine Sache des Beklagten als seine eigene bezeichnen können. Er muss sie dem Richter vorher genau beschreiben, so dass der Richter später auch nur eine Sache, die der Beschreibung entspricht, als Sache des Klägers anerkennen kann, wenn sie denn beim Beklagten gefunden wird. Die genaue Beschreibung durch den Kläger ist zudem Voraussetzung für eine Hausdurchsuchung und dient damit dem „Hausfrieden“.[483]

Für eine Inspiration durch diese Vorschrift spricht, dass auch hier sowohl von einer schlüssigen Beschreibung als auch von einer heimlichen Mitteilung die Rede ist. Der Sinn der Vorschrift lässt sich auch – zumindest analog – auf LVis. VI, 1, 2 übertragen: durch genaue Beschreibung des Tatvorwurfs kann man ihn auch sicherer mit dem Geständnis des Beschuldigten unter der Folter abgleichen (genau wie die Sache im Besitz des Beklagten mit der Beschreibung des Klägers), durch die heimliche Mitteilung an den Richter dringt auch nichts nach außen und es ist sichergestellt, dass der Beschuldigte vor der peinlichen Befragung nicht den Inhalt des Anklagevorwurfs erfährt, jedenfalls solange es der Ankläger nicht darauf anlegt und ihn anderweitig informiert.

Auch spricht dafür der Schluss der Antiqua-Vorschrift: sie fordert schlüssige Anzeichen, um die Wahrheit zu erfahren. Dies ist auch gerade das erklärte Ziel Chindasvinths in dieser Norm: er will um die Wahrheit wissen. Dies würde sehr dafür sprechen, dass ihn diese Vorschrift zur Ausgestaltung von LVis. VI, 1, 2 in diesem Bereich animiert bzw. inspiriert hat.

Unabhängig davon, ob Chindasvinth durch diese Vorschrift inspiriert war, liefert er jedenfalls noch seine eigene Begründung für diese Regelung:

[...] et si eius professio, qui questioni subdendus est, conpar fuerit cum verbis accusatoris, criminis reus incunctanter habendus est. Certe si aliut dictio accusatoris habuerit, aliut eius confessio, qui subditur questioni, quia dubitari non potest, quod per tormenta sibi crimen inponat, [...][484]

Er will die Übereinstimmung zwischen dem Vorwurf des Anklägers und dem Geständnis des Angeklagten prüfen. Als schuldig gilt der Angeklagte, wenn Geständnis und Anklagevorwurf übereinstimmen. Als unschuldig gilt er, wenn sie nicht übereinstimmen. Eine solche Prüfung lässt sich aber nur genau vornehmen, wenn der Tatvorwurf exakt beschrieben ist. Außerdem lässt sie sich nur dann vornehmen, wenn der Angeklagte nicht weiß, was ihm vorgeworfen wird – ergo

483 *Dahn*, Westgothische Studien, S. 268.
484 LVis. VI, 1, 2 (ed. Zeumer), S. 247 (248).

muss eine heimliche Übergabe an den Richter erfolgen. Weiß der Angeklagte nämlich, was ihm vorgeworfen wird, muss er nur gestehen, um die Folter abzuwenden.[485] Darum schreibt hier Chindasvinth auch „*quia dubitari non potest, quod per tormenta sibi crimen inponat*" – weil man nicht bezweifeln kann, dass man sich unter der Folter ein Verbrechen auferlegt.[486] Chindasvinth will hier verhindern, dass der Angeklagte das willkürlich tut, nur um seine Schmerzen zu beenden. Darum darf er nicht wissen, was ihm vorgeworfen wird. Denn nur wenn ihm der Vorwurf nicht mitgeteilt wird, kann die genannte Vergleichsprüfung stattfinden. Wenn er dann nämlich exakt das gesteht, was der Ankläger dem Richter heimlich mitgeteilt hat, ist er überführt und die Wahrheit ist zutage getreten. Diese Wahrheit will Chindasvinth gerade herausfinden. Gerade deswegen ist es wahrscheinlich, dass ihn LVis. VII, 2, 1 inspiriert hat, weil diese Vorschrift am Ende die Suche nach der Wahrheit als Normzweck nennt.

Ganz gleich aber, ob Chindasvinth durch diese Vorschrift inspiriert wurde oder nicht – er hat definitiv eine gesetzgeberische Eigenleistung erbracht, als er diesen Teil der Vorschrift geschaffen hat.[487]

bb) Lex Romana Visigothorum

Im Breviar findet sich keine vergleichbare Vorschrift, in der die vorherige Kenntnis des Tatvorwurfs die Folter gegen sich selbst verhindert. Im Gegenteil sagt das Breviar sogar aus:

Reis suis edere crimina accusatores cogendi sunt: scire enim oportet, quibus sint criminibus responsuri.[488]

Übersetzung nach CONRAT:

„Die Ankläger sind zu zwingen, ihren Angeschuldigten die Verbrechen anzugeben, da diese wissen müssen, hinsichtlich welcher Verbrechen sie sich zu verantworten haben."[489]

---

485 zum Zweck der Vermeidung eines "Scheingeständnisses" siehe auch *Nehlsen*, Sklavenrecht, S. 230 (232).

486 zum Vertrauen des Königs in die Folter als Mittel zur Wahrheitserforschung siehe schon *King*, Law and Society, S. 112 mit Fn. 3.

487 von einem eigenständigen Beitrag Chindasvinths an dieser Stelle geht schon *Nehlsen*, Sklavenrecht, S. 230 (232) aus; schon *King*, Law and Society, S. 112 sieht diese Regelung als Konsequenz des gesunden Menschenverstandes ("Commonsense demanded that if the accused already knew the details torture should not be allowed [...]").

488 Brev. P. 5, 18, 14 (ed. Haenel), S. 432.

489 *Conrat*, Breviarium Alaricianum, S. 605.

Zu beachten ist jedoch, dass diese Vorschrift aus dem Titel 18 des Buches 5 der Pauli Sententiae des Breviars stammt, welcher „*De servorum quaestionibus*" lautet. Es handelt sich also um eine Foltervorschrift für Sklaven. Trotzdem steht sie diametral zu LVis. VI, 1, 2 – vor allem, da wir oben mit H. NEHLSEN angenommen haben, dass diese Vorschrift u.U. auch im Verfahren gegen Sklaven anzuwenden war, da hierzu etwa in LVis. VI, 1, 5 überhaupt nichts geregelt ist (siehe dazu die obigen Ausführungen unter 2.).

Dies spricht auch – zumindest soweit es diese Zeit angeht – dagegen, dass Chindasvinth mit seiner Vorschrift nur bereits lange bestehende Rechtsgewohnheiten kodifiziert hat, womit man bei erstmalig auftauchenden Gedanken in Gesetzeskodifikationen auch immer rechnen muss[490]. Eine solche Gewohnheit könnte sich – wenn überhaupt – erst nach Alarich II. entwickelt haben, da es m.E. höchst unwahrscheinlich ist, dass Alarich II. Brev. P. 5, 18, 14 noch in dieser Form in sein Gesetzbuch für die Romanen seines Reiches übernommen hätte, wenn sich in den Rechtsverhältnissen der Westgoten längst eine gegenteilige Gewohnheit herausgebildet hätte. Es ist also eher davon auszugehen, dass es sich – abgesehen von kleinen Inspirationen durch Gesetze, die jedoch nicht speziell für diesen Fall galten – bei diesem Teil von LVis. VI, 1, 2 wirklich um eine gesetzgeberische Eigenleistung Chindasvinths handelt.

In Bezug auf die angesprochenen „kleinen Inspirationen" ist jedoch folgende Breviar-Stelle erwähnenswert:

Qui de se confessus est, in alium torqueri non potest, ne alienam salutem in dubium deducat, qui de sua desperavit.[491]

Übersetzung nach CONRAT:

„Wer von sich ein Geständnis gemacht hat, kann gegen einen Andern nicht gefoltert werden, damit nicht derjenige, welcher an seinem Heil verzweifelt hat, fremdes gefährdet."[492]

Vom Grundgedanken her deutet diese Regelung in eine ähnliche Richtung: es handelt sich um einen Inquisiten, der vor der Folter weiß, was er aussagen soll und deswegen nicht gefoltert werden darf – hier jedoch gegen einen Anderen als sich selbst. Denn der Sachverhalt ist ihm bekannt – er hat ihn schließlich selbst gestanden. Wenn er nun gegen einen Anderen in dieser Angelegenheit gefoltert wird, könnte er durch ein schnelles Geständnis in diesem Punkt seine Schmerzen

490 siehe zur Möglichkeit des „mitgeschleppten Traditionsbestand[s]" v.a. *Nehlsen*, Sklavenrecht, S. 57 sowie S. 249.
491 Brev. P. 1, 12, 5 (ed. Haenel), S. 348.
492 *Conrat*, Breviarium Alaricianum, S. 621 f.

beenden, auch wenn derjenige an der Tat vielleicht gar nicht beteiligt war oder der Gefolterte von der Tatbeteiligung des Anderen gar nichts wusste. Vor allem dann, wenn er sich durch ein schnelles Geständnis in Bezug auf den Anderen unter Umständen eine Strafmilderung erwartete. Denn er wüsste ja, was diesem Dritten vorgeworfen wird: die Beteiligung an der Tat, die er selbst gerade gestanden hat. Der Schutzzweck ist also vom Grundgedanken her ähnlich – nur die Schutzrichtung geht in Richtung des Dritten. Ein bemerkenswerter „Drittschutz" also in der Lex Romana Visigothorum.

Aus diesem Grunde ist es durchaus denkbar, dass auch diese Vorschrift eine kleine Inspiration für Chindasvinth dargestellt hat. Nur ging es Chindasvinth nicht um den Schutz eines Anderen, sondern um den Schutz des Gefolterten selbst und, wie gesehen – in erster Linie – um die Erforschung der Wahrheit bzw. gegebenenfalls die Entlarvung des Verleumders. Darum hat Chindasvinth den Gedanken – falls er ihm wirklich aus dem Breviar bekannt war – um ein Vielfaches und sogar gegen anderweitige Bestimmungen des Breviars (zumindest in Bezug auf Sklaven) weiter entwickelt, indem er die Folterung des Beschuldigten auch gegen sich selbst schon dann nicht mehr zulässt, wenn ihm der Tatvorwurf bekannt ist.

In eine ähnliche Richtung zielt folgende Vorschrift:

Sane his, qui crimina sua in quaestione confessi sunt, de aliis si dicere voluerint, a iudice non credatur, quia iure et legibus constitutum est, ut spontanea professione reus reum non faciat, neque illi de altero credatur, qui se criminosum esse confessus est.[493]

Übersetzung nach CONRAT:

„Denjenigen, welche ihre Verbrechen bei der Quaestio bekannt haben, soll von dem Judex nicht geglaubt werden, wenn sie mit Bezug auf Andere werden haben aussagen wollen, weil durch Jus und Leges festgesetzt worden ist, dass demjenigen, welcher sich selbst als Verbrecher bekannt hat, mit Bezug auf einen Andern nicht geglaubt werden soll."[494]

„Durch Ius und Leges ist festgesetzt worden, dass ein Angeschuldigter mittels spontaner Erklärung keinen Angeschuldigten macht."[495]

Diese Vorschrift begründet sich allerdings dadurch, dass die Aussage eines geständigen Verbrechers gegen einen Anderen als unglaubwürdig angesehen wird. Dieser Gedanke wird vermutlich auch bei Brev. P. 1, 12, 5 eine Rolle gespielt haben. Dass der Gedanke der Bekanntheit des Vorwurfs trotzdem eine Rolle gespielt hat, ist aber sicher nicht auszuschließen, zumal sich diese beiden Gedanken

493 Brev. C. Th. 9, 1, 11, 1 Interpretatio (ed. Haenel), S. 172.
494 *Conrat*, Breviarium Alaricianum, S. 618 (Teilübersetzung 1).
495 *Conrat*, Breviarium Alaricianum, S. 593 (Teilübersetzung 2).

auch gut verbinden lassen. Vor allem aber ist nicht auszuschließen, dass Chindasvinth, falls er sich denn diese Vorschrift als Inspiration zu Hilfe genommen hat, diesen Gedanken darin gesehen hat oder durch die Vorschrift zu diesem Gedanken angeregt wurde.

Ähnliche Gedanken trägt auch diese Norm:

Non credendum est contra alios eorum confessioni, qui in criminibus accusantur, nisi se prius probaverint innocentes: quia periculosa est et admitti non debet rei adversus quemcunque professio.[496]

Übersetzung nach CONRAT:

„Dem Geständnis derjenigen, welche wegen Verbrechen angeklagt werden, ist gegen andere kein Glauben zu schenken, solange sie nicht ihre Unschuld erwiesen haben werden, weil die Erklärung eines Angeschuldigten gegen eine beliebige Person gefahrvoll ist und nicht zugelassen werden darf."[497]

In diesem Zusammenhang ist auch folgende Vorschrift zu beachten:

Si latro quaestioni subditus de eo, qui ipsum quaestioni obtulit, confiteatur, credulitatem confessioni eius non convenit adhiberi: nisi forte ad protegendam conscientiam suam eum quaestioni obtulisse rebus evidentibus approbetur.[498]

Übersetzung nach CONRAT:

„Wenn ein Räuber, der einer Quaestio unterworfen worden ist, mit Bezug auf denjenigen, welcher ihn selbst zur Quaestio angeboten hat, ein Geständnis macht, so bestand darin Übereinstimmung, dass seinem Geständnis keine Glaubwürdigkeit beizumessen ist, es lasse sich denn durch evidente Thatsachen nachweisen, dass jener ihn der Quaestio angeboten habe, um seine Mitwissenschaft zu decken."[499]

Hier geht es wieder um die Unglaubwürdigkeit der Aussage eines Straftäters. Allerdings geht es hier darum, dass der Gefolterte aus freien Stücken seinen Ankläger belastet, nicht jemanden, gegen den er gefoltert wird. Dies hat also mit dem gesuchten Gedanken nichts zu tun – der Ankläger wird hier nur vor der Missgunst und den Rachegelüsten des Gefolterten bewahrt. Im Übrigen steht die Norm zwar unter dem Titel „De servorum quaestionibus", wird aber wohl auch bei Freien anwendbar gewesen sein.[500]

496 Brev. C. Th. 9, 1, 7 Interpretatio (ed. Haenel), S. 170.
497 *Conrat*, Breviarium Alaricianum, S. 593 f. und S. 618.
498 Brev. P. 5, 18, 10 Interpretatio (ed. Haenel), S. 432.
499 *Conrat*, Breviarium Alaricianum, S. 624.
500 *Martínez Díez,* La tortura judicial, S. 223 (233).

Als Fazit können wir damit festhalten: man *darf* annehmen, dass Chindasvinth durch die besprochenen Vorschriften aus Breviar und Antiqua zumindest zum Grundgedanken seiner Regelung inspiriert worden ist – ausschließen kann man es jedenfalls nicht. Man *muss* aber auf jeden Fall annehmen, dass es sich bei dieser Thematik in LVis. VI, 1, 2 um eine große Eigenleistung Chindasvinths handelt, die seiner eigenen vernünftigen Überlegung als Gesetzgeber entsprungen ist und allenfalls durch ältere Gesetze inspiriert worden ist. Selbst wenn eine solche Inspiration durch andere Gesetze, namentlich die gezeigten, stattgefunden hat, hat Chindasvinth den Gedanken völlig neu formuliert, weiterentwickelt und im Detail ausgestaltet. Dies schon deswegen, weil er hier erheblich vom Breviar abgewichen ist: er lässt bei Bekanntheit dessen, was gestanden werden soll, nicht nur die Folter gegen Dritte, wie es schon das Breviar normiert, sondern vielmehr, anders als das Breviar, die Folter gegen den zu Folternden selbst nicht mehr zu. Wenn man annimmt, dass eine kleine Inspiration durch die betrachtete Diebstahlsvorschrift aus der Antiqua stattgefunden hat, unterstreicht dies Chindasvinths Fähigkeit, sinnvolle Rechtsgedanken auf unterschiedliche Sachverhalte anzuwenden. Stärker als je zuvor treten damit an dieser Stelle Chindasvinths bereits teilweise festgestellte Intentionen hervor: Erforschung der Wahrheit, Vermeidung von übereilten Geständnissen nur aufgrund von Schmerzen, Vermeidung von voreiliger Folterung an vielleicht unschuldigen Angeschuldigten, vor allem aber, und dies darf man schon aufgrund der betrachteten Gesetzeseinleitung als die Hauptintention Chindasvinths ansehen, die Entlarvung von Verleumdern bzw. deren Abschreckung davor, überhaupt im Hinblick auf die großen Risiken eine falsche, verleumderische Anklage zu erheben. Natürlich hat sein System an dieser Stelle auch Unsicherheitsfaktoren: dass kein Zweifel daran besteht, dass ein Verbrecher unter der Folter gestehen wird, kann wohl nicht ohne Weiteres unterschrieben werden. Durchaus denkbar ist in diesem System also, dass ein schuldiger, aber hartgesottener Geselle die Foltern ohne Geständnis übersteht und somit seinen rechtschaffenen Ankläger zu seinem Sklaven macht. Fraglich also, ob diese Regelung nicht zum Teil auch ehrbare Ankläger in ihrer Existenz vernichtet hat oder gar schon von vornherein von gerechtfertigten Anklagen abgeschreckt hat. Zuzustimmen ist hier MARTÍNEZ DÍEZ, der die Folter hierdurch zu einem zusätzlichen Beweismittel abgewertet sieht, das nur noch ein Ankläger, der sich seiner Sache sehr sicher ist, wagen würde.[501]

501 *Martínez Díez,* La tortura judicial, S. 223 (239).

i) Sonstige Voraussetzungen für die Folter

LVis. VI, 1, 2 normiert also, wie gesehen, eine Reihe von Voraussetzungen, damit überhaupt eine Folter an dem Beschuldigten stattfinden darf. Zu untersuchen ist trotzdem noch, ob im Liber Iudiciorum weitere Foltervoraussetzungen normiert sind, die ggf. noch zu beachten waren. Des Weiteren ist noch der Vergleich zur Lex Romana Visigothorum in diesem Punkt zu ziehen, um zu sehen, wie die rechtlichen Verhältnisse bzgl. der Foltervoraussetzungen für die romanische Bevölkerung auf westgotischem Boden vor Inkrafttreten des Liber Iudiciorum aussahen.

aa) Liber Iudiciorum

Am Allerwichtigsten ist in diesem Zusammenhang noch eine Vorschrift von Chindasvinth an versteckter Stelle – sie steht nämlich in LVis. VI, 1, 5, seiner „Folterordnung" für Sklaven und Freigelassene, normiert an dieser Stelle jedoch auch eine Voraussetzung für die Folter an einem Freien:

> *[...] Ita tamen servandum est, ut nec ingenuum quisque nec servum subdere prius questioni presumat, nisi coram iudice vel eius saione, domino etiam servi vel actore presente, districte iuraverit, quod nullo dolo vel fraude aut malitia innocentem faciat questionem subire. [...]*[502]

Auch bei der Folter an einem frei Geborenen muss also hier der Ankläger vor dem Richter oder seinem *saio* schwören, dass er nicht durch List, Betrug oder Niedertracht einen Unschuldigen der Folter ausliefere.[503] Die Stelle passt in Bezug auf den frei Geborenen eigentlich nicht hierher, sondern müsste, was den Freien angeht, separat in LVis. VI, 1, 2 angeführt sein. Der Wortlaut lässt auch nicht die Vermutung zu, dass ein Freigelassener gemeint sein könnte. Es wird also ein „Redaktionsversehen" sein, dass die Regelung für einen Freien nicht separat in LVis. VI, 1, 2 aufgeführt ist.

Ansonsten ist noch ein weiteres Gesetz von Chindasvinth zu nennen, welches aber einen Spezialfall normiert. LVis. II, 3, 4 trägt folgende Überschrift:

---

502 LVis. VI, 1, 5 (ed. Zeumer), S. 252 (253 f.).

503 auch *Dahn*, Westgothische Studien, S. 282 (283) erwähnt diesen Schwur, von dem er als „Gefährdeeid" spricht, bei der Freienfolter; vgl. auch *ebenda*, S. 269; vom „Gefährdeeid" spricht auch *Beyerle*, Entwicklungsproblem, S. 444; *derselbe* spricht *ebenda*, S. 560 auch vom „Kalumnieneid"; vgl. hierzu schon *v. Bethmann-Hollweg,* Civilprozeß IV/1, S. 240 f.; siehe auch *Martínez Díez,* La tortura judicial, S. 223 (240); siehe auch *Petit*, Iustitia Gothica, S. 304; siehe auch *King*, Law and Society, S. 112.

Ut personis nobilibus questio per mandatum nullatenus agitetur, et qualiter humilior ingenuus sive servus per mandatum questioni subdatur.[504]

Übersetzung der Überschrift nach WOHLHAUPTER:

„Daß gegen edle Personen peinliche Klage nicht durch einen Bevollmächtigten angestrengt werden darf und unter welchen Voraussetzungen ein niedergestellter Freier oder ein Knecht mittels Vollmacht der peinlichen Klage unterworfen werden darf."[505]

Hier normiert Chindasvinth also den Spezialfall der Folterung im Falle einer Klage durch Vollmacht. Er führt hierzu aus:

Questionem in personis nobilibus nullatenus per mandatum patimur agitari. Ingenuam vero et pauperem personam adque in crimine iam ante reppertam non aliter ex mandato subdendam questioni permittimus, quam ut mandator de eadem personam non servo, sed ingenuo per mandatum, sua vel trium testium adnotatione firmatum, specialiter conmittat agendum. Et si fortasse innocentem fecerit tormentis adfligi, sciat se hisdem mandator censura legis noxium retineri. Reliquas autem criminales causas ita per mandatum liceat committendas, ut, sicut predictum est, contra personam ingenuam ingenui ingenuo adsertori questionis actio committatur. Servum vero per mandatum subdere questioni tam ingenuo quam servo iure conceditur; hac videlicet constitutione servata, ut, si tormenta vel damna innocentibus fuerint inrogata, ad omnem satisfactionem mandator iudicis conpellatur instantia. Nec dimittendus est tamen his, qui mandatum accepit, donec aut mandator sit coram iudice prestus, aut satisfactionem adimpleat legum. Et tamen qui questionem ex mandato agitaturus est, ante se, velut proprii iuris dominus, per placiti vinculum a iudice noverit obligandum.[506]

Eine adlige Person darf also unter keinen Umständen im Auftrag eines Anderen gefoltert werden.[507] Eine frei geborene niedrige und arme Person darf im Auftrag gefoltert werden, wenn sie schon einmal wegen eines Verbrechens verurteilt wurde, allerdings nur, wenn eine schriftliche Ermächtigung des Auftraggebers vorliegt, unterzeichnet von ihm und bekräftigt durch drei Zeugen (zur Funktion der Zeugen siehe die obigen Ausführungen unter 3. e.). Daraus folgt, dass sie nicht im Auftrag gefoltert werden können, wenn sie nicht vorbestraft sind. DAHN geht davon aus, dass dies unter anderem aufgrund der Haftbarkeit im Falle der ungerechtfertigten Folter so gehandhabt wurde.[508] Anvertraut worden sein muss

504 LVis. II, 3, 4 (ed. Zeumer), S. 90; siehe zu diesem Gesetz *Zeumer*, Geschichte II, S. 39 (95); siehe auch *Martínez Díez*, La tortura judicial, S. 223 (236 f., 241).

505 *Wohlhaupter*, Gesetze der Westgoten, S. 47.

506 LVis. II, 3, 4 (ed. Zeumer), S. 90 f.

507 siehe auch *Petit*, Iustitia Gothica, S. 304; siehe auch *Martínez Díez*, La tortura judicial, S. 223 (236 f., 241).

508 siehe *Dahn*, Westgothische Studien, S. 282.

genannte schriftliche Ermächtigung einem Freien, nicht einem Sklaven.[509] Bei anderen Kriminalfällen darf im Auftrag gefoltert werden. Durch die Klage des Beauftragten eines Freien darf an einem anderen Freien die Folter vorgenommen werden. Auch darf durch die Klage eines Freien oder eines Sklaven die Folter an einem anderen Sklaven vorgenommen werden.[510]

Der Beauftragte ist auch nicht zu entlasten, bis der Auftraggeber dem Gericht beigebracht worden ist – andernfalls hat der Beauftragte Wiedergutmachung zu leisten. Zudem soll jemand, der als Beauftragter einem Anderen die Folter auferlegen will, vom Richter gezwungen werden, sich zu binden (im Sinne der Inskription).

Eine detaillierte Regelung Chindasvinths also für den Fall der peinlichen Klage im Auftrag eines Anderen, die die weiteren Voraussetzungen schildert, die in einem solchen Fall zu beachten waren. Auch sie zeigt abermals die Intention, die Folter insbesondere bei Adligen zurückhaltend anzuwenden.[511] Andererseits stellt die Regelung, dass Adlige nicht im Auftrag gefoltert werden können, abermals implizit klar, dass die Folterung von Adligen an sich kein Tabu ist (siehe dazu die obigen Ausführungen unter 2.).[512]

bb) Lex Romana Visigothorum

Im Breviar finden sich eine Reihe von anderen Foltervoraussetzungen. So etwa die folgende, bereits bei den Beweismitteln betrachtete Vorschrift:

In criminibus eruendis quaestio quidem adhibetur; sed non statim a tormentis incipiendum est: ideoque prius argumentis quaerendum est: et si suspicione aliqua reus urgeatur, adhibitis tormentis de sociis et sceleribus suis confiteri compellitur.[513]

Übersetzung nach CONRAT:

„Bei Eruierung von Verbrechen wird die Tortur angewendet: es ist jedoch nicht unverzüglich mit den Foltern zu beginnen und deshalb zuerst durch Beweismittel zu erforschen."[514]

„Wird ein Angeschuldigter von irgend einem Verdacht beschwert, so wird er durch Anwendung der Foltern angehalten, wegen seiner Komplizen und seiner Verbrechen ein Geständnis zu machen."[515]

509 siehe hierzu *King*, Law and Society, S. 112 f.; siehe auch *Martínez Díez,* La tortura judicial, S. 223 (241).

510 vgl. *Martínez Díez,* La tortura judicial, S. 223 (244).

511 siehe *Claude*, Adel, S. 119.

512 siehe zu diesem letzten Gedanken schon *Nehlsen*, Sklavenrecht, S. 232 mit Fn. 374.

513 Brev. P. 5, 16, 1 (ed. Haenel), S. 430.

514 *Conrat*, Breviarium Alaricianum, S. 621 – wohl aus Aufbaugründen hat er die Übersetzung in zwei Teile aufgeteilt.

515 *Conrat*, Breviarium Alaricianum, S. 621 – wohl aus Aufbaugründen hat er die Übersetzung in zwei Teile aufgeteilt.

Voraussetzung nach dem Breviar ist also, wie bereits betrachtet, zunächst ein *Verdacht*. Vor der Folter sollen jedoch Beweismittel ausgeforscht werden. Möglich ist, wie gesehen, dass auch diese Regelung den Antiqua-Gesetzgeber und Chindasvinth inspiriert hat, da sie, wie besprochen, schon vor der Anklageschrift ein erstes Vorbringen von Beweisen fordert.

Die Folter soll hier unter diesen Voraussetzungen auch wegen seiner Komplizen angewendet werden.

Ergänzend muss folgende Vorschrift beachtet werden:

In re pecuniaria tormenta, nisi quum de rebus hereditariis quaeritur, non adhibentur. Aliae autem iureiurando aut testibus explicantur.[516]

Übersetzung nach CONRAT:

„In einem Handel über Geldsachen werden Foltern nicht angewendet, es sei denn, dass es sich um Erbschaftssachen handelt. Andere Sachen dagegen werden durch Eid oder Zeugen erledigt."[517]

Damit war die Folter also auf den Strafprozess oder Erbschaftsangelegenheiten beschränkt.[518]

Für das Strafverfahren ist nach dem Breviar Voraussetzung für die Folter, dass man sich an eine bestimmte Reihenfolge hält:

Unius facinoris plurimi rei ita audiendi sunt, ut ab eo primum incipiatur, qui timidior et tenerae aetatis esse videatur.[519]

Übersetzung nach CONRAT:

„Mehrere Angeschuldigte eines Verbrechens sind derart zu vernehmen, dass zuerst mit demjenigen begonnen wird, der furchtsamer und zarteren Alters zu sein erachtet wird."[520]

Die Norm soll also einen schnelleren Erkenntnisgewinn dadurch bringen, dass jüngere und furchtsamere Inquisiten schneller gestehen werden.[521] Eine dieser Vorschrift vergleichbare findet sich im Liber Iudiciorum nicht. Vielleicht hat hier gerade Chindasvinth, der ja gerade die Vorschriften so gestalten will, dass die

516 Brev. P. 5, 17, 6 (ed. Haenel), S. 430.
517 *Conrat*, Breviarium Alaricianum, S. 513.
518 siehe schon *Martínez Díez,* La tortura judicial, S. 223 (230 f.).
519 Brev. P. 5, 16, 2 (ed. Haenel), S. 430; vgl. (Paulus) D. 48, 18, 18 pr. (ed. Mommsen), S. 864.
520 *Conrat*, Breviarium Alaricianum, S. 621.
521 siehe schon *Martínez Díez,* La tortura judicial, S. 223 (231).

Wahrheit ans Licht kommt, diese Vorschrift als zu gefährlich erachtet, weil sie furchtsamere und jüngere Beschuldigte benachteiligt. Unter Umständen hätten nämlich diese nur gegen sich gestanden, oftmals jedoch aus Furcht gerade nicht gegen die hartgesotteneren, die vielleicht viel tiefer in die Sache verwickelt waren und die jüngeren unter Umständen verleitet hatten.

Zu beachten ist auch diese Vorschrift:

Praegnantes neque torqueri, neque damnari, nisi post editum partum possunt.[522]

Übersetzung nach CONRAT:

„Schwangere können nicht gefoltert werden, es sei denn nach der Niederkunft."[523]
„Frauen können erst nach ihrer Niederkunft gestraft werden".[524]

Der Zweck der Vorschrift ist eindeutig: durch die Folter der Schwangeren wird nicht nur ihre Gesundheit, sondern auch die des ungeborenen Lebens gefährdet. Gerade unter christlichen Gesichtspunkten wäre eine solche Folter nicht zu verantworten. Eine solche Schutzvorschrift für Schwangere findet sich seltsamerweise nicht im Liber Iudiciorum, nicht einmal bei Chindasvinth. Kaum zu glauben, dass dieser Fall unter all diesen Gesetzgebern niemals vorgekommen sein soll. Vielleicht ist aber gerade das der Fall, oder es handelte sich nach ständiger Rechtspraxis um eine solche Selbstverständlichkeit, dass es keinem weiteren Gesetzgeber einfiel, es ausdrücklich festzuschreiben.

Bemerkenswert ist weiter im Breviar, dass zu bestimmten Zeiten nicht gefoltert werden durfte:

[...] Quadraginta diebus, qui suspicio cerimoniarum paschale tempus anticipant, omnis cognitio inhibeatur criminalium quaestionum. [...][525]

Die Interpretatio hierzu lautet:

Diebus quadragesimae pro reverentia religionis omnis criminalis actio conquiescat.[526]

522 Brev. P. 1, 12, 4 (ed. Haenel), S. 348; siehe hierzu auch *Mommsen*, Römisches Strafrecht, S. 417.
523 *Conrat*, Breviarium Alaricianum, S. 621; wohl aus Gründen der thematischen Trennung hat er die Übersetzung zweigeteilt.
524 *Conrat*, Breviarium Alaricianum, S. 628; wohl aus Gründen der thematischen Trennung hat er die Übersetzung zweigeteilt.
525 Brev. C. Th. 9, 25, 1 (ed. Haenel), S. 196; vgl. C. Th. 9, 35, 4 (ed. Mommsen), S. 490; vgl. C. Th. 9, 35, 5 (ed. Mommsen), S. 490.
526 Brev. C. Th. 9, 25, 1 Interpretatio (ed. Haenel), S. 196.

Übersetzung nach CONRAT:

„An den Tagen der Quadragesima soll aus Respekt vor der Religion jede Kriminalklage ruhen."[527]

Unter den Tagen der Quadragesima versteht man die vierzig Tage, „die Auspicio ceremoniarum dem Tempus paschale vorangehen".[528] So war also in der vorösterlichen Fastenzeit die Folter aufgrund religiöser Ehrfurcht verboten.[529]

Auch in der Lex Romana Visigothorum finden sich also noch einige Foltervoraussetzungen, die keinen Einzug in den Liber Iudiciorum gefunden haben.

j) Wertgrenzen und Reinigungseid

aa) Liber Iudiciorum

Bei geringeren Vergehen stellt LVis. VI, 1, 2 eine Wertgrenze auf:

[...] Nam si capitalia, que supra taxata sunt, accusata non fuerint, sed furtum factum dicitur vel quocumque inlicitum, si trecentorum summa est solidorum vel amplius, inscriptione premissa subdendus est questioni qui petitur. Si autem actio minoris est quantitatis, quam trecenti sunt solidi, per probationem convictus qui accusatur secundum leges alias conponere conpellatur; aut si convinci non potuerit, sacramento se expians compositionem accipiat, que de mala petitione legibus continetur. [...][530]

Bei geringeren Straftaten soll nur gefoltert werden, wenn die Sache 300 *solidi* oder mehr wert ist. Bei geringerem Wert kann man sich vorrangig durch einen Eid reinigen. Dies gilt, wie gesehen, bei Ranggleichheit von Ankläger und Angeschuldigtem. Der Adlige kann sich gegen die Anklage des Geringeren bei leichteren Straftaten immer durch Reinigungseid verteidigen.[531]

Bei Chindasvinth findet sich noch folgende Regelung in LVis. VI, 1, 5 für die Folter an Freigelassenen:

[...] Ingenuus sane, si libertum questioni putaverit addicendum, sive pro capitali crimine seu pro centum quinquaginta solidorum quantitate, si innox quodcumque tormenti pertulerit, CL solidos eius petitor ei conponere conpellendus est.[532]

527 *Conrat*, Breviarium Alaricianum, S. 611 und S. 790.
528 *Conrat*, Breviarium Alaricianum, S. 611, Fn. 2.
529 siehe *Schmoeckel* FS Kleinheyer, S. 437 (446, Fn. 61).
530 LVis. VI, 1, 2 (ed. Zeumer), S. 247 (248), linke Spalte.
531 vgl. hierzu *Dahn*, Westgothische Studien, S. 282 (283), der schon die Egica-Novelle LVis. VI, 1, 3 mitberücksichtigt, siehe dort Fn. 3; siehe hierzu schon *v. Bethmann-Hollweg,* Civilprozeß IV/1, S. 240; siehe auch *Petit*, Iustitia Gothica, S. 303; vgl. *Helfferich*, Westgothen-Recht, S. 97.
532 LVis. VI, 1, 5 (ed. Zeumer), S. 252 (254), linke Spalte.

Die Stelle spricht davon, was passiert, wenn ein Freier einen Freigelassenen wegen Kapitalverbrechen oder wegen einer Sache im Wert von 150 *solidi* der Folter unterwerfen will. Mangels weiterer Regelung scheint dies konkludent zu implizieren, dass ein Freigelassener auch nur wegen eines Kapitalverbrechens oder einer Sache von mindestens 150 *solidi* gefoltert werden kann, darunter wohl nicht. Sehr viel deutlicher formuliert später Ervig dieses Gesetz. Darauf soll aber erst bei Ervigs Gesetzgebung zurückzukommen sein.

Eine vergleichbare Wertgrenze, ob gefoltert werden darf oder nicht, findet sich ansonsten weder im Liber Iudiciorum[533] (jedenfalls bis zu Chindasvinth)[534] noch im Codex oder im Breviar. Dies stellt also eine Neuerung durch Chindasvinth dar. Auch damit wollte Chindasvinth also die Folter ein wenig eindämmen. Sie sollte nur noch für schwere Verbrechen angewendet werden oder für leichtere Vergehen, bei denen ein größerer Wert im Raume stand. Bei leichteren Vergehen, bei denen es um einen geringeren Wert ging, sollte man damit die Gelegenheit haben, sich durch den Eid zu reinigen. Dies stellt durchaus einen vernünftigen Ansatz zur Eindämmung der Folter dar. Natürlich birgt gerade diese Regelung aber die Gefahr, dass rechtschaffene Ankläger von einer Anklage abgeschreckt werden: sie mussten immer mit der (wohl kaum unwahrscheinlichen) Gefahr rechnen, dass sich der schuldige Angeschuldigte durch einen Eid reinigte. Unter Ervig wurde diese Wertgrenze später erhöht.[535] Davon soll aber später im Rahmen von Ervigs Gesetzgebung gesprochen werden.

Durchaus finden sich aber andere Vorschriften im Liber Iudiciorum zum Reinigungseid. In der Antiqua begegnet uns der Eid nicht nur im Zusammenhang mit Zeugenaussagen[536], es ist auch etwa von einem Richter die Rede, der, wenn er aus Unkenntnis ein falsches Urteil gefällt hat, sich unter Eid reinigen muss, dass er das Urteil nicht aufgrund seines eigenen Vorteils gefällt hat.[537] Auch Chindasvinth behandelt den Reinigungseid durch einen korrupten Richter, der sich geweigert hat, einem Kläger sein Recht zuzusprechen, wenn dieser den Betrug durch den Richter nicht nachweisen kann.[538]

533 Wertgrenzen an sich (ohne Bezug zur Folter) sind dem Liber Iudiciorum aber durchaus nicht fremd, siehe LVis. II, 2, 9 (ed. Zeumer), S. 85 (86); vgl. zu dieser Wertgrenze auch *Nehlsen*, Sklavenrecht, S. 170, Fn. 109.

534 siehe aber die eben angesprochene Erweiterung von LVis. VI, 1, 5 durch Ervig (ed. Zeumer), S. 252 (254), rechte Spalte sowie die Egica-Novelle VI, 1, 3 (ed. Zeumer), S. 250 f., die noch später bei Egicas Gesetzgebung zur Sprache kommen wird.

535 s. LVis. VI, 1, 2 (ed. Zeumer), S. 247 (248), rechte Spalte.

536 z.B. LVis. II, 4, 2 (ed. Zeumer), S. 95.

537 LVis. II, 1, 21 (ed. Zeumer), S. 68 (69); Übersetzung bei *Wohlhaupter*, Gesetze der Westgoten, S. 39 (dort allerdings LVis. II, 1, 19).

538 LVis. II, 1, 20 (ed. Zeumer), S. 67 (68).

Chindasvinth normiert den Reinigungseid noch an anderen Stellen, z.B. in LVis. II, 2, 5:[539]

[...] Tamen si per probationem rei veritas investigare nequiverit, tunc ille, qui pulsatur, sacramentis se expiet, rem, vel si quid ab eo requiritur, neque habuisse neque habere nec aliquid de causa, unde interrogatur, se conscium esse vel quidquam inde in veritate scire nec id, quod dicitur, et illi parti, cui dicitur, commisisse; et postquam ita iuraverit qui pulsatus est, quinque solidos ille, qui pulsavit, ei cogatur exolvere.[540]

Ähnlich normiert es Chindasvinth in LVis. II, 2, 9:

[...] ita ut, si servus quod proponit convincere non potuerit, ingenuus idem conscientiam suam expiet sacramentis, se nihil horum, unde adpellatur, scire vel habere neque fecisse vel fieri precepisse. Et post tale sacramentum servus pro iniusta petitione, sicut et ingenuus, conponere non moretur.[541]

Der Reinigungseid stellt also unter Chindasvinth durchaus einen üblichen Entlastungsbeweis dar. Mit den Vorschriften späterer Könige über den Reinigungseid wollen wir uns an späterer Stelle bei deren Gesetzgebung befassen.

bb) Codex Euricianus

Wie bereits festgestellt, finden sich weder im Codex noch im Breviar Wertgrenzen als Foltervoraussetzung. Im Codex jedoch begegnet uns schon der Reinigungseid:

Si quis de fure nesciens conparavit, requiret accepto spatio venditorem. Quem si non potuerit invenire, [ad]probet se sacramento et testibus innocentem et quod apud eum [a]gnoscitur ex medietate restituat et furem quaerere non desistat. Quod si furem celare voluerit et periuras[se] postea detectus fuerit inventus, tamquam ille fur ita in crimine damnetur.[542]

Der Reinigungseid an sich stellt damit durchaus kein neues Rechtsinstitut im westgotischen Recht dar, sondern bestand auch schon in Codex und Antiqua. Chindasvinth jedoch kombiniert ihn mit der Folter und stellt ihn ihr als alternatives, unter gewissen Umständen und bestimmten Wertgrenzen vorrangiges

539 siehe dazu auch *Dahn*, Westgothische Studien, S. 279; siehe auch *Zeumer*, Geschichte II, S. 39 (78 f.).
540 LVis. II, 2, 5 (ed. Zeumer), S. 82.
541 LVis. II, 2, 9 (ed. Zeumer), S. 85 (86).
542 CE rest. 6 L. Bai. 9, 7 (ed. Zeumer), S. 30.

Beweismittel gegenüber. Chindasvinth verwendet somit den bereits bekannten Reinigungseid seinen gesetzgeberischen Intentionen entsprechend.[543]

k) Anklage von höher gestellten Personen

aa) Liber Iudiciorum

LVis. VI, 1, 2 trifft spezielle Regelungen für höher gestellte Personen:

[...] Speciali tamen constitutione decernimus, ut persona inferior nobiliorem a se vel potentiorem inscribere non presumat. Sed si petendum in causa patuerit, et probatio fortasse convincende rei defuerit, nobilior ille vel potentior conscientiam suam sacramentis purgare non differat, quod nec amiserit nec habeat penes se vel retineat rem, pro qua fuerit petitus; et reddito iuramento ille, qui male petit, sicut alia lex continet, ei conponere non moretur. [...][544]

Demnach soll eine Person niedrigeren Rangs wegen eines leichteren Vergehens, hier der Beschreibung nach eines Diebstahls, grundsätzlich keinen Adligen oder Mächtigeren anklagen. Wenn sie es trotzdem tut und ein Beweis zur Überführung fehlt, kann sich der Adlige oder Mächtigere durch den Eid reinigen.[545]

Wie wir gesehen haben, ist der Reinigungseid an sich kein neues Rechtsinstitut, jedoch gestaltet ihn Chindasvinth in seinen Anwendungsmöglichkeiten in Verbindung mit der Folter neu.

Bzgl. des Reinigungseids ähnelt die Formulierung hier ein wenig der Formulierung Chindasvinths in LVis. II, 2, 5:

[...] Tamen si per probationem rei veritas investigare nequiverit, tunc ille, qui pulsatur, sacramentis se expiet, rem, vel si quid ab eo requiritur, neque habuisse neque habere nec aliquid de causa, unde interrogatur, se conscium esse vel quidquam inde in veritate scire nec id, quod dicitur, et illi parti, cui dicitur, commisisse; et postquam ita iuraverit qui pulsatus est, quinque solidos ille, qui pulsavit, ei cogatur exolvere.[546]

Die Besserstellung von höher gestellten Personen im Strafverfahren ist an sich keinesfalls etwas Neues. Schon LVis. II, 4, 2 (Antiqua) normiert z.B., dass bei Zeugnis- und Eidesverweigerung bzw. dem Verschweigen der Wahrheit aus Gunst oder Bestechlichkeit ein Adliger nur sein Zeugnisrecht verliert, eine freie,

543 aber schon *Beyerle*, Entwicklungsproblem, S. 550 (551) bezeichnet die Folter als „zuverlässigeres Beweismittel" gegenüber dem Reinigungseid.

544 LVis. VI, 1, 2 (ed. Zeumer), S. 247 (248 f.), linke Spalte.

545 siehe hierzu *Dahn*, Westgothische Studien, S. 282 (283); siehe auch schon *v. Bethmann-Hollweg,* Civilprozeß IV/1, S. 240; siehe auch *Petit*, Iustitia Gothica, S. 302 f.

546 LVis. II, 2, 5 (ed. Zeumer), S. 82.

aber „nicht so hochgestellte“[547] Person jedoch neben dem Verlust des Zeugnisrechts auch noch ihre Ehre einbüßt und 100 Peitschenhiebe erhält.[548]

Ebenso setzt Chindasvinth in LVis. II, 4, 3 fest, dass ein Zeuge, der bzgl. einer Urkunde gelogen hat, um die Wahrheit zu unterdrücken, ehrlos werden soll und, wenn er eine höhere Person ist, an die Person, die von seiner falschen Zeugenaussage betroffen war, das doppelte der Summe zahlen soll, die sie verloren hätte; wenn er jedoch eine niedrigere Person ist und nicht ausreichendes Vermögen hat, um Wiedergutmachung zu leisten, dann verliert er zusätzlich sein Zeugnisrecht und erhält 100 Peitschenhiebe.[549]

Ein weiteres Gesetz von Chindasvinth spricht davon, dass eine Person von höherem Rang, wenn sie falsches Zeugnis gegen einen Anderen abgelegt hat, Wiedergutmachung in der Höhe leisten muss, wie sie der Andere durch die Aussage verloren hätte und ihr Zeugnisrecht verliert; eine Person niedrigeren Rangs jedoch soll, wenn sie nicht die Mittel hat, Wiedergutmachung zu leisten, demjenigen, gegen den sie falsch ausgesagt hat, als Sklave ausgeliefert werden.[550]

Wie bereits betrachtet, regelt Chindasvinth in LVis. II, 3, 4, dass eine adlige Person nicht im Auftrag eines Anderen gefoltert werden kann, eine freie Person niedrigeren Rangs unter gewissen Voraussetzungen schon.[551]

Bzgl. der Klage gegen einen Höheren als den Ankläger selbst normiert Chindasvinth in LVis. II, 2, 9, wann ein Sklave gegen einen Freien eine Klage anstrengen darf. Dies ist der Fall, wenn sein Herr weiter als 50 Meilen entfernt ist. Ist er weniger weit weg , darf der Sklave nicht gegen einen Freien klagen, außer der Herr kann selbst nicht erscheinen und erteilt seinem Sklaven einen schriftlichen Auftrag.[552]

bb) Lex Romana Visigothorum

Auch in der Lex Romana Visigothorum finden sich Regelungen dieser Art. Dass nicht nur höher gestellte Personen, sondern auch Schwangere in der Lex Romana Visigothorum von der Folter ausgenommen werden, wurde bereits betrachtet.[553]

Eine Besserstellung bei der Folter normiert folgende Vorschrift:

547 *Wohlhaupter*, Gesetze der Westgoten, S. 51 (53).
548 LVis. II, 4, 2 (ed. Zeumer), S. 95; Übersetzung bei *Wohlhaupter*, Gesetze der Westgoten, S. 51/53.
549 LVis. II, 4, 3 (ed. Zeumer), S. 95 (96); siehe hierzu auch *Claude*, Adel, S. 119.
550 LVis. II, 4, 6 (ed. Zeumer), S. 98 f.
551 LVis. II, 3, 4 (ed. Zeumer), S. 90 f.
552 LVis. II, 2, 9 (ed. Zeumer), S. 85 f.; siehe zu dieser Vorschrift *Nehlsen*, Sklavenrecht, S. 170; siehe auch *Thompson*, Goths, S. 269.
553 Brev. P. 1, 12, 4 (ed. Haenel), S. 348; Übersetzung bei *Conrat*, Breviarium Alaricianum, S. 621.

Presbyteri citra iniuriam quaestionis, id est sine supplicio corporali possunt testimonium dicere. Alii vero clerici, qui eorum ordinem sequuntur, si ad testimonium dicendum adhibiti fuerint, sicut leges praecipiunt, audiantur: [...][554]

Übersetzung nach CONRAT:

„Presbyter können ohne die Unbill der peinlichen Frage, das will sagen, ohne körperliche Pein, Zeugnis ablegen. Wenn aber andere Kleriker, die dem Ordo derselben folgen, zur Abgabe eines Zeugnisses herbeigerufen gewesen sein werden, sollen sie, wie die Gesetze es vorschreiben, vernommen werden."[555]

Jedoch wird an anderer Stelle klargestellt:

In reum maiestatis inquiri prius convenit, quibus opibus, qua factione, quibus hoc auctoribus fecerit: tanti enim criminis reus non obtentu adulationis alicuius, sed ipsius admissi causa puniendus est. Et ideo quum de eo quaeritur, nulla dignitas a tormentis excipitur.[556]

Übersetzung nach CONRAT (durch diesen verkürzt):

„Wird mit Bezug auf eine Person, die der Maiestas angeschuldigt ist, die Quaestio abgehalten, so wird keine Dignität von den Foltern ausgenommen."[557]

Bei Majestätsverbrechen steht also das Interesse des Staates an einer Aufklärung über den Interessen höher gestellter Personen. Eine Folter kann deswegen in diesen Fällen immer stattfinden. Dies stellt eine durchgehende Tendenz im römischen Recht dar.[558]

Weiter wird im Breviar für die Kurialen bestimmt:

Nam et hoc curialibus voluit esse consultum, ne aut hi, qui revocantur ad curiam, aut illi, qui in gravi culpa tenentur obnoxii, tam facile tormenta sustineant,

554 Brev. C. Th. 11, 14, 5 Interpretatio (ed. Haenel), S. 232 (234); siehe hierzu auch *Martínez Díez,* La tortura judicial, S. 223 (230); vgl. *Thompson*, Goths, S. 29 f.

555 *Conrat*, Breviarium Alaricianum, S. 622.

556 Brev. P. 5, 31, 2 (ed. Haenel), S. 440; vgl. Pauli Sententiae 5, 29, 2 (ed. Vanzetti), S. 143.

557 *Conrat*, Breviarium Alaricianum, S. 622.

558 vgl. für Majestätsprozesse z.B. C. Th. 9, 5, 1 (ed. Mommsen), S. 443 f. = Iust. 9, 8, 3 (ed. Krueger), S. 373; C. Th. 9, 35, 1 (ed. Mommsen), S. 489 = Iust. 9, 8, 4 (ed. Krueger), S. 373; Iust. 9, 41, 16, 1 (ed. Krueger), S. 389; für Magie z.B. C. Th. 9, 16, 6 (ed. Mommsen), S. 461 = Iust. 9, 18, 7 (ed. Krueger), S. 380; für Fälschung z.B. C. Th. 9, 19, 1 (ed. Mommsen), S. 467 = Iust. 9, 22, 21 (ed. Krueger), S. 382 f.; vgl. *Mommsen*, Römisches Strafrecht, S. 405 (407); vgl. auch *Schmoeckel* FS Kleinheyer, S. 441.

nisi ad potestatem dignissimam sub fideiussionis vinculo dirigantur, ut ipse de eorum factis possit ferre sententiam, [...][559]

Übersetzung nach CONRAT:

„Für die Kurialen ist Sorge getragen, dass nicht entweder diejenigen, welche zur Kurie zurückgerufen werden, oder jene, die eines schweren Verbrechens angeschuldigt werden, so leichthin Foltern erdulden sollen: vielmehr sollen sie unter Bürgenhaft an die Potestas dignissima überwiesen werden, damit diese über ihre Handlungen ein Urteil sprechen könne."[560]

Für die Kurialen ist weiter bestimmt:

Si quis curialis voluntatem morientis aut quodlibet publicum documentum scripserit, et de falsitate accusatur, seposita primitus dignitate, si necesse fuerit, subdatur examini: qui si convincitur, a curia non expelletur, sed curiae dignitate privabitur, id est ut honoratus esse non possit. Tabellio vero, qui amanuensis nunc vel cancellarius dicitur, etiamsi ad curiae pervenerit dignitatem, si de falsitate accusatus fuerit aut convictus, subdatur examini, ut per ipsum, per quem confecta est, scripturae veritas approbetur.[561]

Übersetzung nach CONRAT:

„Wenn ein Kuriale den Willen eines Sterbenden oder eine beliebige öffentliche Urkunde geschrieben haben und wegen Fälschung angeklagt wird, soll er, indem zunächst die Dignität bei Seite gesetzt wird, falls es nötig gewesen sein wird, dem Examen überliefert werden. Hingegen soll ein Tabellio, mag er auch zur Dignität der Kurie gelangt sein, sobald er der Fälschung angeklagt oder überführt gewesen sein wird, dem Examen unterworden werden, damit durch denjenigen, der sie abgefasst hat, die Echtheit der Urkunde erwiesen werde."[562]

In gewissen Fällen konnte also auch die Dignität eines Kurialen beiseite gelassen und er gefoltert werden.

Die Unterscheidung zwischen höheren und niedrigeren Personen bei der Folter und im Strafverfahren allgemein war also auch schon dem Breviar nicht fremd, wobei das Breviar noch im Besonderen Kirchendiener bevorzugt. Auch in der Antiqua war sie, wie gesehen, schon vorhanden. Genau wie im Breviar nimmt aber Chindasvinth die Abwendungsmöglichkeit bei der Folter auch bei Majestäts-

559 Brev. N. Mai. 1, 1, 10 Interpretatio (ed. Haenel), S. 308 (310); vgl. *Thompson*, Goths, S. 121.
560 *Conrat*, Breviarium Alaricianum, S. 622.
561 Brev. C. Th. 9, 15, 1 Interpretatio (ed. Haenel), S. 188; vgl. *Thompson*, Goths, S. 121; vgl. *Martínez Díez,* La tortura judicial, S. 223 (229).
562 *Conrat*, Breviarium Alaricianum, S. 622.

verbrechen aus – wie gesehen, sollen hier Adlige oder gar Mitglieder des *officium palatinum* zwar grundsätzlich nur von Gleichrangigen angeklagt werden, die Möglichkeit eines Reinigungseids oder ähnliche Ausfluchtsmöglichkeiten bestehen hier jedoch nicht, wenn die Anklageschrift einmal ordnungsgemäß ausgefertigt ist. Hier folgt also Chindasvinth grundsätzlich dem Breviar – gut möglich aber, dass er auch eigene Motive für die besonders strenge Handhabung von Majestätsverbrechen gehabt hat. Darauf werden wir bei der Untersuchung von Chindasvinths Vita und politischer Laufbahn noch zu sprechen kommen (siehe Kapitel 5). Was die Bevorzugung höher gestellter Personen angeht, gestaltet Chindasvinth sie aber trotz Vorbildern auf seine eigene Weise: eine wichtige Intention seinerseits ist auch, wie bereits angesprochen, dass insbesondere höher gestellte Personen, Adlige oder Mitglieder des *officium palatinum* nicht leichtfertig angeklagt bzw. gefoltert werden sollen. Auch hier scheinen eigene Motive des Gesetzgebers im Spiel zu sein. Auch darauf werden wir noch zu sprechen kommen, wenn wir Chindasvinths Regentschaft an sich betrachten (siehe Kapitel 5).

l) Kein Verlust des Lebens unter der Folter

Chindasvinth bestimmt in LVis. VI, 1, 2, dass darauf geachtet werden muss, dass der Beschuldigte unter der Folter nicht sein Leben verliert:

> *Verumtamen seu nobilis sive inferior seu ingenua persona, si questioni subdita fuerit, ita coram iudice vel aliis honestis viris a iudice convocatis accusator penas inferat, ne vitam extinguat.*[563]

Dies stellt auch eine Neuerung unter Chindasvinth im westgotischen Recht dar.[564] Es gibt zwar einzelne Regelungen, die zu einer Mäßigung bei der Folter anhalten. So spricht beispielsweise Brev. C. Th. 12, 1, 5 Interpretatio davon, bei der Bestrafung von Kurialen nicht zu sehr deren Körper zu schänden.[565] Eine ausdrückliche Norm, das Leben des Inquisiten in jedem Fall zu erhalten, fehlte aber bis dato im westgotischen Recht. Dies spricht einmal mehr für die Um- und Weitsicht Chindasvinths, der, wie wir bereits an anderen Vorschriften gesehen haben, die Anwendung der Folter und vor allem ihre Willkür etwas eindämmen wollte. Auch wird dies dem Gedanken Rechnung tragen, es eventuell mit einer verleum-

---

563 LVis. VI, 1, 2 (ed. Zeumer), S. 247 (249), linke Spalte.

564 siehe aber auch (Chindasvinth) LVis. VI, 1, 5 (ed. Zeumer), S. 252 (insbesondere 254). Diese Norm wird noch ausführlich bei den Folterregeln für Sklaven und Freigelassene besprochen werden.

565 Brev. C. Th. 12, 1, 5 Interpretatio (ed. Haenel), S. 236; Übersetzung bei *Conrat*, Breviarium Alaricianum, S. 623.

derischen Anklage zu tun zu haben – dann soll erst recht darauf geachtet werden, dass kein Unschuldiger unter der Folter stirbt, egal welchen gesellschaftlichen Ranges. In diese Reihe umsichtiger Vorsichtsmaßnahmen reiht sich auch diese Stelle ein.

Ervig hat diese Vorschrift noch insoweit weiterentwickelt, dass nicht nur der Verlust des Lebens, sondern auch die Lähmung von Gliedern zu vermeiden ist.[566] Darauf soll aber später bei Ervigs Gesetzgebung noch eingegangen werden.

m) Folter nur in Gegenwart des Richters

In der eben betrachteten Stelle aus LVis. VI, 1, 2 steht, dass, damit der zu Folternde nicht sein Leben verliert, er nur in Gegenwart des Richters oder von ihm berufener achtbarer Männer gefoltert werden darf.

Auch dies reiht sich in die Reihe der Bestimmungen ein, mit denen Chindasvinth der Willkür bei der Folter Einlass gebieten will. Der Richter oder, wenn er nicht anwesend sein kann, die „*honesti viri*" sollen den Ablauf der Foltern überwachen und kontrollieren, damit dem Angeklagten nicht so schwere Verletzungen zufügt werden, die seinen Tod verursachen können.

Dass in Gegenwart des Richters gefoltert werden soll, findet sich auch schon in der Antiqua:

[...] et sic in presentia iudicum superius nominatorum questionis agitetur examen.[567]

Übersetzung nach WOHLHAUPTER:

„[...] und dann soll in Gegenwart der oben genannten Richter zur peinlichen Frage geschritten werden."[568]

Im Breviar ist nicht ausdrücklich bestimmt, dass der Richter bei der Folterung anwesend sein muss. Eine Vorschrift jedoch normiert:

Lege Iulia de vi publica damnatur, qui aliqua potestate praeditus, civem Romanum, antea ad populum, nunc ad imperatorem, appellantem necarit necarive iusserit, torserit, verberaverit, condemnaverit, inve publica vincula duci iusserit [...][569]

Übersetzung nach CONRAT:

566 siehe LVis. VI, 1, 2 (ed. Zeumer), S. 247 (249), rechte Spalte.
567 LVis. VII, 1, 5 (ed. Zeumer), S. 288.
568 *Wohlhaupter*, Gesetze der Westgoten, S. 173.
569 Brev. P. 5, 28, 1 (ed. Haenel), S. 438.

„Durch die Lex Iulia ist verordnet worden, dass ein jeder Judex wegen öffentlicher Gewaltthätigkeit verurteilt wird, der eine Person, es sei eine freigeborene, es sei eine, die Römischer Bürger geworden ist, wenn sie appelliert, um vor das Angesicht des Princeps geführt zu werden, gefoltert haben wird. [...]"[570]

Hier wird zumindest einmal angedeutet, dass ein Richter bei der Folter anwesend ist, sie hier sogar persönlich ausführt. Gleichzeitig wird mit der Norm ausgesagt, dass bei laufender Appellation die Folter nicht durchgeführt werden darf.[571]

Weiteren Aufschluss bietet noch folgende Vorschrift:

Iudex criminosum discutiens non ante sententiam proferat capitalem, quam aut reus ipse fateatur, aut convictus aut per innocentes testes vel per conscios criminis sui aut homicidium aut adulterium aut maleficium commisisse manifestius convincatur.[572]

Übersetzung nach CONRAT:

„Ein Judex, der die Untersuchung gegen einen Angeschuldigten führt, soll nicht eher ein Kapitalurteil fällen, als bis der Angeschuldigte entweder selbst ein Geständnis ablegt oder, es sei durch unschuldige Zeugen, es sei durch Mitwisser seines Verbrechens überführt, entweder einen Totschlag oder einen Ehebruch oder ein Maleficium verübt zu haben offensichtlich überführt wird."[573]

Hier ist die Rede von einem Judex, der eine Untersuchung gegen einen Angeschuldigten führt, die zu einem Geständnis führen kann, also unter Umständen auch von Folter. Zumindest ist hier erwähnt, dass der Judex eine solche Untersuchung selbst führt. Ausdrücklich normiert ist dies jedoch nicht. Es ist wohl davon auszugehen, dass dies im Breviar als selbstverständlich angesehen wurde, da neben vielen detaillierten Regelungen dies nicht normiert wurde.

Während die Antiqua die Gegenwart des Richters zwar ausdrücklich, aber eher nebenbei darstellt, formuliert Chindasvinth dieses Erfordernis noch deutlicher. Auch diese Vorsichtsmaßnahme unterstreicht die bisher festgestellten Intentionen dieses Gesetzgebers.

n) Folter innerhalb von drei Tagen

Chindasvinth regelt ebenso in LVis. VI, 1, 2, dass die Folter innerhalb von drei Tagen stattzufinden hat (also insgesamt nur drei Tage dauern darf[574]):

570 *Conrat*, Breviarium Alaricianum, S. 625.
571 siehe schon *Martínez Díez,* La tortura judicial, S. 223 (231).
572 Brev. C. Th. 9, 30, 1 Interpretatio (ed. Haenel), S. 202 (204).
573 *Conrat*, Breviarium Alaricianum, S. 625 f.
574 siehe hierzu *Dahn*, Westgothische Studien, S. 282 (284); siehe auch *Martínez Díez,* La tortura judicial, S. 223 (240); siehe auch *Petit*, Iustitia Gothica, S. 305; siehe auch *Thompson*, Goths, S. 259.

[...] Et quia per triduum questio agitari debet, [...][575]

Unter den westgotischen Königen schreibt Chindasvinth dies erstmals gesetzlich fest. Fraglich ist aber, ob es sich hierbei um einen eigenen Gedanken Chindasvinths handelte oder nicht vielmehr um eine ständige Rechtspraxis, die Chindasvinth nur erstmals aufgezeichnet hat. Dies lässt die Formulierung *„et quia"* vermuten, die nicht wie eine Festsetzung klingt, sondern eher suggeriert, dass dies bereits bekannt sein sollte. Insbesondere, da Chindasvinth sich sonst, wie gesehen, ständig bemüht, seine Regelungen klar und deutlich auszusprechen, liegt diese Vermutung hier sehr nahe. Da die Folter – mit Ausnahme der im weiteren Normtext genannten Ausnahmen, namentlich des Lebensverlustes – ansonsten jedenfalls mangels anderweitiger Regelung scheinbar beliebig durchgeführt werden konnte[576], stellt diese zeitliche Begrenzung ein notwendiges Korrektiv dar – freilich ein sehr schwaches. Hier klafft eine große Lücke zwischen Normtheorie und Praxis. Es ist wohl kaum denkbar, jemanden drei Tage lang ununterbrochen zu foltern, *ohne* dass er – was aber von der Norm verboten ist – sein Leben verliert oder zumindest, wie ja später auch Ervig verbietet, einen dauerhaften Körperschaden erleidet. Es wird nicht in Abrede gestellt, dass es solch ausgefeilte Foltermethoden durchaus geben mag – hierfür sind aber sicherlich fundierte medizinische Kenntnisse erforderlich, die hier überwiegend nicht vorhanden gewesen sein werden. Über die genauen Foltertechniken ist uns jedoch nichts bekannt.[577] Die Praxis wird demnach ihre eigenen Lösungen gefunden haben – denkbar sind wohl größere Unterbrechungen der Folterungen innerhalb dieser drei Tage, um dem Beschuldigten Gelegenheit zu geben, über die Möglichkeit eines Geständnisses nachzudenken.

Mit einem ähnlichen Gedanken befasst sich H. NEHLSEN[578] bei der Prügelstrafe im westgotischen Recht: da die Lex Visigothorum teilweise bis zu 300 Hieben mit der *flagella* vorschreibt[579] – was wohl, am Stück verabreicht, einer Todesstrafe gleichkäme – hält er es für denkbar, dass solche Prügelstrafen in Intervallen vollzogen wurden. Hierzu führt er die Überlieferung einer Anordnung von Caesarius, dem Bischof des westgotischen Arles an, dass keiner über 39 Hiebe am Stück bekommen dürfe[580]. Angelehnt ist dies an das Verbot des alten Testaments, mehr als vierzig Hiebe auf einmal zu verabreichen[581].

575 LVis. VI, 1, 2 (ed. Zeumer), S. 247 (249).
576 siehe *Dahn*, Westgothische Studien, S. 282 (284); siehe auch schon *v. Bethmann-Hollweg,* Civilprozeß IV/1, S. 241.
577 siehe *Petit*, Iustitia Gothica, S. 305, Fn. 99 a.E.
578 siehe zu diesem Absatz *Nehlsen*, Sklavenrecht, S. 226 f.
579 (Antiqua) LVis. III, 4, 17 (ed. Zeumer), S. 157.
580 *Krüll*, in: Real-Encyklopädie der christlichen Alterthümer I, S. 531.
581 Altes Testament, 5. Buch Mose (Deuteronomium), 25, 3.

Gerade vor diesem gedanklichen Hintergrund erscheint es durchaus denkbar, dass auch die Folter im Beweisverfahren innerhalb der drei Tage „in Intervallen“ vollzogen wurde – gerade damit der Beschuldigte nicht unter der Folter sein Leben verliert oder, wie später unter Ervig verboten, einen dauerhaften Körperschaden erleidet. Auch wird dies, wie bereits angeführt, wohl zweckmäßig gewesen sein, um ihm zwischendurch Bedenkzeit zu geben.

Während Chindasvinth ansonsten sehr viel Wert auf Details und Verständlichkeit für den Richter legt, zeigt er hier große Schwächen: lediglich die Schranken, dass die Folter nicht länger als drei Tage dauern darf und der Beschuldigte nicht sein Leben verlieren darf, sind zwar notwendige Korrektive für die ansonsten – zumindest nach dem Gesetzeswortlaut – frei ausübbare Folter, geben dem Richter aber einen immensen Ermessensspielraum, um Willkür auszuüben. Die Drei-Tages-Grenze erscheint unverhältnismäßig und kann denkbar weit ausufern. Dies insbesondere, da Chindasvinth, anders als später Ervig, noch nicht das Verbot des dauerhaften Körperschadens normiert. Denkbar sind aber, wie gezeigt, weitere nicht ausdrücklich normierte Beschränkungen in der Praxis.

o) Bestrafung des Richters – Misstrauen gegen Richter

aa) Liber Iudiciorum

Für den Richter legt Chindasvinth, wie gesehen, in LVis. VI, 1, 2 drastische Strafen bei Amtsverstößen fest:[582]

[...] Et quia per triduum questio agitari debet, si inminenti casu qui tormentis subditur mortuus fuerit ex malitia iudicis vel alico dolo, seu ab adversario accusati corruptus beneficio talia tormenta fieri non proibuit, unde mors occurreret, ipse iudex iniquitatis proximis parentibus simili vindicta puniendus tradatur. Si certe suo se sacramento innocentem reddiderit, et testes, qui fuerint presentes, iuraverint, quod nulla sua malitia vel dolo aut corruptione beneficii mors ipsa provenerit, nisi solo tormentorum eventu, pro eo, quod indiscretus iudex superflua non proibuit, CCC solidus heredibus mortui conpellatur exolvere. Accusator autem, in potestate proximorum parentum mortui traditus, eadem mortis pena multetur, qua ille multatus est, qui per eius accusationem morte damnatus interiit.[583]

Diese Vorschrift zeugt auch von einem gewissen Misstrauen gegenüber dem Richter.[584] Ein solches begegnet uns des öfteren in Chindasvinths Gesetzen, aber auch in denen seiner Vorgänger auf dem westgotischen Königsthron.

---

582 ein Missbrauch des Richters liegt laut *Dahn*, Westgothische Studien, S. 282 (284) schon in der Zulassung der Folter, wenn nicht wenigstens ein schwacher Beweis vorliegt.

583 LVis. VI, 1, 2 (ed. Zeumer), S. 247 (249), linke Spalte.

584 zum Misstrauen Chindasvinths gegenüber den Richtern siehe vor allem *Claude*, Adel, S. 121.

Eine Bestrafung des Richters normiert Chindasvinth auch bzgl. der Folter von Sklaven: stirbt der Sklave unschuldig unter der Folter, soll der Richter, weil er das rechte Maß nicht gehalten hat, dem Herrn des Sklaven einen dem unschuldig gefolterten gleichwertigen Sklaven geben.[585] Diese Vorschrift soll später im Rahmen der Sklavenfolter noch näher ausgeleuchtet werden.

In der Antiqua begegnet uns noch folgende Vorschrift:

[...] Quod si ab utraque parte testimonia equaliter proferantur, discussa prius veritate verborum, quibus magis debeat credi, iudicis extimabit electio. [...][586]

Übersetzung nach WOHLHAUPTER:

„[...] Werden von beiden Parteien Zeugen in gleicher Weise beigebracht, so entscheidet nach Prüfung der Glaubwürdigkeit ihrer Aussagen des Richters Wahl. [...]"[587]

Diese Vorschrift räumt dem Richter noch ein Ermessen ein, bringt ihm also eher Vertrauen entgegen.

Aber schon eine weitere Antiqua-Vorschrift besagt:

[...] Comes tamen aut iudex nullum discutere solus presumat, ne aliquod possit esse conludium, ut innocens fortasse tormenta sustineat. [...][588]

Übersetzung nach WOHLHAUPTER:

„[...] Kein Graf oder Richter soll allein über einen Mann verhandeln, damit keine Umtriebe vorkommen und nicht etwa ein Unschuldiger der Folter unterworfen wird. [...]"[589]

Schon diese Vorschrift zeugt von einem deutlichen Misstrauen gegenüber einem Richter, der deswegen einer gewissen Kontrolle bedarf. Die Vorschrift sagt allerdings nichts darüber aus, wen der Richter noch hinzuziehen muss.[590] Eine Beeinflussung Chindasvinths durch diese Vorschrift kann nicht ausgeschlossen werden.

Ebenso verhält es sich mit folgender Antiqua-Vorschrift:[591]

---

585 LVis. VI, 1, 5 (ed. Zeumer), S. 252 (253).

586 LVis. II, 4, 2 (ed. Zeumer), S. 95.

587 *Wohlhaupter*, Gesetze der Westgoten, S. 51.

588 LVis. VII, 1, 5 (ed. Zeumer), S. 288.

589 *Wohlhaupter*, Gesetze der Westgoten, S. 173.

590 siehe *Dahn*, Westgothische Studien, S. 282 (284); vgl. *ebenda*, S. 264; vgl. hierzu auch *King*, Law and Society, S. 100 mit Fn. 5; vgl. auch *Beyerle*, Entwicklungsproblem, S. 559 f.

591 laut *Zeumer*, Geschichte II, S. 39 (76 ff.) bestand diese Vorschrift bereits im Codex Euricianus.

[...] Iudex si per quodlibet commodum male iudicaverit et cuicumque iniuste quidquam auferri preceperit, ille, qui a iudice ordinatus ad tollendum fuerat destinatus, ea, que tulit, restituat. Nam ipse iudex contrarius equitatis aliut tantum de suo, quantum auferri iusserat, mox reformet, id est, ablate rei simpla redintegratione concessa, pro satisfactione sue temeritatis aliut tantum, quantum auferri preceperat, de sua facultate illi, quem iniuste damnaverat, reddat. Quod si non habuerit, unde conponat, cum his, que habere dinoscitur, ipse iudex illi, cui conponere debuit, subiaceat serviturus. Sin autem per ignorantiam iniuste iudicaverit et sacramentis se potuerit excusare, quod non per amicitiam vel cupiditate aut per commodum quolibet, sed tantumdem ignoranter hoc fecerit: quod iudicabit non valeat, et ipse iudex non inplicetur in culpa.[592]

Übersetzung nach WOHLHAUPTER:

„[...] Wenn der Richter um irgendeines Vorteils willen ein falsches Urteil fällt und einem gegen Recht etwas abzunehmen befiehlt, so soll, wer durch die Weisung des Richters zur Wegnahme bestimmt wurde, das Weggenommene zurückerstatten. Und auch der ungerechte Richter soll alsbald aus seinem Vermögen ebenso viel, wie er wegzunehmen befohlen hatte, als Ersatz leisten, d. h. nachdem die einfache Rückerstattung des Weggenommenen gewährt ist, soll er zur Buße für seinen Frevel ebenso viel, wie er wegzunehmen befohlen hatte, aus seinem Vermögen dem zu Unrecht Verurteilten erstatten. Besitzt der Richter nicht genug, um diese Buße zu bezahlen, so soll eben dieser Richter selbst mit seinem kundbaren Vermögen sich in die Knechtschaft dessen begeben, dem er die Buße hätte leisten müssen. Hat (d)er (Richter) aber aus Unkenntnis ein falsches Urteil gefällt und kann er sich unter Eid reinigen, daß er nicht aus Gunst oder Gier oder um eines Vorteils willen, sondern lediglich aus Unkenntnis so gehandelt habe, so habe das Urteil keine Kraft und der Richter bleibe frei von Schuld.“[593]

Hier ist die Strafe für den korrupten Richter ähnlich drastisch wie in LVis. VI, 1, 2: wenn er keine Wiedergutmachung leisten kann, soll er auch nach dieser Antiqua-Stelle schon versklavt werden. Bei Unkenntnis besteht zumindest noch die Möglichkeit für ihn, sich durch den Eid zu reinigen.

Auch Chindasvinth selbst präsentiert sein Misstrauen gegenüber den Richtern noch in mehreren Gesetzen, z.B. in LVis. VI, 5, 14:

[...] Quod si iudex admonitus huius rei vindex esse destiterit et dilatans accusantes, ad regiam cognitionem ex hoc querela pervenerit, sciat se pro mortuo, quem vindicare noluit, medietatem homicidii, hoc est CL solidos, petenti esse daturum. [...][594]

Auch hier ist das Verhalten des Richters wieder mit Strafe bewehrt.

---

592 LVis. II, 1, 21 (ed. Zeumer), S. 68 f.; siehe zu dieser Vorschrift *Zeumer*, Geschichte II, S. 39 (76 ff.).

593 *Wohlhaupter*, Gesetze der Westgoten, S. 39 (dort jedoch II, 1, 19).

594 LVis. VI, 5, 14 (ed. Zeumer), S. 280; siehe zu dieser Vorschrift auch *Dahn*, Westgothische Studien, S. 267.

Auch in LVis. II, 1, 20 spricht Chindasvinth von einem Richter, der, wenn er einem Kläger aufgrund von Gunst eine Verhandlung verweigert, diesem soviel Schadensersatz bezahlen soll, wie der Kläger bei ordnungsgemäßem Verfahrensablauf von seinem Gegner erhalten hätte. Kann der Kläger jedoch den Betrug des Richters nicht nachweisen, hat der Richter die Möglichkeit, sich durch den Eid zu reinigen.[595] In LVis. II, 1, 22 regelt Chindasvinth die Ersatzpflicht eines Richters, der den Parteien oder einer Partei zu hohe Kosten auferlegt.[596] In LVis. II, 1, 24 bestimmt Chindasvinth, dass ein Richter, welcher für befangen erklärt worden war, den Bischof zu dem Verfahren hinzuziehen musste. In der Folge durfte er nur zusammen mit dem Bischof urteilen.[597] Erwähnenswert ist auch LVis. II, 1, 26: hier behandelt Chindasvinth den Fall, dass sich Richter oftmals den dritten Teil des Streitgegenstandes anmaßen, obwohl sie nur einen Anspruch auf höchstens 20 *solidi* haben. In solch einem Fall soll der Richter gar nichts erhalten.[598] In LVis. II, 1, 31 legt Chindasvinth fest, dass ein Richter seine Entscheidung auch begründen können muss.[599] In LVis. VI, 4, 3 normiert Chindasvinth, dass ein untätiger Richter, der in einem Fall von Körperverletzung dem Geschädigten sein Recht auf einen Richterspruch verweigert, unter Zwang von Bischof und *dux* selbst dem Geschädigten den Schaden ersetzen muss.[600] In LVis. XII, 1, 1 ermahnt Chindasvinth die Richter, umsichtig und moderat bei der Untersuchung der Wahrheit und mit der Strenge des Gesetzes umzugehen.[601]

Man kann also deutlich sehen, dass das Misstrauen Chindasvinths gegenüber den Richtern groß war, wie es sich in vielen seiner Gesetze, namentlich in LVis. VI, 1, 2, niederschlägt. Hierfür haben unter Umständen auch persönliche Motive des Gesetzgebers eine Rolle gespielt, die wir noch bei der Betrachtung seiner Regentschaft untersuchen werden (siehe in Kapitel 5). Gleichwohl kann man das Misstrauen gegenüber der Richterschaft nicht ohne Weiteres als eine Besonderheit Chindasvinths bezeichnen, da es, wie gesehen, schon vor seiner Zeit bei den westgotischen Gesetzgebern vorhanden war: auch in der Antiqua finden sich schon Vorschriften, die dies belegen. Insbesondere normiert auch schon die

---

595 LVis. II, 1, 20 (ed. Zeumer), S. 67 f.; siehe zu dieser Vorschrift *Zeumer*, Geschichte II, S. 39 (75 f.).

596 LVis. II, 1, 22 (ed. Zeumer), S. 69 f.

597 LVis. II, 1, 24 (ed. Zeumer), S. 70 f.; siehe zu diesem Gesetz *Claude,* Adel, S. 121; *derselbe*, Geschichte, S. 100; siehe schon *Zeumer*, Geschichte II, S. 39 (79 f.); siehe schon *v. Bethmann-Hollweg,* Civilprozeß IV/1, S. 248.

598 LVis. II, 1, 26 (ed. Zeumer), S. 72 f.

599 LVis. II, 1, 31 (ed. Zeumer), S. 78.

600 LVis. VI, 4, 3 (ed. Zeumer), S. 264 (266); siehe zu diesem Gesetz *Claude,* Adel, S. 124; siehe auch *Dahn*, Westgothische Studien, S. 267, 269.

601 LVis. XII, 1, 1 (ed. Zeumer), S. 406; siehe hierzu auch *Dahn*, Westgothische Studien, S. 307.

Antiqua, dass ein Richter nicht allein die Untersuchung mittels Folter vornehmen darf. Chindasvinth hat hier also wieder ein älteres Gesetz übernommen, das seinen Intentionen zugute kam. Dass er trotz dieses oftmals geäußerten Misstrauens dem Richter mit dem Drei-Tages-Zeitraum bei der Folter soviel Ermessensspielraum gibt,[602] spricht um so mehr dafür, dass in der Praxis weitere Beschränkungen vorhanden waren, die nicht ausdrücklicher Normierung bedurften. Hierzu wird auf die obigen Gedanken zu Intervallen verwiesen.

bb) Lex Romana Visigothorum

Auch in der Lex Romana Visigothorum finden sich aber schon gesetzgeberische Gedanken in diese Richtung. Bereits betrachtet haben wir die Vorschrift, nach der die Richter bestraft werden, wenn sie einen Unschuldigen ohne Vorliegen einer Anklageschrift der peinlichen Frage ausliefern.[603]

Beachtenswert ist auch die folgende Norm:

In correctione curialium certam patientiam iudices debent retinere, ut in corpore vel in sanguine curialium non facile audeant desaevire. Nam si qui contra hoc fecerit, ipse quidem iudex quinque libras auri et officium eius decem auri libras fisco inferre cogantur.[604]

Übersetzung nach CONRAT:

„Bei der Bestrafung der Kurialen müssen die Iudices eine gewisse Nachsicht in Acht nehmen, dass sie nicht leichthin gegen den Körper, bez. das Blut der Kurialen zu wüten sich anmassen sollen. Wird Jemand im Widerspruch damit gehandelt haben, so soll der Judex selbst fünf Pfund Gold dem Fiskus zu entrichten gezwungen werden."[605]

„[...] Wird Jemand im Widerspruch damit gehandelt haben, so soll sein Officium zehn Pfund Gold dem Fiskus zu entrichten gezwungen werden."[606]

Auch hier ist von einer (Geld-)Strafe für die Richter die Rede.

Über Heimlichkeiten von Richtern berichtet auch dieses Gesetz:

[...] Ita ut postquam fuerit iudex ille remotus, is qui consiliarii vel domestici gessit officium, triennium sub alio iudice de provincia non discedat, ut, si quis accusator fortasse

602 siehe zum großen Ermessensspielraum des Richters in Chindasvinths Gesetzgebung auch *Dahn*, Westgothische Studien, S. 269.

603 Brev. C. Th. 9, 1, 9 Interpretatio (ed. Haenel), S. 172; Übersetzung bei *Conrat*, Breviarium Alaricianum, S. 621.

604 Brev. C. Th. 12, 1, 5 Interpretatio (ed. Haenel), S. 236; vgl. *Martínez Díez,* La tortura judicial, S. 223 (229).

605 *Conrat*, Breviarium Alaricianum, S. 655; wohl aus Gründen des thematischen Aufbaus hat er die Übersetzung aufgeteilt.

606 *Conrat*, Breviarium Alaricianum, S. 657; wohl aus Gründen des thematischen Aufbaus hat er die Übersetzung aufgeteilt.

exstiterit, reddat accusantibus rationem. Et si forte facta iudicis celare usquequaque voluerit, subdatur publicae quaestioni.[607]

Übersetzung nach CONRAT:

„Nachdem der Judex entfernt gewesen sein wird, soll derjenige, welcher das Officium eines Consiliarius, oder Domesticus, verwaltet hat, während eines Zeitraums von drei Jahren unter einem andern Judex aus der Provinz sich nicht entfernen, damit er, wenn Jemand als Ankläger aufgetreten sein wird, den Anklägern Rechenschaft ablege. Wird er die Handlungen des Judex irgendwie haben verheimlichen wollen, soll soll er der Publica quaestio überliefert werden."[608]

Zu erinnern ist auch an die bereits betrachtete Norm, nach der auch ein Richter wegen öffentlicher Gewalttätigkeit verurteilt werden kann.[609]

Wie bereits im ersten Kapitel betrachtet, war auch den römischen Juristen die Forderung nach einer Kontrolle des Richters nicht fremd. Ergänzend sei auf folgende Digesten-Stelle hingewiesen:

Tormenta autem adhibenda sunt, non quanta accusator postulat, sed ut moderatae rationis temperamenta desiderant.[610]

Man kann also ohne Weiteres festhalten, dass Chindasvinth zwar in seinen Gesetzen großes Misstrauen gegen die Richter äußert, was sich auch in LVis. VI, 1, 2 niederschlägt, wenn auch, wie gesehen, nicht in letzter Konsequenz, weil dem Richter immer noch ein großer Ermessensspielraum verbleibt. Dieses Misstrauen äußert sich aber auch schon in früheren Vorschriften sowohl des Breviars als auch der Antiqua. Eine Beeinflussung Chindasvinths hierdurch ist keinesfalls auszuschließen. Inwieweit auch Chindasvinths Persönlichkeit und seine eigenen Erfahrungen diesem Misstrauen gegen die Richter in seinen Gesetzen Vorschub geleistet haben, soll später im Rahmen der Betrachtung Chindasvinths als Person behandelt werden (siehe Kapitel 5).

---

607 Brev. C. Th. 1, 11, 2 Interpretatio (ed. Haenel), S. 28.

608 *Conrat*, Breviarium Alaricianum, S. 623.

609 Brev. P. 5, 28, 1 (ed. Haenel), S. 438; Übersetzung bei *Conrat*, Breviarium Alaricianum, S. 625.

610 (Arcadius Charisius) D. 48, 18, 10 § 3 (ed. Mommsen), S. 863; *Zeumer* weist auf diese Stelle im Zusammenhang mit LVis. VI, 1, 5 hin, ed. LVis., S. 253, Fn. 1. Sie kann jedoch als allgemeine Tendenz auch hier bei der Freienfolter zum Vergleich angeführt werden; siehe zu dieser Stelle auch *Mommsen*, Römisches Strafrecht, S. 417.

4. Zusammenfassung zu LVis. VI, 1, 2

Wie es bei den Gesetzen im westgotischen Reich überwiegend der Fall ist, entwickeln sich auch Chindasvinths Gesetze überwiegend aus Erfahrung aus verschiedenen Fällen und weisen somit einen sehr hohen Praxisbezug auf. Dies ist auch bei LVis. VI, 1, 2 der Fall. Schon in seiner Einleitung zeigt uns Chindasvinth, worauf es ihm ankommt: er will die Schlechtigkeit von Verleumdern eindämmen, also verleumderische Anklagen zurückdrängen und die falschen Ankläger entlarven. Damit impliziert er, dass es in der Vergangenheit schon des Öfteren zu solchen verleumderischen Anklagen gekommen sein muss, bzw. immer noch dazu kommt. Dies lässt vermuten, dass aktuelle Ereignisse Chindasvinth dazu gebracht haben, dieses Gesetz zu erlassen. Dies wird noch genauer zu untersuchen sein. Durch seine Einleitungen gibt Chindasvinth – wie auch hier – gleich eine Begründung für die Schaffung des Gesetzes ab. Er legt demnach Wert darauf, dass diejenigen, die das Gesetz in der Praxis anwenden, namentlich die Richter, es auch verstehen und damit richtig anwenden. Dadurch, dass er andere Beweise der Anklageschrift und damit auch der Folter vorausschickt, stellt er klar, dass der Stellenwert der Folter im Beweisverfahren nachrangig gegenüber dem Zeugen- und Urkundenbeweis ist. Zwar geht er hierbei konform mit dem Breviar, jedoch sind eigene Überlegungen hierzu nicht auszuschließen, insbesondere aufgrund der deutlich hervortretenden gesetzgeberischen Intentionen Chindasvinths: Neben der Hauptintention, die verleumderischen Anklagen einzudämmen und die, die sie vorbringen, zu entlarven oder gleich abzuschrecken, wird deutlich, dass Chindasvinth die Folter zurückhaltender anwenden möchte. Dies zeigt sich auch an den harten Strafen für die falschen Ankläger. Diese hat Chindasvinth auch weiterentwickelt: während in Codex und Antiqua die Versklavung des falschen Anklägers noch subsidiär zu sonstiger Wiedergutmachung war, wird sie bei Chindasvinth bei der falschen Anklage schwerer Verbrechen sofort fällig. Bei der falschen Anklage leichterer Vergehen greift er auf bewährte Regelungen aus Codex, Breviar und Antiqua zurück. Die Möglichkeit der Abolition übernimmt er jedoch nicht aus dem Breviar, da sie seiner verleumderfeindlichen Tendenz widerspricht. Er verbindet damit Altbewährtes mit eigenen Überlegungen. Was die schriftliche Anklage und die drei Zeugen zur Unterzeichnung derselben, die die Bindung des Anklägers an die Anklageschrift bekräftigen sollen, angeht, so greift Chindasvinth hier auch auf Altbewährtes zurück. Die schriftliche Anklage findet sich schon im Breviar, die Antiqua gestaltet sie mit den drei Zeugen noch weiter aus. Chindasvinth fasst damit auch ältere Regelungen zusammen, soweit sie seinen eben genannten gesetzgeberischen Intentionen zugute kommen. Neu ist hingegen die Erhaltung des Lebens des falschen Anklägers bei der falschen Anklage von schweren Straftaten. Damit will Chindasvinth wohl dem unschuldig

Angeschuldigten einen echten Ersatz in Form der Arbeitsleistung des Anklägers zukommen lassen. Die größte und bedeutendste Neuerung Chindasvinths stellt jedoch die heimliche Übergabe des Tatvorwurfs an den Richter dar sowie die Folge daraus, dass der Angeschuldigte bei Kenntnis von diesem Vorwurf nicht mehr gefoltert werden darf. Chindasvinth wirkt damit dem schon lange vor seiner Zeit von Folterskeptikern geäußerten Umstand entgegen, dass man unter Schmerzen auch als Unschuldiger alles gestehen würde, wenn man nur wüsste, was man zu gestehen habe. Inspirationen aus früheren Gesetzen, insbesondere aus dem Diebstahlsrecht der Antiqua und dem „Drittfolterverbot" des Breviars können nicht ausgeschlossen werden. Jedoch ergibt sich die Neuerung durch Chindasvinth schon dadurch, dass er dies diametral zum Breviar normiert, das vielmehr gerade die Kenntnis des Tatvorwurfs verlangt hat. Chindasvinth zeigt damit, dass er auch an der Wahrheitsfindung interessiert ist. Schwer nachvollziehbar erscheint jedoch seine Feststellung, dass das Überstehen der Folter ohne Geständnis einen Beweis der Unschuld des Angeschuldigten und der Falschheit der Anklage darstellt. Hier kann es also auch zu einer Abschreckung rechtschaffener Ankläger bzw. zu deren Schuldigsprechung gekommen sein. Umso mehr bestand diese Gefahr bei leichteren Straftaten, bei denen sich der Angeschuldigte unterhalb der von Chindasvinth geschaffenen Wertgrenze von 300 *solidi* mit dem Eid reinigen konnte. Bei höherem Rang des Angeschuldigten bedurfte es bei leichteren Straftaten nicht einmal dieser Wertgrenze, um sich durch den Eid zu reinigen. Das Rechtsinstitut des Reinigungseids, das bereits in Codex und Antiqua normiert war, gestaltet Chindasvinth in Kombination mit einer Wertgrenze zu einem vorrangigen Beweismittel gegenüber der Folter unter gewissen Umständen um. Die Vorrangigkeit des Reinigungseids unter diesen Voraussetzungen stellt ein gutes Mittel zur Eindämmung der übereilten Folter dar. Jegliche Dignität, die vor Folter schützen konnte, nimmt Chindasvinth, wie schon das Breviar, bei der Anklage wegen Majestätsverbrechen und Landesverrat aus, ebenso bei Mord und Ehebruch. Generell ist es Chindasvinth jedoch ein Anliegen, dass insbesondere Adlige und Mitglieder des *officium palatinum* nicht leichtfertig gefoltert werden sollen. Motive des Gesetzgebers hierfür werden noch eingehend untersucht werden. Bzgl. der leichtfertigen Folterung normiert Chindasvinth neu, dass das Leben des Gefolterten in jedem Fall geschont werden soll. Dies ist auch mit hoher Strafe für den Richter und den Ankläger bewehrt, selbst bei richtiger Anklage, woraus man schließen kann, dass der Ankläger selbst oder ein Vertreter von ihm an der Vornahme der Folter beteiligt ist. Noch deutlicher als die Antiqua fordert Chindasvinth in jedem Fall die Anwesenheit des Richters bei der Folterung. Generell zeigt Chindasvinth, was aber keine Neuerung in den westgotischen Gesetzen darstellt, ein hohes Misstrauen gegenüber Richtern. Dass er – jedenfalls mangels anderweitiger Regelung – beliebige Folterungen zulässt, nur mit der Maßgabe, dass sie nicht länger als drei Tage dauern dürfen und der Angeschuldigte dabei nicht sterben darf, ist, wie gezeigt, wohl damit zu erklären, dass weitere, nicht normierungsbedürftige Einschränkungen in der Praxis vorhanden waren. Über die genaue Ausgestaltung dieser Folterungen kann man jedoch nur spekulieren.

LVis. VI, 1, 2 stellt somit ein weitgehend umsichtiges und überlegtes Gesetz dar, das trotz der einen oder anderen Schwäche durchaus geeignet ist, verleumderischen Anklagen entgegenzuwirken und die Folter zurückhaltender vorzunehmen. Hierbei bedient sich Chindasvinth teilweise aus Altbewährtem, sowohl aus Codex und Antiqua als auch aus dem Breviar. Teilweise fasst er diese älteren Rechtssätze nur zusammen, teilweise passt er sie seinen Vorstellungen an.[611] Oft aber bringt Chindasvinth auch Neuerungen, überwiegend wohl aufgrund eigener Überlegungen. In jedem Fall stellt LVis. VI, 1, 2 eine weitgehende gesetzgeberische Eigenleistung Chindasvinths dar. Über seine Motive wird im Weiteren noch zu sprechen sein.

II. LVis. VI, 1, 5: Die zweite zentrale "Folterordnung" Chindasvinths zu den Foltervoraussetzungen für Sklaven und Freigelassene

1. Der Text von LVis. VI, 1, 5 – Auffälligkeiten und Besonderheiten

Die zuletzt von Ervig überarbeitete Vorschrift stammt ursprünglich von Chindasvinth.[612] Wir wollen zunächst ausschließlich die chindasvinthische Ursprungsfassung betrachten.

Die von Ervig nicht veränderte Überschrift lautet:

Pro quantis rebus et qualiter servus aut libertus tormenta portabunt.[613]

Übersetzung nach WOHLHAUPTER:

„Wie oft und unter welchen Voraussetzungen ein Knecht oder Freigelassener die Folter erdulden muß."[614]

Der Gesetzestext beginnt folgendermaßen:

---

611 schon *Helfferich*, Westgothen-Recht, S. 96, stellt fest, dass Chindasvinth die wichtigsten, in LVis. VI, 1, 2 enthaltenen Maximen des Strafverfahrens bereits vorgefunden hatte. Jedoch zollt auch er ihm, *ebenda* S. 96 f., Anerkennung für bedeutende Neuerungen, wie etwa die heimliche Übergabe des Tatvorwurfs.

612 siehe hierzu in der Edition v. *Zeumer,* S. 252, linke und rechte Spalte im Vergleich.

613 LVis. VI, 1, 5 (ed. Zeumer), S. 252.

614 *Wohlhaupter*, Gesetze der Westgoten, S. 155 – dort jedoch als LVis. VI, 1, **4**.

Si servus in aliquo crimine accusatur, antea non torqueatur, quam ille, qui accusat, ac se condicione constringat, ut, si innocens tormenta pertulerit, pro eo, quod innocentem in tormentis tradidit, alium eiusdem meriti servum domino reformare cogatur. Si vero innocens in tormentis mortuus vel debilitatus fuerit, duos equalis meriti servos cum eodem domino reddere non moretur, et ille, qui debilitatus est, ingenuus in patrocinio domini sui permaneat; nam et iudex, qui temperamentum in tormento non tenuit et ita discretionem legis excessit, ut his, qui questionatus est, mortem violentam incurreret, eiusdem meriti servum domino mox reformet.[615]

Gleich zu Anfang besagt die Norm, dass ein Sklave, der wegen irgendeines Verbrechens angeklagt wird, nicht gefoltert werden soll, bevor der Ankläger sich zu folgender Bedingung verpflichtet: im Falle, dass der Sklave sich unter der Folter als unschuldig herausstellt, muss er dem Herrn des Sklaven einen anderen, ihm gleichwertigen Sklaven übertragen.[616] Wenn der Sklave aber unschuldig unter der Folter stirbt oder versehrt wird, so muss der Ankläger dem Herrn des Sklaven zwei andere, ihm gleichwertige Sklaven übertragen. Der Sklave jedoch, der versehrt wurde, soll als freier Mann in der Obhut seines Herrn verbleiben.[617] Der Richter jedoch, der das Gesetz verletzte, indem er das rechte Maß bei der Folterung nicht hielt, muss ebenso dem Herrn des Sklaven einen dem gefolterten gleichwertigen Sklaven geben, weil der gefolterte Sklave den Tod erlitten hat.[618]

Das Gesetz normiert zunächst, dass sich der Ankläger zu dieser Bedingung *verpflichten* muss. Diese Verpflichtung stellt also eine Voraussetzung dafür dar, dass ein Sklave gefoltert werden darf. Es handelt sich somit bei dieser Verpflichtung um das Pendant zur *inscriptio* bei der Freienfolter, mithin eine spezielle *inscriptio* für die Sklavenfolter.[619] Im Falle, dass der Sklave unschuldig ist, macht sich der Ankläger ersatzpflichtig, allerdings nicht gegenüber dem Sklaven, sondern seinem Herrn. Geschützt werden hier also in erster Linie die Belange des Herrn des unschuldigen Sklaven, nicht die des Sklaven selbst. Die Übertragung eines gleichwertigen Sklaven ist in diesem Sinne kein 1:1-Schadensersatz, weil – im Grundfall – der Sklave ja überlebt und nicht versehrt ist. Dies stellt damit eine darüber hinausgehende Entschädigung des Herrn dar. Stirbt aber der Sklave oder wird er versehrt, muss der Herr zwei gleichwertige Sklaven vom Ankläger erhalten: der erste stellt damit einen 1:1-Schadensersatz dar, da dem Herrn die Arbeitskraft des getöteten oder versehrten Sklaven verloren geht (im letzteren

615 LVis. VI, 1, 5 (ed. Zeumer), S. 252 f.

616 *Dahn*, Westgothische Studien, S. 268, spricht hierbei von einer Kaution; vgl. *ebenda*, S. 272; vgl. *Petit*, Iustitia Gothica, S. 305 f.; siehe auch *D'Ors*, Codigo, S. 77; siehe auch *Thompson*, Goths, S. 268 f.

617 siehe hierzu auch *Petit*, Iustitia Gothica, S. 306; vgl. *Claude*, Freedmen, S. 159 (164).

618 siehe auch *Thompson*, Goths, S. 269.

619 schon *Martínez Díez*, La tortura judicial, S. 223 (243) spricht von dieser Erklärung als „*inscriptio*“.

Fall ja nicht nur deswegen, weil er unter Umständen nicht mehr arbeitsfähig ist, sondern vor allem, weil er von Gesetzes wegen freigelassen wird). Der zweite hat dann wieder dieselbe Funktion wie der neue Sklave im Falle, dass der unschuldig gefolterte Sklave nicht getötet oder versehrt wird: eine darüber hinausgehende Entschädigung des Herrn. Freilich sind diese Bestrafungen weitaus weniger abschreckend als die oben bei der Freienfolter betrachteten. Die Tendenz, die Folter zurückzudrängen, ist damit bei Sklaven zumindest deutlich geringer als in Bezug auf Freie.[620] Überraschenderweise findet sich hier auch noch eine Schutzvorschrift im Interesse des versehrten Sklaven: er soll freigelassen werden, ist aber nicht heimatlos, sondern kann in der Obhut seines Herrn verbleiben. Die Freilassung stellt damit eine Entschädigung für den Sklaven selbst dar, insbesondere mit der Möglichkeit, in der Obhut seines bisherigen Herrn zu verbleiben.[621]

Wie schon in LVis. VI, 1, 2 in Bezug auf die Folter an Freien kann der Richter, der aufgrund von Maßlosigkeit bei der Folter den Tod des Sklaven verursacht hat, belangt werden. Zum Thema Bestrafung des Richters und Misstrauen gegen die Richterschaft im Allgemeinen ist grundsätzlich auf das oben Gesagte zu verweisen (siehe unter I. 3. o.). Hier zeigt sich also wieder das Bestreben Chindasvinths, die Willkür der Richter einzudämmen. Der Richter ist ersatzpflichtig, er muss dem Herrn einen gleichwertigen Sklaven übertragen.[622] Dass im hier vorliegenden Falle des Todes eines gefolterten Sklaven die Sanktion für den Richter geringer ausfällt als im Falle von LVis. VI, 1, 2 beim Tod eines gefolterten Freien, dürfte selbsterklärend sein. Nicht ganz klar ist bei dieser Formulierung, wie es sich mit der Ersatzpflicht des Richters verhält, wenn der Sklave unter der Folter versehrt wird. Am Wortlaut der Vorschrift ist nicht zu erkennen, ob der Richter dem Herrn dann auch einen Sklaven erstatten muss. Es steht aber zu vermuten, da die Ersatzpflicht ja im Interesse des Herrn ist und es für ihn keinen Unterschied macht, ob der Sklave stirbt oder versehrt wird: ihm geht in jedem Fall ein Sklave

620 *Martínez Díez,* La tortura judicial, S. 223 (243) bezeichnet die Strafe gegenüber der bei der Freienfolter als „mucho más reducida"; *King,* Law and Society, S. 176, sieht keine große Hürde in dieser Ersatzpflicht, außer für einen armen Freien.

621 anders sieht dies *King*, Law and Society, S. 172, der meint: "[…] that benefit was more apparent than real, for freedom *in patrocinio* would have been at best worth little to a maimed man, and at worst the equivalent of a death sentence." Eine solche Sichtweise erscheint m.E. zu pessimistisch und auch zu streng mit dem Gesetzgeber, bezogen auf die Zeit. Einem Todesurteil käme es m.E. eher gleich, den Sklaven nur freizulassen und sich selbst zu überlassen. Die Tatsache aber, dass er in der Obhut seines Herrn verbleiben darf, stellt doch gerade einen vom Gesetzgeber ganz klar intendierten Schutz des Sklaven dar.

622 siehe auch *Dahn*, Westgothische Studien, S. 282 (285); siehe auch *Martínez Díez,* La tortura judicial, S. 223 (243); vgl. *Petit*, Iustitia Gothica, S. 306.

verloren, in letzterem Fall, weil er freigelassen wird. Nach dem Wortlaut der Vorschrift stehen die Ersatzpflicht des Anklägers und die Ersatzpflicht des Richters nebeneinander: eine Art „Gesamtschuldnerschaft“ existiert damit nicht. Wenn der Sklave also stirbt (und wahrscheinlich auch, wenn er versehrt wird), erhält der Herr drei neue Sklaven: zwei vom Ankläger, einen vom Richter.

Weiter heißt es:

Verum ut de servorum meritis omnis ambiguitas cesset contentionis, non pro artificii qualitate excusatio videatur haberi, sed pro servis questionandis contropatio adibeatur etatis et hutilitatis; aut si artifex fuerit, qui debilitatus est, et huius artificii servum non habuerit qui insontem debilitabit, alterius artificii servum iuxta predictum ordinem domino cogatur exolvere; ita ut, si artificem non habuerit, et alium servum ille, cuius servus questioni addicitur, pro eo accipere noluerit, tantum pretium eiusdem servi artificis, qui questioni subditur, eius domino persolvatur, quantum ipse artifex a iudice vel bonis hominibus rationabiliter valere fuerit estimatus.[623]

Chindasvinth legt fest, dass bzgl. der Beurteilung des Werts eines zu folternden Sklaven eine Betrachtung nach Alter und Nützlichkeit vorzunehmen ist und man sich nicht an der Art des Handwerks orientieren solle. Und wenn der Sklave, der versehrt wurde, ein geschickter Handwerker war, und der, der den unschuldigen Sklaven versehrte, keinen in diesem Handwerk bewanderten Sklaven hat, wird er gezwungen, dem Herrn einen Sklaven herauszugeben, der geschickt in einem anderen Handwerk ist. Wenn er aber gar keinen geschickten Handwerker hat und der Herr des gefolterten und versehrten Sklaven sich weigert, einen anderen Sklaven an dessen Statt zu akzeptieren, dann soll er dem Herrn des gefolterten Sklaven den Wert des geschickten Handwerkers, der der Folter unterworfen wurde, in der Höhe ersetzen, in welcher der Handwerker vom Richter oder „*bonis hominibus*“ vernünftigerweise geschätzt wird. Es handelt sich also um die Normierung der Schadensberechnung bei einem unschuldig gefolterten Sklaven.

Chindasvinth fährt fort:

Ita tamen servandum est, ut nec ingenuum quisque nec servum subdere prius questioni presumat, nisi coram iudice vel eius saione, domino etiam servi vel actore presente, districte iuraverit, quod nullo dolo vel fraude aut malitia innocentem faciat questionem subire.[624]

Es ist laut Chindasvinth zu beachten, dass niemand einen frei Geborenen oder einen Sklaven der Folter unterwerfen darf, ohne dass er zuvor in Gegenwart des Richters oder seines *saio* sowie in Gegenwart des Herrn des Sklaven oder seines

623 LVis. VI, 1, 5 (ed. Zeumer), S. 252 (253).
624 LVis. VI, 1, 5 (ed. Zeumer), S. 252 (253 f.).

Verwalters schwört, dass er nicht durch List, Betrug oder Niedertracht einen Unschuldigen der peinlichen Frage ausliefere.[625]

In dieser bereits an anderer Stelle betrachteten Passage schildert Chindasvinth eine Vorsichtsmaßnahme, die sowohl bei der Sklavenfolter als auch bei der Freienfolter zu beachten ist. Als Foltervoraussetzung für Freie steht diese Vorsichtsmaßnahme an falscher Stelle – für Freie hätte sie eigentlich separat in LVis. VI, 1, 2 stehen müssen. Hierzu wird auf das oben bei den Foltervoraussetzungen für Freie zu dieser Stelle Gesagte verwiesen (siehe die Ausführungen unter I. 3. i.). Ohne diesen Schwur kann damit auch ein Sklave nicht gefoltert werden – der Ankläger muss sich insoweit selbst binden.

Des Weiteren sagt das Gesetz aus:

Et si subditus questioni mortuus fuerit, adque ille, qui subdidit, unde conponere non habuerit, ipse subdendus est servituti, qui innocentem fecit occidi.[626]

Und wenn der der Folter Unterworfene stirbt, soll der, der ihn der Folter unterworfen hat, wenn er nicht die Mittel zur Wiedergutmachung hat, selbst der Sklaverei unterworfen werden, weil er den Tod eines Unschuldigen verursacht hat.[627]

Dies stellt eine weitere Strafvorschrift – allerdings nur im Falle der Insolvenz – für den Ankläger eines Unschuldigen dar, hier eines Sklaven. Die Versklavung im Falle der Insolvenz stellt jedoch, wie bereits betrachtet, im westgotischen Recht keine Besonderheit für falsche Anklagen dar, sondern ist generell oft normiert. Zwar ergibt sich aus dem Wortlaut nicht völlig klar, dass nun wieder nur von einem Sklaven die Rede ist, da ja gerade vorher noch von einem Eid gesprochen wurde, der sowohl bei der Folter eines Sklaven als auch bei der Folter eines Freien zu beachten war. Es ist aber davon auszugehen, dass nur dieser eine Satz missverständlich war und nun – der Überschrift der Vorschrift gemäß – wieder von einem Sklaven die Rede ist. Dafür spricht auch die deutlich mildere Strafe des Anklägers: hier wird er nicht sofort den nächsten Verwandten (bzw. hier: dem Herrn des Sklaven) ausgeliefert, um mit dem Tode bestraft zu werden, wie es bei LVis. VI, 1, 2 der Fall ist. Vielmehr kann er zunächst Wiedergutmachung leisten. Erst wenn er hierzu nicht in der Lage ist, wird er versklavt und das, obwohl hier, im Gegensatz zu einem unter der Folter getöteten Angeschuldigten bei LVis. VI,

---

625 *Dahn*, Westgothische Studien, S. 282 (285) spricht hierbei vom „Gefährdeeid"; vom „Gefährdeeid" spricht auch *Beyerle*, Entwicklungsproblem, S. 444; *derselbe* spricht *ebenda*, S. 560 auch vom „Kalumnieneid"; vgl. *Nehlsen*, Sklavenrecht, S. 231, Fn. 373; vgl. *Martínez Díez*, La tortura judicial, S. 223 (243).

626 LVis. VI, 1, 5 (ed. Zeumer), S. 252 (254).

627 vgl. *D'Ors*, Codigo, S. 77; vgl. auch *Martínez Díez*, La tortura judicial, S. 223 (243); vgl. auch *Petit*, Iustitia Gothica, S. 305 f.

1, 2 sogar ausdrücklich von einem *unschuldigen* Angeschuldigten gesprochen wird („*qui innocentem fecit occidi*"). Außerdem spricht die Formulierung „*ipse subdendus est servituti*" (er ist *selbst* der Sklaverei zu unterwerfen) dafür, dass die Folter eines Sklaven behandelt wird. Bemerkenswert ist hierbei, dass nicht geregelt ist, ob er im Fall der Versklavung dem Herrn des getöteten Sklaven übergeben wird. Es ist jedoch anzunehmen, da es schließlich um Ersatz für den Herrn geht: er soll in jedem Fall einen neuen Sklaven erhalten, der dann wohl, wenn der Ankläger nicht die Mittel hat, auch der Ankläger selbst sein kann. Bemerkenswert ist auch, dass im Gegensatz zur Freienfolter nicht geregelt ist, was passiert, wenn ein *schuldiger* Sklave unter der Folter stirbt. Das Leben des Freien scheint hier demnach in jedem Falle, unabhängig von seiner Schuld, als höher angesehen zu werden als das des Sklaven.

Im weiteren Text heißt es:

Si autem dolo servum alienum quispiam subdendum questioni intenderit, et dominus servi, qui accusatur, per probationem eum potuerit de obiecto crimine reddere innocentem, accusator eius alium paris meriti servum accusati domino cogatur exolvere, et dispendium, quod dominus eius in adprobationem innocentis servi pertulerit, prout rationabiliter iudex reddi perpenderit, ab iniusto accusatore exactum domino servi restituatur.[628]

Wenn also jemand durch List einen fremden Sklaven der peinlichen Befragung unterwerfen will und der Herr des angeklagten Sklaven beweisen kann, dass sein Sklave der ihm vorgeworfenen Straftat unschuldig ist[629], wird der Ankläger gezwungen, dem Herrn einen gleichwertigen Sklaven herauszugeben und die Auslagen, die der Herr für den Unschuldsbeweis seines Sklaven erlitten hat, in der Höhe zu erstatten, bis der Richter die vollkommene Entschädigung des Herrn des Sklaven feststellt.

Auch hier findet sich eine Strafvorschrift für den falschen Ankläger. Hier allerdings stirbt der Sklave nicht – der Herr kann beweisen, dass sein Sklave unschuldig ist. Während bei LVis. VI, 1, 2, wie gesehen, bei der falschen Anklage eines Freien wegen schwereren Straftaten der Ankläger ohne Wiedergutmachungs- oder Abwendungsmöglichkeit dem zu Unrecht Angeklagten als Sklave ausgeliefert wird und wegen geringeren im Wert von unter 300 *solidi* die für den Angeschuldigten vorgesehene Strafe erhalten soll, ist hier von Versklavung des Anklägers oder auch nur dem Erhalt derselben Strafe nicht die Rede. Die Versklavung tritt nur ein, wenn der Sklave unter der Folter stirbt *und* der falsche Ankläger nicht die Mittel besitzt, Wiedergutmachung an den Herrn des Sklaven zu

628 LVis. VI, 1, 5 (ed. Zeumer), S. 252 (254).
629 siehe zur Führung des Gegenbeweises durch den Herrn *Dahn*, Westgothische Studien, S. 272; vgl. *Martínez Díez,* La tortura judicial, S. 223 (242).

leisten. Wir können also feststellen, dass die Strafen bei falschen Anklagen gegen Sklaven deutlich unter dem Strafmaß bei falschen Anklagen gegen Freie liegen.

Weiter ist zu lesen:

De rebus vero minimis culpa servi repperta, dominus, si voluerit, conponendi licentiam habeat; ita ut omnis fur iuxta qualitatem culpe flagella suscipiat. Pro maiori vero noxa, si conpositionem dominus noluerit solvere, servum pro crimine non morabitur tradere.[630]

In Sachen, in denen nur eine geringe Schuld des Sklaven besteht, soll der Herr, wenn er will, die Erlaubnis haben, Buße zu leisten. Dennoch soll jeder Dieb gemäß der Qualität seiner Schuld ausgepeitscht werden. Wenn der Herr für schwerere Straftaten keine Buße leisten will, soll er den Sklaven für das Verbrechen ausliefern.[631]

Es wird also auch eine Ersatzpflicht des Herrn geregelt, wenn der Sklave wirklich schuldig ist. Eine Auspeitschung des Sklaven findet aber bei einem Diebstahl in jedem Fall statt.

Schließlich heißt es:

Ingenuus sane, si libertum questioni putaverit addicendum, sive pro capitali crimine seu pro centum quinquaginta solidorum quantitate, si innox quodcumque tormenti pertulerit, CL solidos eius petitor ei conponere conpellendus est.[632]

Der Abschluss der Vorschrift regelt, dass, wenn eine frei geborene Person einen Freigelassenen im Falle eines Kapitalverbrechens oder einer Sache im Wert von 150 *solidi* der Folter unterwirft, dann, wenn er sich unter der Folter als unschuldig herausstellt, gezwungen werden soll, diesen mit 150 *solidi* zu entschädigen.

Im Falle des falschen Anklägers eines Freigelassenen also, auch bei der Anklage von schweren Straftaten, muss der falsche Ankläger nur eine Geldstrafe bezahlen. Dies geht konform damit, dass bei falscher Anklage eines Sklaven, wenn dieser nicht stirbt oder versehrt wird, dem Herrn ein gleichwertiger Sklave zu ersetzen ist. Der Freigelassene hat dementsprechend Anspruch auf eine Geldleistung. Wie bereits festgestellt, kann man aus der Formulierung der Vorschrift insoweit folgern, dass ein Freigelassener außer bei Kapitalverbrechen auch erst in einer Sache ab 150 *solidi* der Folter unterworfen werden durfte.

630 LVis. VI, 1, 5 (ed. Zeumer), S. 252 (254).
631 vgl. hierzu *Petit*, Iustitia Gothica, S. 303 f.
632 LVis. VI, 1, 5 (ed. Zeumer), S. 252 (254).

2. *Die in LVis. VI, 1, 5 behandelten Themen im Spiegel der westgotischen Rechtsentwicklung*

Im Folgenden sollen die in LVis. VI, 1, 5 angesprochenen Themen, soweit dies nicht schon teilweise im Rahmen der Befassung mit LVis. VI, 1, 2 geschehen ist, im Spiegel der westgotischen Rechtsentwicklung betrachtet werden.

a) Ersatz für den gefolterten Sklaven und Freilassung

Chindasvinth hat in LVis. VI, 1, 5 detailliert geregelt, wie bei Folterung eines unschuldigen Sklaven dem Herrn desselben gleichwertiger Ersatz zu stellen ist. Überdies ordnet er im Falle, dass der Sklave versehrt wird, sogar dessen Freilassung an und die Möglichkeit für den Freigelassenen, in der Obhut seines bisherigen Herrn zu verweilen.

Hierzu findet sich eine Vorschrift im Codex Euricianus:

Si quis servum accusaverit iniuste alienum, et innocens tormenta pertulerit, pro eo quod innocentem in tormenta tradidit, domino simile mancipium reddere non moretur. Si vero innocens in tormentis mortuus fuerit, duos servos eiusdem meriti sine dilatione restituat. Si non habuerit servum aut unde conponat, ipse subiaceat servituti, qui innocentem fecit occidi.[633]

Hier wird geregelt, dass, wenn jemand einen fremden Sklaven zu Unrecht anklagt und dieser sich unter der Folter als unschuldig herausstellt, jener dafür, dass er einen Unschuldigen der Folter überlieferte, dem Herrn einen ähnlichen Sklaven übergeben soll. Wenn aber der unschuldige Sklave unter den Foltern gestorben ist, muss er ihm zwei gleichwertige übergeben. Wenn er keinen Sklaven hat, womit er Ersatz leisten kann, soll er selbst der Sklaverei unterworfen werden, weil er den Tod eines Unschuldigen verursacht hat.

Man kann nicht nur nicht ausschließen, sondern muss sogar sicher annehmen, dass diese Vorschrift Chindasvinth als Vorlage für LVis. VI, 1, 5 gedient hat.[634] Hierfür spricht schon der teilweise fast gleiche Wortlaut. Beachtenswert ist, dass diese Vorschrift zunächst nur von einem *ähnlichen*, dann aber im Falle des Todes des Sklaven von zwei *gleichwertigen* Sklaven spricht. Nicht geregelt wird in dieser Vorschrift der Fall, dass der Sklave die Folter überlebt, aber versehrt ist. Demnach wird auch nicht geregelt, dass dieser freizulassen ist und in der Obhut seines Herrn verbleiben darf. Diese Stelle wurde unter Chindasvinth hinzugefügt

---

633 CE rest. 11 L. Bai. 9, 19 (ed. Zeumer), S. 31; vgl. L. Bai. 9, 20 (ed. Beyerle), S. 112 ff.

634 so schon *Zeumer*, ed. LVis., S. 252, Fn. 3; *derselbe* schon Geschichte I, S. 419 (483); siehe auch *Nehlsen*, Sklavenrecht, S. 231 f.

und stellt damit eine Neuerung dar. Diese Erweiterung stellt einen beachtlichen Schritt in der Reform der Sklavengesetzgebung dar und ist vermutlich auf christliche Motive zurückzuführen.[635]

Etwas diametral stehen diese Bestimmungen jedoch zu folgender Breviar-Vorschrift:

Quicunque alium de homicidii crimine periculosa vel capitali obiectione pulsaverit, non prius a iudicibus audiatur, quam se similem poenam, quam reo intendit, conscripserit subiturum: et si servos alienos accusandos esse crediderit, se simili inscriptione constringat, futurum ut supplicia innocentum servorum aut poena capitis sui aut facultatum amissione compenset.[636]

Übersetzung nach CONRAT:

„Wer auch immer einen Andern wegen des Verbrechens der Tötung durch eine gefährliche, bez. kapitale Beschuldigung angegriffen haben wird, soll nicht eher von den Iudices vernommen werden, als bis er schriftlich niedergelegt haben wird, sich einer gleichen Strafe, wie diejenige, welche er gegen den Angeklagten richtet, unterziehen zu sollen. Wird er fremde Sklaven anklagen zu müssen geglaubt haben, so soll er sich durch eine gleiche Inskription binden, die Supplizien an unschuldigen Sklaven entweder mit der Strafe seines Caput oder mit dem Verlust seines Vermögens zu kompensieren.“[637]

Hier ist also auch die Anklage und Folterung eines unschuldigen *Sklaven* mit Tod oder Vermögensverlust bestraft. Diese Breviar-Vorschrift war ursprünglich in einer Konstitution Gratians aus dem Jahre 383 n. Chr. beinhaltet.[638]

Bzgl. der inhaltlichen Abweichung ist jedoch zu beachten, dass selbst die Tötung eines Sklaven erst ab dem 7. Jhd. n. Chr. mit öffentlicher Strafe bedroht war.[639] Damit lässt sich auch erklären, wieso die genannte Konstitution Gratians keinen Einfluss auf den Codex Euricianus entfaltet hat.[640]

In der Lex Romana Visigothorum findet sich weiterhin diese Norm:

---

635 völlig zu Recht *Nehlsen*, Sklavenrecht, S. 231 f., der des Weiteren *ebenda* auf S. 178 schildert, dass christlicher Einfluss bei der Sklavengesetzgebung erst ab der Regentschaft Chindasvinths richtig zu spüren ist; christlichen Einfluss sieht auch *Dahn*, Westgothische Studien, S. 315 vor allem in der modernen Sklavengesetzgebung; siehe hierzu aber *King*, Law and Society, S. 172.

636 Brev. C. Th. 9, 1, 8 Interpretatio (ed. Haenel), S. 172.

637 *Conrat*, Breviarium Alaricianum, S. 606.

638 siehe *Haenel*, ed. Brev., S. 172; siehe auch *Nehlsen*, Sklavenrecht, S. 99 und 230 (231).

639 (Chindasvinth) LVis. VI, 5, 12 (ed. Zeumer), S. 274 ff.; vgl. *Nehlsen*, Sklavenrecht, S. 172 f. sowie S. 230 (231).

640 *Nehlsen*, Sklavenrecht, S. 231.

Servi alieni in alterius caput non nisi singuli torqueri possunt. Et hoc invito domino non est permittendum, nisi delator, cuius interest, quod intendit, probare, pretia eorum, quanti dominus taxaverit, inferre sit paratus vel certe deterioris facti servi subire taxationem.[641]

Übersetzung nach CONRAT:

„Fremde Sklaven können gegen das Caput eines Andern nur einzeln gefoltert werden. Es ist dies nicht wider den Willen der Herren zu gestatten, es sei denn, dass der Angeber, der ein Interesse hat, dasjenige, was er behauptet, zu beweisen, die Preise derselben, nach der Schätzung des Herrn, zu gewähren oder wenigstens den Schätzungswert für die Verschlechterung der Sklaven zu übernehmen bereit ist."[642]

Der Gedanke der Wertberechnung bei Sklaven war somit schon im Breviar geläufig. Er ist dem römischen Recht generell nicht fremd – so findet er sich auch bei Papinian:

De servo qui accusatur, si postuletur, quaestio habetur: quo absoluto in duplum pretium accusator domino damnatur: sed et citra pretii aestimationem quaeritur de calumnia eius. separatum est etenim calumniae crimen a damno quod in servo propter quaestionem domino datum est.[643]

Übersetzung nach BEHRENDS et. al.:

„Bei einem Sklaven, der [wegen Ehebruchs] angeklagt ist, führt man, wenn es beantragt wird, das Verhör unter Anwendung der Folter durch. Ist er aber freigesprochen worden, wird der Ankläger zugunsten des Eigentümers auf den doppelten Wert des Sklaven verurteilt. Aber auch abgesehen von der Schätzung des Wertes wird wegen Schikane gegen den Ankläger ermittelt. Das Vergehen der Schikane ist nämlich von dem Schaden zu trennen, der dem Eigentümer mit dem Verhör unter Anwendung der Folter des Sklaven zugefügt wurde."[644]

Wir können feststellen, dass Chindasvinth teilweise, wie schon so oft, auf Altbewährtes zurückgegriffen hat. Insbesondere die betrachtete Vorschrift aus dem Codex Euricianus hat er vollumfänglich in LVis. VI, 1, 5 übernommen. Er möchte also auch bei Sklaven leichtfertige Folterungen und falsche Anklagen vermeiden. Auch hier möchte er dem Verleumdertum keinen Raum lassen. Eine

641 Brev. P. 5, 18, 3 (ed. Haenel), S. 432.

642 *Conrat*, Breviarium Alaricianum, S. 624.

643 (Papinianus) D. 3, 6, 9 (ed. Behrends et. al.), S. 339 f.; auf einen Zusammenhang zwischen D. 3, 6, 9 und CE rest. 11 L. Bai. 9, 19 weist schon *Zeumer* hin, ed. LVis., S. 31, Fn. 1; auch *D'Ors,* Codigo, S. 77 stellt den Zusammenhang zwischen LVis. VI, 1, 5 und D. 3, 6, 9 dar.

644 (Papinianus) D. 3, 6, 9 (ed. Behrends et. al.), S. 339 f.

Vorrangigkeit anderer Beweismittel ist hier jedoch nicht geregelt. Statt der richtigen „*inscriptio*", die für die Freienfolter normiert ist, handelt es sich hier um eine spezielle Sklaven-„*inscriptio*", eine Verpflichtungserklärung zum Schadensersatz. Auch hier wird der Schwur geleistet, keinen unschuldigen Sklaven aus unrechten Motiven der Folter auszuliefern. Ob hierzu Regelungen aus LVis. VI, 1, 2 anwendbar sind, ist höchst zweifelhaft, wirkt diese Verpflichtungserklärung doch sehr wie eine vorgehende Spezialregelung. Überdies ist für den Schwur ausdrücklich geregelt, dass er sowohl für die Folter an Sklaven als auch an Freien gilt. Zudem wird man bei einer Regelung über Sklaven, die auch in einem gewissen Maße ein Produkt ihrer Zeit ist, immer Abstriche bei deren Verfahrensrechten gegenüber den Rechten von Freien machen müssen. Dass auch die Strafen für die falsche Anklage von Sklaven ungleich milder sind, unterstreicht diese Überlegung und ist für diese Zeit nur natürlich – eine absolute Gleichstellung wäre einer undenkbaren Revolution in der Gesetzgebung gleichgekommen. Eine solche ist unter Chindasvinth trotz vieler guter gesetzgeberischer Fortentwicklungen nicht vorgenommen worden. Auch erweitert er den Schutz aus dem Codex Euricianus noch, indem er auch eine Ersatzpflicht schafft, wenn der Sklave unter der Folter versehrt wird. Natürlich müssen wir uns vor Augen halten, dass es im Großen und Ganzen primär um den Schutz des Herrn des Sklaven und seine Schadensersatzansprüche geht. Chindasvinth geht aber in seiner Gesetzgebung sogar noch einen Schritt weiter in Richtung des Sklavenschutzes, indem er die Freilassung des versehrten Sklaven normiert, der, um nicht schutz- und heimatlos zu sein, aber in der Obhut seines (ehemaligen) Herrn verbleiben kann. Chindasvinth zeigt damit abermals, dass er altbewährte Regelungen mit eigenen Innovationen kombinieren kann, um den Schutzzweck und die gesetzgeberische Intention seiner Regelungen noch optimaler zu erreichen. Dass er damit diametral zu Breviar-Regelungen vorgeht, erklärt sich jedoch, wie gesehen, aus Besonderheiten des westgotischen Rechts.

b) Die Unglaubwürdigkeit der Aussage eines Sklaven

Spricht man von der Sklavenfolter, kommt man nicht umhin, über die Glaubwürdigkeitsbeurteilung der Aussage eines Sklaven zu sprechen. Es gibt im westgotischen Recht mehrere Vorschriften, die sich mit diesem Thema beschäftigen.

Schon die Antiqua besagt:

> *[...] Si servus sine conscientia domini sui aliquid indicaverit, aliter ei non credatur, nisi dominus pro persona servi testimonio suo dixerit esse credendum, de honestate mentis eius proferens testimonium verum.*[645]

645 LVis. VII, 1, 2 (ed. Zeumer), S. 287.

Übersetzung nach WOHLHAUPTER:

„[...] Zeigt ein Knecht ohne Wissen seines Herrn etwas an, so soll man ihm nicht glauben, wenn nicht der Herr erklärt, daß man dem Knecht nach seiner Persönlichkeit Glauben schenken könne, indem er so ein wahres Zeugnis über dessen ehrenhaften Sinn ablegt."[646]

Ebenso heißt es schon in der Antiqua:

[...] Certe si sua isponte indices veritatis extiterint, sufficiat eis, quod pro veritatis indagine questioni subditi tormenta pertulerint, a mortis tamen periculo habeantur inmunes. [...][647]

Übersetzung nach WOHLHAUPTER:

„[...] Wenn sie freiwillig die Wahrheit angezeigt haben, genüge es, daß sie um der Wahrheitserforschung willen die peinliche Frage erduldet haben; Todesstrafe brauchen sie nicht fürchten. [...]"[648]

Auch die Antiqua verlangt damit bei einer freiwilligen Aussage von Sklaven eine weitere Wahrheitserforschung durch die Folter, da den freiwilligen Aussagen allein kein Glauben zu schenken ist.

Auch Chindasvinth sagt in LVis. II, 4, 4:

[...] Servo penitus non credatur, si super aliquem crimen obiecerit, aut si etiam dominum suum in crimine inpetierit, nisi in tormentis positus exponat quod dixerit; [...][649]

Einem Sklaven darf man also auch laut Chindasvinth nicht glauben, wenn er jemanden eines Verbrechens belastet oder gar seinen Herrn in ein solches hineinziehen will, außer er bestätigt seine Aussage noch einmal unter der Folter.[650] Gleichzeitig wird damit klargestellt, dass – im Gegensatz zu Freien – Sklaven auch als Zeugen gefoltert werden können.[651] Freilich macht Chindasvinth in derselben Vorschrift, wie hier bereits behandelt wurde, Ausnahmen für bestimmte Sklaven in den königlichen Diensten.[652]

Aber auch in der Lex Romana Visigothorum heißt es schon:

Servo, qui ultro aliquid de domino confitetur, fides non accommodatur: nec enim oportet in rebus dubiis salutem dominorum servorum arbitrio committi.[653]

---

646 *Wohlhaupter*, Gesetze der Westgoten, S. 171.
647 LVis. VI, 1, 4 (ed. Zeumer), S. 251 (252).
648 *Wohlhaupter*, Gesetze der Westgoten, S. 153 (155) – dort jedoch als VI, 1, **3**.
649 LVis. II, 4, 4 (ed. Zeumer), S. 97.
650 vgl. hierzu auch *Schmoeckel* FS Kleinheyer, S. 437 (448).
651 siehe *Martínez Díez*, La tortura judicial, S. 223 (242).
652 LVis. II, 4, 4 (ed. Zeumer), S. 97.
653 Brev. P. 5, 18, 4 (ed. Haenel), S. 432.

Übersetzung nach CONRAT:

„Einem Sklaven, der aus freien Stücken irgend etwas über den Herrn bekennt, wird kein Glaube geschenkt: denn in zweifelhaften Sachen darf das Heil der Herren nicht der Willkür der Sklaven überlassen werden.“[654]

Obwohl Chindasvinth auch bei der Sklavenfolter, wie gesehen, zurückhaltender ist, wenn der Sklave von einem anderen angeklagt wird, zeigt sich dies nicht, wenn der Sklave in die Rolle des Anzeigers oder Zeugen schlüpft. Bringt er etwas gegen einen anderen vor, gar seinen eigenen Herrn, so wird ihm nur geglaubt, wenn er seine Aussage unter der Folter bestätigt. Diese Regelung leistet der Folter eher Vorschub als dass sie sie eindämmt – es geht jedoch auch um eine andere Fallkonstellation. Hier sieht Chindasvinth gerade den Sklaven in der Rolle des potentiellen Verleumders. Dass bei seiner Glaubwürdigkeit Abstriche gegenüber der eines Freien gemacht werden, ist ebenso ein Produkt der Zeit und ist schon in der Antiqua normiert. Bzgl. der freiwilligen Aussage gegen den eigenen Herrn geht Chindasvinth in der Glaubwürdigkeit zunächst konform mit dem Breviar, geht aber dann noch einen Schritt weiter, indem er die Glaubwürdigkeit doch annimmt, wenn die Aussage noch unter der Folter bestätigt wird. Dies findet sich in der Antiqua bereits ähnlich. Die Intention, Verleumder zu entlarven bzw. abzuschrecken und falsche Anklagen zurückzudrängen, hat also, wenn man diese Vorschrift betrachtet, wohl einen noch höheren Stellenwert für Chindasvinth als die Intention, die Folter einzudämmen, zumindest was die Folter von Sklaven angeht.

c) Sklavenfolter gegen ihre Herren („in caput domini“)

aa) Liber Iudiciorum

Ein im Liber Iudiciorum oft normiertes Thema zur Sklavenfolter stellt die Folter von Sklaven „in caput domini“ dar.

So steht schon in der Antiqua[655] geschrieben:

[...] Pro causa adulterii etiam in domini domineve capite servi vel ancille torquendi sunt, ut veritas certius possit inveniri et indubitanter agnosci.[656]

---

654 *Conrat*, Breviarium Alaricianum, S. 619.

655 laut *Zeumer*, Geschichte III, S. 571 (611) handelt es sich um ein eurizianisches Gesetz.

656 LVis. III, 4, 10 (ed. Zeumer), S. 151; auf den Zusammenhang zwischen LVis. VI, 1, 4 und LVis. III, 4, 10 weisen schon *Zeumer*, ed. LVis., S. 252, Fn. 1 bzw. S. 151, Fn. 2 und *Wohlhaupter*, Gesetze der Westgoten, S. 153, Fn. 3 hin; siehe zu dieser Vor-

Übersetzung nach WOHLHAUPTER:

„[...] Bei Unzucht des Herrn oder der Herrin dürfen Knechte und Mägde gefoltert werden, damit die Wahrheit sicherer gefunden und unzweifelhaft erkannt werde.“[657]

Diese Vorschrift trägt vermutlich dem Gedanken Rechnung, dass sich Unzucht, d.h. Ehebruch, hauptsächlich im eigenen Haus bei Abwesenheit des Ehepartners abspielt und sich Sklaven und Sklavinnen üblicherweise dort aufhalten. Diese Vermutung resultiert aus dem Vergleich mit weiteren Vorschriften dieser Art, die sogleich betrachtet werden.[658]

Ebenso ist in der Antiqua[659] zu lesen:

[...] Si quis pro occultandam veritatem mancipium manumittat, ne possit pro adulterii probatione torqueri, libertas data non valeat.[660]

Übersetzung nach WOHLHAUPTER:

„[...] Läßt jemand einen Sklaven frei in der Absicht, die Wahrheit zu verheimlichen, damit dieser nicht zum Beweis von Unzucht gefoltert werden kann, so ist die Freilassung nicht gültig.“[661]

Hier unterstützt die Antiqua die vorgehende Vorschrift, indem sie verhindert, dass die Herren der Sklaven die Folter „in caput domini“ umgehen, indem sie sie freilassen. Es geht damit in dieser Vorschrift nicht um die Folter an Freigelassenen, sondern um die Folter an Sklaven, wenn sie denn stattfindet – denn die Freilassung ist ungültig, wenn sie in dieser Absicht erfolgt.

Die folgende (mutmaßliche)[662] Antiqua-Vorschrift schildert dies:

[...] Servos torqueri pro falsa moneta in capite domini domineve non vetamus, ut ex eorum tormentis veritas possit facilius inveniri; ita ut, si servus alienus hoc prodiderit, et quod prodidit verum extiterit, si dominus eius voluerit, manumittatur, et domino eius a

---

schrift auch *Nehlsen*, Sklavenrecht, S. 230; siehe auch *D'Ors,* Codigo, S. 147; vgl. hierzu *Helbing/Bauer,* Die Tortur, S. 46.

657 *Wohlhaupter*, Gesetze der Westgoten, S. 79.

658 vgl. *King*, Law and Society, S. 164.

659 laut *Zeumer*, Geschichte III, S. 571 (611) handelt es sich um ein eurizianisches Gesetz.

660 LVis. III, 4, 11 (ed. Zeumer), S. 151; siehe zu dieser Vorschrift auch *D'Ors,* Codigo, S. 147.

661 *Wohlhaupter*, Gesetze der Westgoten, S. 79.

662 vgl. in der Edition von *Zeumer*, S. 309; laut *D'Ors,* Codigo, S. 74 und 76 ein Gesetz von Leovigild; zustimmend *Martínez Díez,* La tortura judicial, S. 223 (236); vgl. dazu *Nehlsen*, Sklavenrecht, S. 230, Fn. 369.

fisco pretium detur; si autem noluerit, eidem servo a fisco tres auri uncie dentur; si vero ingenuus fuerit, sex uncias auri pro revelata veritate merebitur.[663]

Sklaven dürfen demnach gefoltert werden, um ihren Herrn oder ihre Herrin der Falschmünzerei zu überführen; dies begründet die Vorschrift damit, dass dadurch die Wahrheit leichter herausgefunden werden könne. Der Sklave eines anderen jedoch, der hierfür Informationen liefert, soll, wenn es sich als wahr herausstellt, freigelassen werden und seinem Herrn soll sein Wert aus der Staatskasse ersetzt werden, wenn sein Herr dies auch will. Will der Herr dies nicht, so soll der Sklave drei Unzen Gold aus dem öffentlichen Haushalt erhalten. War der Informant jedoch ein Freier, soll er sechs Unzen Gold erhalten.[664]

Die zentrale Vorschrift zu diesem Thema stellt jedoch LVis. VI, 1, 4 (Antiqua)[665] dar, die die folgende Überschrift trägt:

Pro quibus rebus et qualiter servi vel ancille torquendi sunt in capite dominorum.[666]

Übersetzung der Überschrift nach WOHLHAUPTER:

„Um welcher Dinge willen und unter welchen Voraussetzungen Knechte oder Mägde in Sachen ihrer Herrn gefoltert werden können."[667]

Die Vorschrift führt aus:

Servus seu ancilla in capite domini vel domine non propter aliut torqueantur, nisi tantum in crimine adulterii, aut si contra regnum, gentem vel patriam aliquid dictum vel dispositum fuerit, seu falsam monetam quisque confixerit, aut etiam si causam homicidii vel maleficii querendam esse constiterit; ita ut servi vel ancille pro talibus criminibus torti, si conscii et occulatores sceleris dominorum repperiuntur, pariter cum dominis puniantur. Certe si sua isponte indices veritatis extiterint, sufficiat eis, quod pro veritatis indagi-

663 LVis. VII, 6, 1 (ed. Zeumer), S. 309 f.; auf den Zusammenhang zwischen LVis. VI, 1, 4 und LVis. VII, 6, 1 weist schon *Zeumer* hin, ed. LVis., S. 252, Fn. 2 bzw. S. 309, Fn. 2, siehe auch *Wohlhaupter,* Gesetze der Westgoten, S. 195, Fn. 2 (nach seiner Zählung LVis. VI, 1, 3); siehe auch *D'Ors,* Codigo, S. 76; *Zeumer* weist auch auf den Zusammenhang zwischen LVis. III, 4, 10 und LVis. VII, 6, 1 hin, ed. LVis., S. 151, Fn. 2; siehe zu dieser Vorschrift auch *Nehlsen*, Sklavenrecht, S. 230; vgl. *Helbing/Bauer,* Die Tortur, S. 46.

664 siehe zu dieser Vorschrift auch *Dahn*, Westgothische Studien, S. 262.

665 laut *D'Ors,* Codigo, S. 76, ein leovigildianisches Gesetz ohne eurizianische Grundlage; zustimmend *Martínez Díez,* La tortura judicial, S. 223 (235 mit Fn. 59); wohl auch zustimmend *Nehlsen*, Sklavenrecht, S. 229.

666 LVis. VI, 1, 4 (ed. Zeumer), S. 251; siehe zu dieser Vorschrift auch *Nehlsen*, Sklavenrecht, S. 230; siehe auch *Martínez Díez,* La tortura judicial, S. 223 (235).

667 *Wohlhaupter*, Gesetze der Westgoten, S. 153 (dort jedoch LVis. VI, 1, 3).

ne questioni subditi tormenta pertulerint, a mortis tamen periculo habeantur inmunes. Servus autem vel ancilla in tormentis positi et de se interrogati, si etiam de dominis sint confessi, et fuerit culpa mortalis hac declaratis signis potuerit adprobari, eadem mortis censura multentur, qua eorum domini fuerint condemnati.[668]

Übersetzung nach WOHLHAUPTER:

„Ein Knecht oder eine Magd dürfen in Sachen des Herrn oder der Herrin nur gefoltert werden, wenn es sich handelt um Ehebruch oder wenn gegen Reich, Volk und Vaterland etwas gesagt oder unternommen worden ist oder wenn einer Falschgeld gemacht hat oder wenn jemand um Mord oder Schadenzauber verfolgt werden muß; und Knechte und Mägde, die um solcher Missetaten willen gefoltert, als Mitwisser und Begünstiger ihrer Herren erfunden werden, sollen ebenso wie die Herren bestraft werden. Wenn sie freiwillig die Wahrheit angezeigt haben, genüge es, daß sie um der Wahrheitserforschung willen die peinliche Frage erduldet haben; Todesstrafe brauchen sie nicht fürchten. Ein Knecht aber und eine Magd, die der Folter unterworfen und über ihr eigenes Tun befragt, auch über die Herren ausgesagt haben, wobei die Todeswürdigkeit der Schuld durch klare Anzeichen bewiesen werden kann, sollen ebenso mit dem Tode bestraft werden, wie ihre Herrn dazu verurteilt wurden."[669]

Zunächst wird ein Tatkatalog aufgestellt, aufgrund dessen die Sklaven und Sklavinnen gegen ihre Herren und Herrinnen gefoltert werden können. Danach wird klargestellt, dass Sklaven, die Mitwisser ihrer Herren sind, keinesfalls begünstigt werden, sondern dieselbe Strafe wie ihre Herren als (Haupt-)Täter erhalten. Weiter wird klargestellt, dass sie, auch wenn sie freiwillig die Wahrheit angezeigt haben, noch zur Wahrheitserforschung gefoltert werden müssen. Die Aussage eines Sklaven muss demnach, wie bereits betrachtet, durch Folter bestätigt werden. Im Gegenzug dazu werden sie aber, da sie bereits gefoltert wurden, nicht mit dem Tode bestraft.[670] Wenn sie aber die Wahrheit nicht freiwillig angezeigt haben, sondern bei Gelegenheit der Folter gegen sich selbst auch ihre Herren belasten und es sich auch um ein todeswürdiges Verbrechen handelt, dann sollen sie ebenso wie ihre Herren die Todesstrafe erleiden. Dies trägt dem oben aufgeführten Gedanken Rechnung, dass sie wie ihre Herren bestraft werden sollen, wenn sie als deren Mitwisser erwiesen werden. Abwenden können sie dies nur durch eine freiwillige Aussage, die aber hier, wenn sie gegen ihre Herren nur bei Gelegenheit ihrer eigenen Folterung aussagen, schon ausscheidet.

LVis. VI, 1, 4 stellt damit schon in der Antiqua, wenn man so will, eine (zumindest kleine) „Folterordnung" für die Sklavenfolter „in caput domini" dar.

668 LVis. VI, 1, 4 (ed. Zeumer), S. 251 f.; vgl. *Helbing/Bauer,* Die Tortur, S. 46.
669 *Wohlhaupter*, Gesetze der Westgoten, S. 153/155 (dort jedoch LVis. VI, 1, 3).
670 siehe hierzu auch *Dahn*, Westgothische Studien, S. 262.

Chindasvinth regelt zunächst, wie bereits an anderer Stelle gesehen, dass einem Sklaven, der seinem Herrn ein Verbrechen anlasten möchte, nicht geglaubt werden darf, außer er bestätigt seine Aussage noch einmal unter der Folter.[671]

In einer weiteren Vorschrift bestimmt Chindasvinth:

[...] Verum quia difficile fieri potest, ut per liberas personas mulieris adulterium indagetur, dum frequenter hoc vitium occulte perpetrari sit solitum, proinde, quando ad convincendum adulterium accusate mulieris ingenuitas omnino defuerit, predictis personis, quibus eius adulterium accusare presenti lege permissum est, hoc etiam aperte licitum erit, ut per questionem familie utriusque domini accusate mulieris adulterium coram iudice iustissime requiratur.[672]

Chindasvinth erlaubt hier die Folterung der Sklaven beider Parteien im Falle eines Ehebruchs durch die Frau, wenn die Aussage einer freien Person nicht greifbar ist.[673]

Eine Beeinflussung Chindasvinths durch LVis. III, 4, 10 ist sehr wahrscheinlich.[674] Er formuliert hier den Gedanken aus, der sich schon, wie gesehen, beim Lesen von LVis. III, 4, 10 aufdrängt (siehe die obigen Ausführungen zu dieser Vorschrift): weil der Ehebruch üblicherweise im Verborgenen begangen wird, ist die Aussage eines (Haus-)Sklaven oft fruchtbarer als die eines Freien.[675]

bb) Lex Romana Visigothorum

In der Lex Romana Visigothorum findet sich eine Fülle von Bestimmungen zu diesem Thema.

So heißt es zunächst in Brev. P. 5, 18, 5:

Servi in caput domini neque a praeside, neque a procuratore, neque in pecuniariis, neque in capitalibus causis interrogari possunt.[676]

Übersetzung nach CONRAT:

„Gegen das Caput des Herren können Sklaven weder von dem Praeses, noch von dem Prokurator, weder in Geld- noch in Kapitalsachen der Frage unterworfen werden.“[677]

---

671 LVis. II, 4, 4 (ed. Zeumer), S. 97.

672 LVis. III, 4, 13 (ed. Zeumer), S. 152 (155); siehe zu dieser Vorschrift *Zeumer*, Geschichte III, S. 571 (611 f.); vgl. *Helbing/Bauer,* Die Tortur, S. 46.

673 siehe hierzu auch *Martínez Díez,* La tortura judicial, S. 223 (242).

674 auf den Zusammenhang zwischen LVis. III, 4, 13 und LVis. III, 4, 10 weist schon *Zeumer* hin, ed. LVis., S. 155, Fn. 1.

675 vgl. *King*, Law and Society, S. 164.

676 Brev. P. 5, 18, 5 (ed. Haenel), S. 432.

677 *Conrat*, Breviarium Alaricianum, S. 623.

Im Gegensatz zu den späteren Regelungen des Liber Iudiciorum, die die Angelegenheiten darstellen, in denen Sklaven gegen das *caput* ihrer Herren gefoltert werden können, stellt das Breviar die Grundregel auf, dass Sklaven nicht gegen ihre Herren gefoltert werden können. Dass es Fälle gibt, in denen dies doch möglich war, wird gleich zu betrachten sein.

Aber:

Servum de facto suo in se interrogari posse receptum est, ut, si aliquid dominus eius per eum cuicunque sine cautione transmiserit aut commodaverit, si ille, cui traditum est, negare voluerit, responsione servi, per quem res acta est, possit rei probatio non deesse.[678]

Übersetzung nach CONRAT:

„Dass ein Sklave wegen eignen Verhaltens der Frage gegen sich selbst unterworfen werden kann, ist ausgemachten Rechtens, sodass, wenn sein Herr durch den Sklaven irgend etwas einer beliebigen Person ohne Kaution überlassen oder geliehen haben wird, falls derjenige, dem übergeben worden ist, wird haben leugnen wollen, mittels der Antwort des Sklaven, durch welchen die Sache betrieben worden ist, ein Beweis für die Sache nicht fehlen kann."[679]

Klargestellt wird damit, dass Sklaven in eigenen Angelegenheiten gefoltert werden dürfen, wenn ihre Aussage dem Herrn zugutekommt.[680]

Weiter heißt es in Brev. P. 5, 18, 6:

Communis servus in caput alterius ex dominis torqueri non potest.[681]

Übersetzung nach CONRAT:

„Ein gemeinschaftlicher Sklave kann nicht gegen das Caput des einen Herrn gefoltert werden."[682]

In letzterer Norm regelt das Breviar einen Fall, den der Liber Iudiciorum überhaupt nicht erfasst: die Folter eines gemeinschaftlichen Sklaven gegen nur einen seiner Herren. Diese Vorschrift konkretisiert die vorgehende Vorschrift (Brev. P. 5, 18, 5) noch, indem sie feststellt, dass der Sklave auch nicht gegen nur einen seiner Herren gefoltert werden kann.

Brev. P. 5, 18, 7 besagt:

---

678 Brev. P. 5, 18, 1 Interpretatio (ed. Haenel), S. 430.
679 *Conrat*, Breviarium Alaricianum, S. 516.
680 siehe schon *Martínez Díez,* La tortura judicial, S. 223 (232).
681 Brev. P. 5, 18, 6 (ed. Haenel), S. 432.
682 *Conrat*, Breviarium Alaricianum, S. 623.

Qui servum ideo comparavit, ne in se torquetur, restituto pretio poterit interrogari.[683]

Übersetzung nach CONRAT:

„Hat Jemand einen Sklaven um deswillen erworben, damit er nicht gegen ihn gefoltert werde, so wird jener nach Rückgabe des Preises der Frage unterzogen werden können."[684]

Diese Vorschrift stellt eine Art „Umkehrvorschrift" zu LVis. III, 4, 11 dar: dort wurde der Sklave freigelassen, um die Folter gegen den Herrn zu vermeiden, hier wird er erworben, damit er nicht gegen den Herrn gefoltert werden kann. Denn nach dem Breviar findet ja grundsätzlich eine Folter des Sklaven gegen seinen Herrn gerade nicht statt.

Weiter ist in Brev. P. 5, 18, 8 zu lesen:

Servus in caput eius domini, a quo distractus est, cuique aliquando servivit, in memoriam prioris dominii interrogari non potest.[685]

Übersetzung nach CONRAT:

„Ein Sklave kann gegen das Caput desjenigen Herren, von dem er veräussert worden ist, und dem er einmal gedient hat, zum Andenken an den früheren Eigentümer nicht der Frage unterzogen werden."[686]

Der Schutz des Herrn erstreckt sich damit sogar noch auf die Zeit nach der Veräußerung des Sklaven. Auch dann kann der Sklave noch nicht gegen ihn gefoltert werden.

Dagegen normiert Brev. P. 5, 18, 9:

Si servus ad hoc fuerit manumissus, ne torqueatur, quaestio de eo nihilominus haberi potest.[687]

Übersetzung nach CONRAT:

„Wird ein Sklave zu dem Zwecke freigelassen gewesen sein, damit er nicht gefoltert werde, so kann nichtsdestoweniger die Folterung mit Bezug auf ihn stattfinden."[688]

683 Brev. P. 5, 18, 7 (ed. Haenel), S. 432.
684 *Conrat*, Breviarium Alaricianum, S. 623.
685 Brev. P. 5, 18, 8 (ed. Haenel), S. 432.
686 *Conrat*, Breviarium Alaricianum, S. 623 f.
687 Brev. P. 5, 18, 9 (ed. Haenel), S. 432.
688 *Conrat*, Breviarium Alaricianum, S. 624.

Dies scheint zunächst eine Parallelvorschrift zu LVis. III, 4, 11 zu sein. Zu beachten ist jedoch, dass es sich bei LVis. III, 4, 11 um einen Herrn handelte, der seinen Sklaven freiließ, um seine eigene Unzucht zu verheimlichen, wegen der der Sklave gem. LVis. III, 4, 11 gerade gegen seinen Herrn hätte gefoltert werden können. Hier lässt Brev. P. 5, 18, 9 vom Wortlaut offen, ob die Freilassung erfolgt, damit er nicht gegen sich selbst oder gegen seinen Herrn gefoltert werden könne – es gibt auch im Breviar durchaus Fälle, in denen eine Sklavenfolter „in caput domini" stattfinden kann, wie gleich betrachtet werden wird. Eine leichte Inspiration von LVis. III, 4, 11 durch Brev. P. 5, 18, 9 kann aber wegen des ähnlichen Normthemas nicht ausgeschlossen werden, obwohl der Antiqua-Gesetzgeber die Vorschrift natürlich nach seiner eigenen Rechtsauffassung geschaffen hat.

In Brev. P. 1, 12, 3 ist, wie bereits bei den Beweisvorschriften im Liber Iudiciorum gesehen, ausgesagt, dass weder Sklaven noch Freigelassene gegen das *caput* ihres Herrn bzw. Patrons gefoltert werden dürfen.[689]

Bei Folter gegen das *caput* eines anderen bestimmt Brev. P. 5, 18, 3:

Servi alieni in alterius caput non nisi singuli torqueri possunt. Et hoc invito domino non est permittendum, nisi delator, cuius interest, quod intendit, probare, pretia eorum, quanti dominus taxaverit, inferre sit paratus vel certe deterioris facti servi subire taxationem.[690]

Übersetzung nach CONRAT:

„Fremde Sklaven können gegen das Caput eines Andern nur einzeln gefoltert werden. Es ist dies nicht wider den Willen der Herren zu gestatten, es sei denn, dass der Angeber, der ein Interesse hat, dasjenige, was er behauptet, zu beweisen, die Preise derselben, nach der Schätzung des Herrn, zu gewähren oder wenigstens den Schätzungswert für die Verschlechterung der Sklaven zu übernehmen bereit ist."[691]

In dieser bereits betrachteten Vorschrift ist also geregelt, wie Sklaven gegen das *caput* eines Anderen gefoltert werden können. Sie sollen nur einzeln gefoltert werden. Grundsätzlich ist hierzu der Wille des Herrn des zu folternden Sklaven erforderlich. Liegt dieser nicht vor, ist die Folter nur möglich, wenn der Beweispflichtige sich bereit erklärt, ggf. Schadensersatz für den oder die Sklaven zu leisten.

Sehr wichtig ist schließlich noch die Interpretatio zu Brev. C. Th. 9, 4, 3:

---

689 Brev. P. 1, 12, 3 (ed. Haenel), S. 348; Übersetzung bei *Conrat*, Breviarium Alaricianum, S. 624 u. 619; auf den Zusammenhang verweist schon *Zeumer*, ed. LVis., S. 251, Fn. 2.

690 Brev. P. 5, 18, 3 (ed. Haenel), S. 432.

691 *Conrat*, Breviarium Alaricianum, S. 624.

De adulterio uxorum mariti per tormenta familiae utriusque, hoc est suae et uxoris quaerere permittuntur; si tamen illo tempore, quo admissum dicitur, haec ipsa mancipia praesentia aut in eadem domo fuisse probantur. Similiter et si mortem sibi ab uxore adultera maritus paratam fuisse conqueratur, utriusque familiae discussione quaeri licet. Similiter etiam familiae utriusque poena quaerendum est, si maritus mortem uxori qualibet ratione paraverit.[692]

Übersetzung nach CONRAT:

„Wegen Ehebruchs der Ehefrauen ist den Männern gestattet, mittels Folterungen der beiderseitigen Familia, das will sagen, der eigenen und derjenigen der Ehefrau, die Quaestio zu veranstalten, vorausgesetzt jedoch, dass zu der Zeit, dass er angeblich begangen ist, eben diese Sklaven nachweislich gegenwärtig oder in demselben Hause gewesen sind. Ingleichen ist es auch, wenn der Gatte sich beschwert, dass ihm von seiner ehebrecherischen Frau nach dem Leben getrachtet gewesen sei, gestattet, unter Vornahme beider Sklavenfamilien die peinliche Frage zu stellen; ingleichen ist auch durch Bestrafung beider Familiae zu inquirieren, ob der Gatte der Frau in irgendwelcher Weise nach dem Leben getrachtet haben wird."[693]

Diese Vorschrift regelt zunächst, dass bei Ehebruch durch die Ehefrauen eine Sklavenfolter gegen deren *caput* stattfinden darf, und zwar der Sklaven beider Eheleute durch den Ehemann. Es handelt sich also doch um eine Möglichkeit einer Sklavenfolter „in caput domini" im Breviar. Die Vorschrift weist starke Parallelen zu LVis. III, 4, 13 auf, womit eine Beeinflussung Chindasvinths durch die Vorschrift sehr wahrscheinlich ist. Ebenso kann die Vorschrift zumindest teilweise als Vorbild für die Antiqua-Norm LVis. III, 4, 10 gedient haben. Für eine Beeinflussung Chindasvinths spricht unter anderem auch, dass sowohl die Interpretatio von Brev. C. Th. 9, 4, 3 als auch LVis. III, 4, 13 den Ausdruck „*familia*" für die Sklaven des Herrn oder der Herrin gebrauchen (siehe oben die Ausführungen zu LVis. III, 4, 13). Chindasvinths Gesetz geht bzgl. des Schutzes der Sklaven, obwohl man Schutzvorschriften für Sklaven aus seinen anderen Gesetzen, wie bereits betrachtet, durchaus gewohnt ist, nicht so weit wie die Breviar-Vorschrift: danach ist nämlich Voraussetzung, dass nachgewiesen werden kann, dass die zu folternden Sklaven auch in der Nähe oder im Haus gewesen sind, als der Ehebruch begangen worden sein soll. Denn nur dann können sie eine sinnvolle Aussage hierzu abgeben. Vielleicht hat die Antiqua bzw. Chindasvinth dieses Erfordernis aus Gründen der Praktikabilität, etwa wegen der Schwierigkeit, die Gegenwart der Sklaven zu beweisen, aufgegeben. Denkbar ist auch, dass eine übereinstimmende Praxis vorherrschte, zunächst zu prüfen, ob die zu folternden Sklaven in der Nähe oder im Haus gewesen sind, die keiner neueren Normierung

692 Brev. C. Th. 9, 4, 3 Interpretatio (ed. Haenel), S. 176 (178).
693 *Conrat*, Breviarium Alaricianum, S. 624 f.

bedurfte. Ebenso regelt diese Vorschrift, dass man, falls die Frau ihrem Gatten oder der Gatte seiner Frau nach dem Leben getrachtet haben soll, die Sklaven beider Eheleute foltern darf, um die Wahrheit herauszufinden.

Auch nicht übersehen werden darf aber folgende Stelle aus den Pauli Sententiae:

Servi vero tam mariti quam uxoris in causa adulterii torqueri possunt, nec his libertas sub specie impunitatis data valebit.[694]

ZEUMER[695] und D'ORS[696] sehen sowohl LVis. III, 4, 10 als auch LVis. III, 4, 11 aus dieser Stelle herrührend. Einen Einfluss wird man wohl nicht leugnen können – die Vorschrift liest sich inhaltlich wie eine Zusammenfassung der beiden (späteren) Normen.

Ergänzend sei noch auf folgende Stelle aus dem Codex Iustinianus hingewiesen:

Quaestionem de servis contra dominos haberi non oportet, exceptis adulterii criminibus, item fraudati census accusationibus et crimine maiestatis, quod ad salutem principis pertinet. [...][697]

Bei Betrachtung der einzelnen Vorschriften bemerkt man, wie gesehen, einige Unterschiede und Besonderheiten im Vergleich zum Liber Iudiciorum.[698] Trotzdem kommt man nicht umhin, teilweise eine Beeinflussung sowohl der Antiqua als auch der chindasvinthischen Gesetze durch das Breviar anzunehmen.

Chindasvinth lässt damit die Sklavenfolter „in caput domini" bei Ehebruch zu. Dies rührt, wie betrachtet, wohl daher, dass der Ehebruch meist im Verborgenen begangen wird und die Folterung der Sklaven tatsächlich ein probates Mittel dargestellt haben wird, den Ehebruch nachzuweisen, da sie sich zumeist im Haus aufgehalten haben werden. Zudem gehört der Ehebruch zu den besonders schweren Verbrechen, die Chindasvinth schon am Anfang von LVis. VI, 1, 2 aufführt, so dass nachzuvollziehen ist, dass er in diesem Bereich besondere Strenge walten lässt. Dass die Schutzvorschrift des Breviars, insoweit zunächst festzustellen, ob die Sklaven wirklich zur Tatzeit im Haus waren, nicht übernommen wurde, gibt uns ein wenig Rätsel auf. Jedenfalls ist er bei dieser Vorschrift durch die Antiqua

694 Pauli Sententiae 2, 26, 9 (ed. Vanzetti), S. 51.

695 *Zeumer*, Geschichte I, S. 419 (454 f.); *derselbe*, Geschichte III, S. 571 (611) folgert daraus, dass es sich bei beiden um eurizianische Gesetze handelt.

696 *D'Ors*, Codigo, S. 147.

697 Iust. 9, 41, 1 (ed. Krueger), S. 388; auf den Zusammenhang zu LVis. VI, 1, 4 weist bereits *Zeumer* hin, ed. LVis., S. 251, Fn. 2.

698 siehe auch *Martínez Díez*, La tortura judicial, S. 223 (235).

beeinflusst gewesen. Dass die Aussage eines Sklaven gegen seinen Herrn unter der Folter bestätigt werden muss, um glaubwürdig zu sein, wurde bereits diskutiert. Schon die Antiqua enthielt eine kleine „Folterordnung" für Sklaven „in caput domini", die auch sehr rigoros mit mitwissenden Sklaven umging. Da die Vorschrift in der Reccesvindiana, deren Vorarbeiten, wie schon bei der westgotischen Gesetzgebungsgeschichte angeführt, bereits Chindasvinth vorgenommen hat, enthalten war, spricht viel dafür, dass auch Chindasvinth mit dieser Vorschrift einverstanden war. Dass Chindasvinth die Sklavenfolter „in caput domini" bei Ehebruch zulässt, zeigt, dass er – zumindest bei Sklaven – die Wahrheitsfindung über die Zurückhaltung gegenüber der Folter stellt, jedenfalls wenn der Beweiszweck zu überwiegen scheint.

d) Sonstige Regelungen zur Sklavenfolter

aa) Codex Euricianus und Liber Iudiciorum

Im Codex Euricianus findet sich folgende Vorschrift:

Si quis servum suum vendederit, et [servus] priori domino aliquod crimen obiece[rit, il]le, qui vendedit, recipiat quem vindedit, [p]raetium redditurus emptori, ut ille [in ser]vo suo requirat crimen, quod sibi obiecerat. [Idem] de ancillis praecipimus custodiri.[699]

Übersetzung nach WOHLHAUPTER:

„Hat jemand seinen Knecht verkauft und hat dieser Knecht seinem früheren Herrn eine Missetat vorgeworfen, so kann der Verkäufer den Verkauften zurücknehmen gegen Rückgabe des Kaufpreises an den Käufer, um seinen Knecht über die Missetat auszuforschen, die der ihm vorgeworfen hatte. Das Gleiche soll bei Mägden beachtet werden."[700]

Zwar ist hier nicht ausdrücklich von Folter die Rede, sondern nur ganz neutral von *„requirere"*. Jedoch ist gerade im Zusammenhang mit der bereits besprochenen Norm CE rest. 11 L. Bai. 9, 19 davon auszugehen, dass der Codex auch hier schon von Folter spricht.[701]

Diese Regelung ist auch in der Antiqua übernommen worden:[702]

699 CE c. 288 (ed. Zeumer), S. 12.

700 *Wohlhaupter*, Gesetze der Westgoten, S. 13.

701 eine „Andeutung von Knechtsfolter" sieht hierin schon *Lieberwirth*, Folter, S. 13 (22, Fn. 6); jedenfalls für das „Antiqua-Pendant" LVis. V, 4, 14 nimmt dies auch *Dahn* an, Westgothische Studien, S. 282 (284); zu CE 288 selbst siehe *ebenda*, S. 14; auch *D'Ors,* Codigo, S. 219, spricht bei CE 288 in diesem Zusammenhang von Folter.

702 darauf weist schon *Zeumer* hin, ed. LVis., S. 12 bzw. S. 222; ebenso *Wohlhaupter*, Gesetze der Westgoten, S. 12, Fn. 4 bzw. S. 126, Fn. 1; ebenso *D'Ors,* Codigo, S. 219.

[...] Si quis servum suum vendiderit, et ipse servus priori domino aliquod crimen obiecerit, ille, qui vendidit, recipiat quem vendiderat, pretium redditurus emtori, ut ipse in servo suo crimen, quod sibi obiectum est, inquirere vel vindicare studeat. Id autem et de ancillis precipimus custodiri. Idem tamen servus vel ancilla, seu venditi sive donati vel commutati, in priorum dominorum capite non torqueantur, neque credantur eis, si prioribus dominis crimen obiecerint.[703]

Übersetzung nach WOHLHAUPTER:

„[...] Hat jemand seinen Knecht verkauft und hat dieser Knecht seinem früheren Herrn eine Missetat vorgeworfen, so kann der Verkäufer den Verkauften zurücknehmen gegen Rückgabe des Kaufpreises an den Käufer, damit er selbst bei seinem Knecht der ihm vorgeworfenen Missetat nachforschen und das ahnden kann. Das aber soll auch bei Mägden beachtet werden. Ein solcher Knecht oder eine Magd, die verkauft, verschenkt oder vertauscht worden sind, sollen in Sachen ihrer früheren Herren nicht gefoltert werden, noch soll man ihnen glauben, wenn sie ihrem früheren Herrn eine Missetat vorgeworfen haben."[704]

Die Vorschrift ist mit der Codex-Stelle in weiten Teilen fast wortgleich. Zu großen Teilen hat damit der Antiqua-Gesetzgeber diese Norm aus dem Codex einfach übernommen. Zwar spricht diese Stelle nicht von *„requirere"*, sondern von *„inquirere"* – gemeint wird aber wohl dasselbe sein.[705] Die Norm ist noch insoweit erweitert worden, dass die Sklaven und Sklavinnen in solchen Fällen nicht gegen ihre früheren Herren gefoltert werden sollen.[706] Außerdem wird ihre Glaubwürdigkeit negiert, wenn sie Anschuldigungen gegen ihre früheren Herren vorbringen. In Letzterem bestätigt diese Vorschrift das oben zur Glaubwürdigkeit von Sklavenaussagen Gesagte. Neu regelt diese Vorschrift, dass in solchen Fällen eine Folter gegen die früheren Herren nicht stattfinden darf.[707]

Eine ganz entscheidende Stelle findet sich in der Antiqua[708]. Hier wird das Verfahren geschildert, mittels dem der Richter vorzugehen hat, wenn ein Sklave angeklagt wird:

---

703 LVis. V, 4, 14 (ed. Zeumer), S. 222 f.

704 *Wohlhaupter*, Gesetze der Westgoten, S. 127.

705 auch *Dahn*, Westgothische Studien, S. 282 (284) geht an dieser Stelle von Folter aus.

706 wohl diese Erweiterung meint *Dahn*, Westgothische Studien, S. 18 f., wenn er von einem „billigen und mildernden Zusatz, welcher in dem besondern hier erörterten Fall die Unfreien vor Folterung schützt" spricht, der „eine angemessene Ergänzung des alten hierin lückenhaften Gesetzes, die wohl durch Zweifel bei praktischen Vorkommnissen veranlaßt war" darstelle.

707 *Dahn*, Westgothische Studien, S. 282 (284) führt hierzu an, dass darum oft politische Verschwörer ihre Sklaven mit genau dieser Absicht verkaufen.

708 laut *Dahn*, Westgothische Studien, S. 29 „nur leise emendirt von Kindasvinth"; laut *D'Ors*, Codigo, S. 76, ein leovigildianisches Gesetz ohne eurizianische Grundlage („parece Leovigildiana y sin base Euriciana"); a.A. *Nehlsen*, Sklavenrecht, S. 230, Fn. 368, der von einer eurizianischen Grundlage ausgeht.

[...] Si servus in aliquo crimine accusetur, iudex prius dominum, vilicum vel actorem eius loci, cuius servus fuerit accusatus, admoneat, ut eum in iudicio presentet. Quod si reum presentare noluerit, ipse dominus vel actor aut vilicus, donec reum presentet, a comite civitatis vel iudice distringatur. Certe si dominus, vel quibus commissa res est, difficulter ad locum adproximent, a iudice et tenendus et discutiendus est servus.[709]

Übersetzung nach WOHLHAUPTER:

„[...] Ist ein Knecht wegen einer Missetat angeklagt, so fordere der Richter zunächst den Herrn, den Guts- oder Domänenverwalter, dessen Knecht angeklagt ist, auf, diesen vor Gericht zu stellen. Will ihn dieser nicht stellen, so soll der Herr, der Guts- oder Domänenverwalter vom Stadtgrafen oder Richter dazu gezwungen werden, bis er den Angeklagten stellt. Wenn der Herr oder jene, die es angeht, Schwierigkeiten machen, soll der Richter den Knecht ergreifen lassen und über ihn verhandeln.“[710]

Genauer erscheint an dieser Stelle die Übersetzung von DAHN, der „*difficulter ad locum adproximent*“ nicht wie WOHLHAUPTER mit „Schwierigkeiten machen“, sondern mit „selten (difficulter) an den Ort kommen“ übersetzt.[711]

Auch diese Stelle spricht zwar nicht direkt von Folter, „*discutiendus*“ kann jedoch wohl durchaus eine peinliche Befragung implizieren. Im Übrigen stellt die Vorschrift die erste des Liber Sextus „De isceleribus et tormentis“ dar.[712]

Eine weitere Antiqua-Stelle besagt:

[...] Si fugitivus in domo potentis vel cuiuslibet fuerit inventus, qui liberum se esse dicat aut fortasse non dicat, repetenti sine dilatione reddatur. Ille vero, qui recepit, se iudicio cabeat adfuturum, nullis ante iudicium tormentis eum traditurus, donec aut ste suam vindicet libertatem, aut certe ille adprobet servum, qui repetit. Quod si petitor sta cabere noluerit, fugitivus ille sub illius, aput quem inventus est, fideiussione tamdiu consistat, quamdiu agnosci possit, quid de eodem rationabiliter iudex absque retardatione definiat.[713]

Übersetzung nach WOHLHAUPTER:

„[...] Wird im Hause eines mächtigen Herrn oder sonst jemandes ein Flüchtling gefunden, mag er sich als frei ausgeben oder etwa auch nicht, so soll er dem zurückfordernden (Herrn) unverzüglich herausgegeben werden. Der Aufnehmende soll vor dem Gericht er-

709 LVis. VI, 1, 1 (ed. Zeumer), S. 246.

710 *Wohlhaupter*, Gesetze der Westgoten, S. 153; siehe hierzu *Dahn*, Westgothische Studien, S. 268 f.; siehe auch *Nehlsen*, Sklavenrecht, S. 230; siehe auch *King*, Law and Society, S. 176; siehe zum *actor* und zum *vilicus Brunner/v. Schwerin,* Deutsche Rechtsgeschichte II, S. 169 f. mit weiteren Nachweisen.

711 *Dahn*, Könige VI, S. 202.

712 siehe in der Edition von *Zeumer*, S. 246; vgl. *King*, Law and Society, S. 176.

713 LVis. IX, 1, 13 (ed. Zeumer), S. 360.

scheinen und soll ihn vor dem Urteil nicht zur Folterung ausliefern, bis entweder dieser seine Freiheit nachgewiesen oder der Kläger den Beweis erbracht hat, daß es sein (Sklave) sei. Wenn der Kläger das nicht durchführen will, so bleibe der Flüchtling solange unter der Bürgschaft dessen, bei dem er gefunden wurde, bis man erkennen kann, was der Richter sachgemäß und ohne Zögern über ihn bestimmt."[714]

Dies stellt eine Schutzvorschrift für den Flüchtigen dar, von dem man annimmt, dass er ein Sklave sei, den jemand zurückfordert. Er darf nicht gefoltert werden, bis der Kläger beweisen kann, dass er sein Sklave ist. Des Weiteren hat der Flüchtige auch Gelegenheit, seine Freiheit zu beweisen. Bis zum Urteil des Richters oder eines konkreten Nachweises ist der Flüchtling damit geschützt.

In der bereits behandelten Vorschrift LVis. II, 3, 4 regelt Chindasvinth, wie gesehen, dass ein Sklave im Auftrag sowohl eines Freien als auch eines Sklaven der Folter unterworfen werden darf, jedoch mit der Vorsorge, dass, wenn ein Unschuldiger der Folter unterworfen wurde, der Auftraggeber Schadensersatz zu leisten hat und der Auftragnehmer entweder den Auftraggeber dem Gericht beibringt oder Wiedergutmachung leistet.[715]

In LVis. VI, 2, 1 spricht Chindasvinth davon, dass Sklaven, die in bestimmte Verbrechen verwickelt sind, auf verschiedenartige Weise gefoltert werden sollen.[716] Da in dieser Stelle die Taten jedoch bereits aufgedeckt sind, handelt es sich um ein Quälen des Körpers als Sanktion, nicht um eine Folterung im Beweisverfahren.[717]

bb) Lex Romana Visigothorum

In der Lex Romana Visigothorum findet sich noch diese Regelung zur Sklavenfolter:

Si quando rerum hereditariarum quantitas, tutore agente, requiritur, ut possit hereditatis quantitas inveniri, de servis hereditariis quaestionem haberi iure praeceptum est. Et si fortasse de filiis aliqua dubitatio habeatur, ut veritas inveniri non possit, torqueri servi hereditarii iubentur.[718]

Übersetzung nach CONRAT:

714 *Wohlhaupter*, Gesetze der Westgoten, S. 259/261 (dort jedoch LVis. IX, 1, 12).

715 LVis. II, 3, 4 (ed. Zeumer), S. 90 (91).

716 LVis. VI, 2, 1 (ed. Zeumer), S. 257.

717 so schon *Dahn*, Westgothische Studien, S. 282 (285); siehe auch *Lieberwirth*, Folter, S. 13 (23 mit Fn. 10), der hierin die einzige Stelle in der Lex Visigothorum erblickt, in der der Begriff „tormenta" nicht im Sinne von Folter (als Beweismittel) gebraucht wird; siehe auch *Martínez Díez,* La tortura judicial, S. 223 (242, Fn. 78).

718 Brev. P. 5, 18, 2 Interpretatio (ed. Haenel), S. 432.

„Wenn auf eine Klage des Tutors hin eine Menge von Erbschaftssachen verlangt wird, ist mit Grund vorgeschrieben worden, dass an den Erbschaftssklaven eine Folterung stattfinden solle, damit sich die Menge von Erbschaft finden lässt. Besteht etwa wegen der Nachkommen irgend ein Zweifel, sodass sich die Wahrheit nicht ermitteln lässt, so wird die Folterung der Erbschaftssklaven angeordnet."[719]

Diese Vorschrift regelt damit einen Spezialfall, den die westgotischen Gesetzgeber, insbesondere Chindasvinth, so nicht in ihre Gesetze übernommen haben.

3. Zusammenfassung zu LVis. VI, 1, 5

Auch für Sklaven und Freigelassene hat Chindasvinth mit LVis. VI, 1, 5 eine detaillierte „Folterordnung" erlassen. Wie bereits festgestellt, ist nicht auszuschließen, dass auch Verfahrensvorschriften aus LVis. VI, 1, 2 auf die Folter an Sklaven oder Freigelassenen anwendbar waren, soweit hierzu in LVis. VI, 1, 5 keine spezielle Regelung getroffen wurde. Insbesondere gilt dies für die Unbekanntheit des Tatvorwurfs bei der Folter an Freien, da hierzu bei der Sklavenfolter keine Spezialregelungen bestehen. Bevor ein Sklave der Folter unterworfen werden darf, muss der Ankläger zunächst schwören, dass er aus rechtschaffenen Motiven handelt und keinen Unschuldigen der Folter ausliefert. Die Vorschrift ist – obwohl sie sich in der „Folterordnung" für Sklaven und Freigelassene befindet, schon ihrem Wortlaut nach auch bei der Freienfolter anzuwenden. Weiter muss sich der Ankläger, bevor ein Sklave gefoltert werden kann, zum Schadensersatz gegenüber dem Herrn des Sklaven verpflichten, wenn sich der Sklave als unschuldig herausstellt: er muss dem Herrn einen gleichwertigen Sklaven übergeben, wenn der gefolterte Sklave noch voll arbeitsfähig ist. Diese Vorschrift bestand allerdings schon im Codex Euricianus. Ist die falsche Anklage gegen einen Sklaven aus List gemacht worden und kann der Herr die Unschuld des Sklaven beweisen, erhält er neben einem gleichwertigen Sklaven auch noch seine Auslagen zur Beibringung des Unschuldsbeweises erstattet. Ist der unschuldige Sklave jedoch unter der Folter getötet worden, müssen dem Herrn zwei gleichwertige Sklaven übertragen werden, einer als Ersatz für den getöteten Sklaven. Auch dies ist dem Codex Euricianus entnommen. Genauso verhält es sich, wenn der Sklave versehrt wurde. Dies stellt allerdings einen neuen Gedanken Chindasvinths dar. Beim Tod des Sklaven erhält der Herr noch einen weiteren Sklaven, nämlich von dem Richter, der aufgrund von Maßlosigkeit den Tod des Sklaven unter der Folter zugelassen hat. Vermutlich bestand diese Ersatzpflicht des Richters auch, wenn der Sklave versehrt wurde. Dies war in der genannten Codex-Stelle noch nicht geregelt. Hier

719 *Conrat*, Breviarium Alaricianum, S. 516 f.

zeigt sich damit abermals Chindasvinths Tendenz, Richtern zu misstrauen und ihre Willkür zu unterbinden. Wird der *unschuldige* Sklave unter der Folter getötet und ist der Ankläger nicht in der Lage, Wiedergutmachung zu leisten, so wird er selbst der Sklaverei unterworfen. Auch dies war schon im Codex vorhanden. Obwohl es der Wortlaut von LVis. VI, 1, 5 nicht ausdrücklich aussagt, ist davon auszugehen, dass er bei Versklavung auch dem Herrn des getöteten Sklaven übertragen wird, da es sich insoweit um eine Schadensersatzvorschrift zugunsten des Herrn handelt. Der unschuldige Sklave jedoch, der unter der Folter versehrt wurde, wird freigelassen, er darf aber in der Obhut seines (ehemaligen) Herrn verbleiben. Dies stellt eine überraschende Schutzvorschrift für den Sklaven dar, die im Codex noch nicht vorhanden war, sondern wohl unter Chindasvinth neu eingeführt wurde. Dies zeigt abermals die bereits festgestellte typische Gesetzgebungspraxis Chindasvinths, Altbewährtes zu übernehmen, soweit es den eigenen Intentionen zugutekommt, dieses jedoch auch mit neuen, innovativen Gedanken zu kombinieren, die dazu beitragen sollen, den Zweck der Vorschrift besser zu erreichen. Auch beschäftigt sich Chindasvinth mit der Wertberechnung bei Sklaven – diese soll durch Betrachtung nach Alter und Nützlichkeit festgestellt werden. Detailliert wird geregelt, wie der Verlust eines handwerklich geschickten Sklaven zu ersetzen ist. Hat der Ankläger keinen Sklaven, der in demselben oder hilfsweise in einem anderen Handwerk bewandert ist, muss er, wenn der Herr keinen anderen Sklaven akzeptieren will, Geldersatz leisten in der Höhe, wie sie vom Richter oder „*bonis hominibus*" anhand des Werts des Sklaven festgesetzt wird. Festzustellen ist, dass die Strafen für falsche Anklage und unrechte Folter von Sklaven und Freigelassenen wesentlich milder sind als von Freien, was aber eine typische Erscheinung dieser Zeit ist. Jedoch wird auch dem Schutz des Sklaven, wie gesehen, unter Chindasvinth sehr stark Rechnung getragen. Bei geringer Schuld des Sklaven kann der Herr auch Wiedergutmachung leisten, eine Auspeitschung des diebischen Sklaven gemäß seiner Schuld kann er jedoch nicht verhindern. Will der Herr bei schwereren Straftaten keine Wiedergutmachung leisten, so soll er den Sklaven ausliefern. Für Freigelassene wird schließlich bestimmt, dass sie, wenn sie von einem Freien wegen eines Kapitalverbrechens oder einer Sache von 150 *solidi* der Folter unterworfen werden, im Falle ihrer Unschuld mit 150 *solidi* entschädigt werden sollen. Gleichzeitig impliziert dies, dass Freigelassene außer bei Kapitalverbrechen in Sachen unter 150 *solidi* nicht gefoltert werden sollten.

An LVis. VI, 1, 5 zeigt sich daher m.E. noch deutlicher als an LVis. VI, 1, 2 die Eigeninitiative Chindasvinths als Gesetzgeber trotz des teilweisen Einflusses durch frühere Vorschriften. So zeigt sich zwar ein starker Einfluss des Codex Euricianus, besonders am Anfang, ebenso wie ein gewisser Einfluss durch das Breviar und die Antiqua, dennoch kann man sehen, dass Chindasvinth in diesem

Gesetz überwiegend eigene gesetzgeberische Vorstellungen verwirklicht. Dies zeigt sich vor allem an der Freilassung von unschuldig unter der Folter versehrten Sklaven sowie der Wertfeststellung eines Sklaven.

Auch in anderen Regelungen hat sich Chindasvinth jedoch zur Sklavenfolter geäußert. So schreibt er schon in LVis. II, 4, 4, dass dem Sklaven grundsätzlich nicht geglaubt werden soll, wenn er etwas über einen anderen, sei es gar seinen eigenen Herrn, bekennt. Insoweit geht er konform mit dem Breviar. Chindasvinth lässt aber die Glaubwürdigkeit zu, wenn der Sklave seine Aussage noch einmal unter der Folter bestätigt, ähnlich wie es auch die Antiqua bereits normiert. Er ist somit nicht zurückhaltend gegenüber der Folter, wenn der Sklave in der Anzeiger- oder Zeugenrolle auftritt. Die Intention, das Verleumdertum einzudämmen, stellt sich hier besonders deutlich über die Intention, die Folter zurückhaltender anzuwenden. Auch die Intention der Wahrheitsfindung stellt Chindasvinth – zumindest bei Folter gegen Sklaven – über die Zurückhaltung gegenüber der Folter: bei Ehebruch lässt er die Sklavenfolter in LVis. III, 4, 13 zu, um den Sachverhalt zu erforschen. Grundsätzlich übernimmt er hier auch viel aus der Antiqua, freilich sehr viel ausführlicher und besser begründet. Die Folter von Sklaven „in caput domini" bei Ehebruch war auch bereits im Breviar vorhanden, dort jedoch, was die Abwägung zwischen Beweiszweck und Schutz des Sklaven anging, noch ausgefeilter, was aber weder von der Antiqua noch (was umso überraschender ist) von Chindasvinth so übernommen wurde.

Abschließend kann festgehalten werden, dass auch bei der Sklavenfolter Chindasvinths Bestrebung, verleumderische Anklagen einzudämmen, hervortritt. Die bei der Freienfolter beobachtete Intention, leichtfertige Foltern zu vermeiden, zeigt sich auch hier, jedoch weitaus nicht in dieser Stärke. Wenig Zurückhaltung gegenüber der Sklavenfolter zeigt sich, wenn diese in der Anzeiger- oder Zeugenrolle auftreten sowie wenn sie wegen Ehebruchs „in caput domini" gefoltert werden sollen. In letzterem Fall bleibt Chindasvinth auch hinter der Verhältnismäßigkeitsabwägung des Breviars zurück. Trotzdem schafft Chindasvinth insbesondere mit der Freilassung des unter der Folter versehrten unschuldigen Sklaven auch einen gewissen Schutz für die Sklaven, der so erstmalig vorkommt.

III. Regelungen von Chindasvinths Nachfolgern – die weitere Rechtsentwicklung im westgotischen Reich

1. Reccesvinth

Reccesvinth, Chindasvinths Sohn und später Mitregent[720] und Nachfolger[721] auf dem westgotischen Königsthron, schuf eine Reihe von Regelungen, die sich mit den bisher besprochenen Themen befassen.

So beschäftigt sich Reccesvinth ebenso mit dem Zeugenbeweis und knüpft die Zeugnisfähigkeit noch an eine Altersgrenze:

[...] Haec etas erit constitutis in minoribus annis ad testimonium admittenda, ut, postquam puer aut puella XIIII vite sue annos inpleverint, sit illis in causis omnibus testificandi indubitata licentia.[722]

Jungen oder Mädchen dürfen demnach erst vor Gericht aussagen, sobald sie das vierzehnte Lebensjahr vollendet haben.

Aber auch in Bezug auf die Religionszugehörigkeit normiert Reccesvinth Klage- und Zeugnisrechte:

[...] Speciali hoc decreto censetur, nulli Iudeo pro qualicumque negotio quandoque licere contra christianum, quamvis humilis servilisque persone, testimonium dicere neque pro qualibet actione aut inscriptione christianum inpetere, aut pro Iudeorum causis quacumque factione hunc tormenta subire. Profanum etenim satis est infidelis fidem fidelibus anteponere et membra Christi adversariorum eius molestiis subiugare. Sane si idem inter se causarum negotia repperiantur habere, et testificandi adversum se et in servis suis tantumdem coram christianis iudicibus questionem inicere sit illis liberum ex lege licere.[723]

Ein Jude darf demnach gegen einen Christen nicht in einer Rechtssache aussagen, auch wenn es sich bei dem Christen um eine niedrige Person oder gar einen Sklaven handelt. Auch darf ein Jude einen Christen nicht in einem Rechtsgang

---

720 *Fredegar* IV, 82 (ed. Wolfram/Kusternig), S. 256 f.; vgl. *Ildefonsus Toletanus,* De viris illustribus, c. 13 (ed. Codoñer Merino), S. 134; *Zeumer*, Die Chronologie der Westgothenkönige, S. 434; *Schuller* in LMA II, Sp. 1837 (1838); *Dahn*, Könige V, S. 198; *Claude*, Adel, S. 131; *derselbe*, Geschichte, S. 79 (der jedoch in beiden Werken unterschiedliche Daten nennt); *Garcia Volta*, Westgoten, S. 99; *v. Aschbach,* Westgoten, S. 127; *Thompson*, Goths, S. 199.

721 *Claude*, Adel, S. 131 (133 f.); *Thompson*, Goths, S. 199; *v. Aschbach*, Westgoten, S. 127.

722 LVis. II, 4, 12 (ed. Zeumer), S. 104.

723 LVis. XII, 2, 9 (ed. Zeumer), S. 416; siehe zu dieser Vorschrift auch *Dahn*, Westgothische Studien, S. 282 (285), der sie allerdings als XII, 2, 10 bezeichnet; vgl. *ebenda*, S. 265.

verklagen oder ihn strafrechtlich mittels *inscriptio* anklagen. Ebenso darf er ihn nicht aus irgendeinem Grunde der Folter unterwerfen. Denn Reccesvinth sieht es als frevlerisch an, einen Ungläubigen einem Gläubigen vorzuziehen und den Christen Foltern durch Christi Gegner aufzuerlegen. Bei Rechtssachen unter Juden dürfen sie jedoch gegeneinander aussagen und ihre Sklaven im Beisein christlicher Richter der Folter unterwerfen.[724]

Reccesvinth stuft also nach Religion ab, noch bevor er nach Rang abstuft – der Jude darf nicht einmal gegen einen christlichen Sklaven aussagen. Damit will Reccesvinth wohl auch der Kirche entgegenkommen.[725] Was die Juden untereinander machen, scheint die Obrigkeit jedoch nicht zu interessieren – untereinander dürfen sie gegeneinander aussagen und ihre Sklaven foltern. Bei der Folterung ihrer Sklaven jedoch muss ein christlicher Richter anwesend sein.

In Bezug auf die Zeugenaussage regelt Reccesvinth dies nochmals ausdrücklich:

[...] Si coram hominibus reppertum mendacium et infamem facit et damnis adfligit, quanto magis in divina fallax fide perventus non erit penitus ad testimonium admittendus. Merito ergo testificari proibiti sunt Iudei, seu baptizati, sive non extiterint baptizati. De stirpe autem illorum progeniti si morum provitate et fidei plenitudine habeantur idonei, permittitur illis inter christianos veredica quidem testificandi licentia, sed non aliter, nisi sacerdotem, regem vel iudicem mores illorum et fidem omnimodis conprobantes.[726]

Reccesvinth leitet zunächst mit der Feststellung ein, dass, wenn schon der, der einer Lüge überführt wird, vor den Menschen schändlich wird, erst recht der, der den göttlichen Glauben leugnet, von der Zeugenaussage ausgeschlossen werden muss. Juden dürfen deswegen, egal ob getauft oder ungetauft, nicht (gemeint ist nach dem vorher Gesagten wohl: gegen Christen) aussagen. Den Nachkommen von Juden jedoch, wenn sie guter Sitte sind und Anhänger des christlichen Glaubens, soll es erlaubt sein, unter Christen Zeugnis abzulegen, aber nur, wenn ihre Sittlichkeit und ihr Glaube durch einen Priester, König oder Richter bezeugt werden.[727]

Zunächst fällt die moralisierende Einleitung auf, die Reccesvinth als den Sohn seines Vaters erkennen lässt. Sie erinnert stark an die bereits betrachteten

---

724 siehe zu dieser Norm auch *King*, Law and Society, S. 136.

725 siehe zur Kirchenpolitik Reccesvinths vor allem *Claude*, Adel, S. 136 ff. (140 ff.).

726 LVis. XII, 2, 10 (ed. Zeumer), S. 416 f.; siehe auch *Dahn*, Westgothische Studien, S. 282 (285), der allerdings wohl LVis. XII, 2, 9 (jedenfalls nach der Zeumer-Edition) meint.

727 siehe hierzu schon *Dahn*, Westgothische Studien, S. 265; siehe auch *King*, Law and Society, S. 136.

„Programmsatz-Einleitungen" Chindasvinths.[728] Juden dürfen unabhängig von ihrer Taufe nicht als Zeugen aussagen – damit verschafft auch ein Übertritt zum Christentum nicht ohne Weiteres ein Zeugnisrecht. Erst ihre Nachkommen können dies erreichen, wenn sie die entsprechenden Leumundszeugen haben.[729]

Anhand von LVis. VI, 1, 2 wurden bereits Sanktionen gegen den falschen Ankläger betrachtet. Hierzu existiert auch eine Vorschrift von Reccesvinth: in LVis. II, 2, 6 bürdet er dem unrechten Kläger die Reisekosten des zu Unrecht Beklagten auf, wobei er ein genaues Berechnungsmodell in *solidi* pro Meile aufstellt.[730]

Zum Reinigungseid muss auch LVis. VII, 2, 8 betrachtet werden: hier regelt Reccesvinth, dass der, der irrtümlich etwas von einem Dieb gekauft hat, wenn er diesen nicht vor Gericht bringen kann, seine Unschuld entweder mittels Eid oder mittels Zeugen beweisen muss. Die Norm soll auch auf Sklaven Anwendung finden.[731] Die Vorschrift ähnelt der bereits besprochenen CE rest. 6 L. Bai. 9, 7 (siehe bei I. 3. j.).[732] Eine Beeinflussung Reccesvinths durch den Codex an dieser Stelle ist damit sehr wahrscheinlich. Reccesvinth dehnt sie noch auf Sklaven aus.

Wie wir bereits gesehen haben, äußert Chindasvinth sein Misstrauen gegenüber Richtern in mehreren Vorschriften (siehe bei I. 3. o.). Sein Sohn Reccesvinth steht ihm hier in nichts nach: auch er erwähnt in einigen Normen schlechte Erfahrungen mit dem Verhalten von Richtern und Möglichkeiten, sie zu kontrollieren.[733]

Die Glaubwürdigkeit der Aussagen von Sklaven regelt Reccesvinth in LVis. II, 4, 10. Die Überschrift lautet:

In quibus causis possint testificari servi.[734]

Übersetzung der Überschrift nach WOHLHAUPTER:

„In welchen Sachen Knechte Zeugnis ablegen dürfen."[735]

---

728 siehe zur Selbstdarstellung Chindasvinths als gerechter Herrscher durch moraltheologische Elemente *Diesner*, Chindasvind, S. 15 ff.

729 vgl. Tolet. IV, c. 64 (ed. Vives), S. 213; auf die Ähnlichkeit weist schon *Zeumer* hin, ed. LVis., S. 416, Fn. 2; zum Normzweck von LVis. XII, 2, 10 siehe *King*, Law and Society, S. 136; *derselbe* weist *ebenda*, S. 136, Fn. 4 auch auf den Zusammenhang mit Tolet. IV, c. 64 hin.

730 LVis. II, 2, 6 (ed. Zeumer), S. 82 f.

731 LVis. VII, 2, 8 (ed. Zeumer), S. 291 f.

732 CE rest. 6 L. Bai. 9, 7 (ed. Zeumer), S. 30; vgl. *Zeumer*, ed. LVis., S. 291, Fn. 3.

733 siehe vor allem LVis. II, 1, 28 (ed. Zeumer), S. 75 f.; LVis. II, 1, 29 (ed. Zeumer), S. 76; LVis. II, 1, 30 (ed. Zeumer), S. 77 f.; LVis. II, 1, 32 (ed. Zeumer), S. 78 f.

734 LVis. II, 4, 10 (ed. Zeumer), S. 102.

735 *Wohlhaupter*, Gesetze der Westgoten, S. 53 (dort jedoch LVis. II, 4, 8).

In der Vorschrift heißt es:

Quod utilitati multorum est congruum, non est nostre legis decreto pretermittendum; ne tanto cuiquam pateat nocendi facilitas, quanto nihil esse putat ex lege quod metuat. Quia ergo multotiens inter ingenuos repperitur exorta cedes, et nullus adesse ingenuus, qui cedis ipsius patefaciat evidenter scelus, adeo, si nullus ingenuorum adfuerit, credi servis omnino oportebit, ut, qualiter inter eos cesio facta constiterit, agnosci eisdem testificantibus possit. Verum quia et interdum iustitie cognitio deperit, dum ingenuorum dignitas aut longe posita aut de proximo ignota consistit, tunc credi permittitur servis, cum ingenui nullatenus adfuerint, qui aut vicini sint aut de re, qua agitur, cogniti habeantur. Certe nec de aliis causis nec de maioribus rebus esse sibi credendum scient, nisi de minimis quibuscumque rebus ac de terris aut vineis vel edificiis, que non grandia esse constiterint, propter quod solet inter heredes aut vicinos possessores intentio exoriri. Sed et de mancipiis credendum est eis, quare contingit ea vel ab aliis occupari vel indebite retineri aut etiam a dominorum iure inlicite evagare : et per eorum veram cognitionem valeant res ipse dominis reddi, et ipsorum indubitata notitia iuste possit intentionis causa sopiri. Non tamen aliter illis credi poterit, nisi et ab omni crimine alieni extiterint et gravi depressi paupertatem non fuerint, ita ut contra ingenuorum dignitatem eorum testimonium accipi nullatenus possit, nisi, ut supra dictum est, cedem exoriri contigerit.[736]

Reccesvinth beginnt hier abermals mit einer „chindasvinthischen Programmsatz-Einleitung“: der allgemeine Nutzen der Öffentlichkeit darf in den Gesetzen nicht vernachlässigt werden. Auch darf es nicht zu leicht sein, Verbrechen zu begehen. Denn sonst könnte jemand annehmen, er sei ausgespart vom Arm des Gesetzes. Wenn sich deswegen unter Freien eine Schlägerei mit Todesfolge ereignet und kein Freier anwesend ist, der eine Aussage machen kann, dann dürfen Sklaven als Zeugen aussagen, um den Totschlag aufzudecken.[737] Aber auch wenn sonst die Rechtsfindung behindert wird, zum Beispiel dass die Freien zu weit entfernt oder unbekannt sind, dürfen Sklaven als Zeugen aussagen, wenn keine Freien zugegen waren oder in die Sache verwickelt sind. In anderen Fällen sollen Sklaven nicht als Zeugen aussagen, auch nicht in Angelegenheiten von großer Wichtigkeit. In geringfügigen Angelegenheiten dürfen sie aussagen, z.B. in Erb- oder Nachbarschaftsstreitigkeiten. Auch in eigenen Angelegenheiten soll einem Sklaven geglaubt werden, z.B. wenn er beschlagnahmt oder zu Unrecht inhaftiert wird oder bei der Flucht eines anderen Sklaven. Das Erfordernis des Fehlens freier Zeugen nimmt ZEUMER für alle diese Fälle an, auch für die, auf die es sich nach dem Wortlaut nicht ausdrücklich bezieht.[738] Dennoch sollen Sklaven grundsätzlich als unglaubwürdig angesehen werden, es sei denn, es ist bekannt, dass sie jedweder Verbrechen unschuldig sind und dass sie nicht durch Armut unterdrückt sind.

736 LVis. II, 4, 10 (ed. Zeumer), S. 102 f.; siehe zu dieser Vorschrift *Zeumer*, Geschichte II, S. 104 f.

737 siehe hierzu auch *Nehlsen*, Sklavenrecht, S. 170 (171).

738 *Zeumer*, Geschichte II, S. 39 (104 f., 105).

Des Weiteren kann ihr Zeugnis keinesfalls das eines Freien widerlegen, es sei denn in dem anfangs geregelten Fall eines Totschlags.

Teilweise erinnern Reccesvinths Regelungen an die seines Vaters Chindasvinth zur Glaubwürdigkeit von Sklaven oder generell von Zeugen, die wir bereits betrachtet haben, z.B. bzgl. der Armut, die unter Chindasvinth auch bei Freien ein Problem der Glaubwürdigkeit darstellt[739]. Jedoch hat Reccesvinth hier einen bemerkenswerten Katalog aufgestellt.[740]

In einer weiteren Vorschrift beschäftigt sich Reccesvinth abermals mit der Sklavenfolter:

[...] Si quis caballum alienum aut bovem vel quodlibet animalium genus nocte aut occulte occidisse convincitur, novecupli conpositionem dare cogatur. Quod si convinci non potuerit, quod talia fecerit, sacramenta evidentissime dabit. Si vero hoc servus inmittente domino conmiserit, et ex hoc manifestis indiciis invenitur, dominus servi tamquam fur novecupli conpositionem inplere cogatur. Quod si servus non convincitur, inscribatur, et cum perventus fuerit talia conmisisse, aut sexcupli reddat, aut cui damnum fecit serviturus subiaceat. Quod si innoxius fuerit inventus, iuxta quod aliis legibus est decretum, satisfaciat petitor domino servi.[741]

Reccesvinth regelt hier den Spezialfall, dass jemand bei Nacht oder heimlich ein fremdes Pferd, einen fremden Ochsen oder sonst ein Tier tötet. Der Täter soll das Neunfache des Werts des Tieres bezahlen. Insoweit scheint er einen Gedanken des Codex Euricianus aufgegriffen zu haben[742]:

Si quis occulte in nocte alienum cavallum aut bovem aut aliquod animal occiderit, [novecupli conpositionem dare cogatur].[743]

Reccesvinth führt den Gedanken jedoch noch weiter: Wenn man ihn nicht überführen kann, soll er sich durch den Eid reinigen. Wenn ein Sklave dies unter der Leitung seines Herrn getan hat und es bewiesen werden kann, soll der Herr des Sklaven wie ein Dieb neunfachen Ersatz leisten. Wenn es nicht bewiesen werden kann, soll der Sklave der Folter überliefert werden und nachdem es bewiesen wurde, soll er entweder sechsfachen Ersatz leisten oder dem Geschädigten als Sklave übergeben werden. Wenn er sich jedoch als unschuldig

739 siehe hierzu nochmals LVis. II, 4, 3 (ed. Zeumer), S. 95 (96) – siehe dazu die obigen Ausführungen bei I. 3. c.; auf die Parallele zwischen LVis. II, 4, 3 und LVis. II, 4, 10 bzgl. der Armut des Zeugen weisen schon *Zeumer,* Geschichte II, S. 39 (101 mit Fn. 1) und *Nehlsen*, Sklavenrecht, S. 171 mit Fn. 112 hin.

740 vgl. hierzu *King*, Law and Society, S. 173.

741 LVis. VII, 2, 23 (ed. Zeumer), S. 297.

742 hierauf verweist schon *Zeumer*, ed. LVis., S. 297, Fn. 1.

743 CE rest. 7 L. Bai. 9, 9 (ed. Zeumer), S. 30.

herausstellt, soll der Kläger gemäß anderen Gesetzen den Herrn des Sklaven befriedigen.[744]

Zunächst ist diese Vorschrift eine weitere Fundstelle für den Reinigungseid. Reccesvinth normiert in diesem besonderen Fall ausdrücklich, dass der Sklave erst gefoltert werden darf, wenn es sonst nicht bewiesen werden kann – er schält also ein vorheriges Beweisverfahren vor die Folter des Sklaven, was sich bei Chindasvinth so – jedenfalls ausdrücklich normiert – nicht findet. Vielmehr regelt Chindasvinth bei der Sklavenfolter, wie gesehen, nur, dass der Ankläger zunächst schwören muss, nicht aus unrechten Motiven einen unschuldigen Sklaven der Folter auszuliefern und sich zudem vorher dem Herrn des Sklaven gegenüber zum Schadensersatz verpflichten muss, wenn sich der Sklave als unschuldig herausstellt. Zu beachten ist, dass die Norm hier von „*inscribatur*" spricht, also nicht ausdrücklich einen gängigen Folterbegriff wie *questio* oder *tormenta* benutzt. Wie gezeigt, ist es aber gerade die *inscriptio,* die regelmäßig erst zur Folter führt. Zudem macht eine andere Auslegung in diesem Zusammenhang keinen Sinn – schließlich geht es ja um die Beweisfindung. Reccesvinth bestätigt hier abermals, dass auch bei der Sklavenfolter eine *inscriptio* erforderlich ist.[745] Die Entschädigung des Herrn des Sklaven bei dessen Unschuld durch den Kläger ist offensichtlich eine Anspielung auf Chindasvinths LVis. VI, 1, 5 – dem Herrn des unschuldigen Sklaven müssen demnach, je nachdem, ob der Sklave unversehrt ist oder nicht, ein oder zwei Sklaven durch den Kläger übergeben werden.[746]

Reccesvinths Gesetzgebungspraxis bringt damit, obwohl er sich an den alten Gesetzen, insbesondere denen seines Vaters Chindasvinth orientiert (schließlich hat ja Reccesvinth, wie bereits betrachtet, das Gesetzbuch in dieser Konstellation nach Vorarbeiten Chindasvinths zusammengestellt), ein paar Neuerungen, die das Gesetzbuch noch abrunden. Insbesondere beschäftigt sich Reccesvinth mit Unterschieden zwischen Juden und Christen bei Aussage und Folter und ist vor allem darauf bedacht, Christen vor Folterung durch Juden zu bewahren. Hierin steckt jedoch wohl mehr eine kirchenpolitische Intention denn die Zurückdrängung von Folter oder die Eindämmung von verleumderischen Anklagen. Das Misstrauen Chindasvinths gegen die Richter setzt sich in den Gesetzen seines Sohnes Reccesvinth fort. Reccesvinth erweitert des Weiteren die Vorschriften über die Sklavenaussage, er stellt detaillierte Kataloge auf, wann sie zulässig ist und beseitigt damit Unklarheiten. Bei der Sklavenfolter schafft er Verbesserungen, die Chindasvinth so – zumindest ausdrücklich – nicht in seinen Gesetzen

744 siehe hierzu auch *Dahn*, Westgothische Studien, S. 273 f.
745 schon *Martínez Díez,* La tortura judicial, S. 223 (235) spricht hier von *inscriptio.*
746 auch hierauf verweist schon *Zeumer*, ed. LVis., S. 297, Fn. 2.

über Sklavenfolter geregelt hatte. So wird in dem oben genannten Fall ein Sklave nur gefoltert, wenn andere Beweise fehlschlagen.

Man kann also sagen, dass die bei seinem Vater Chindasvinth so stark hervortretenden Intentionen in Reccesvinths eigenen Gesetzen nicht mehr so stark hervortreten. Jedoch hat Reccesvinth gerade diese Gesetze Chindasvinths in den bereits durch diesen vorbereiteten Liber Iudiciorum eingebunden. Was Aussage und Folter im Sklavenrecht angeht, bringt Reccesvinth ein paar Verbesserungen und Klarstellungen.

2. Ervig

Auch Ervig hat die Folterregelungen des Liber Iudiciorum teilweise weiterentwickelt. Jedoch hat Ervig hauptsächlich, wie bereits besprochen, die Gesetze seiner Vorgänger überarbeitet, teilweise ohne sie als Gesetze seiner Vorgänger kenntlich zu machen. So hat er oftmals die Inskription seiner Vorgänger bei Änderungen weggelassen[747] oder teilweise seine eigene Inskription aufgeführt[748]. Auch soweit es die hier betrachteten Themen angeht, hat Ervig die Gesetze seiner Vorgänger teilweise überarbeitet. Zuerst sollen seine Überarbeitungen der beiden großen „Folterordnungen" Chindasvinths betrachtet werden: LVis. VI, 1, 2 und LVis. VI, 1, 5.

Zunächst wollen wir die Änderungen in LVis. VI, 1, 2 im direkten Textvergleich ansehen. Zunächst fügt Ervig nach der (unveränderten) Regelung, dass der falsche Ankläger dem Angeklagten als Sklave ausgeliefert werden soll und noch vor der vom Richter zu beachtenden Vorsichtsmaßnahme, dass der Ankläger ihm eine schriftlich ausgearbeitete Anklageschrift heimlich übergeben soll, folgenden Text ein:

---

747 von den hier betrachteten Gesetzen siehe insbesondere die Inskriptionen bei LVis. VI, 1, 2 Chindasvinth (ed. Zeumer), S. 247; LVis. VI, 1, 5 Chindasvinth (ed. Zeumer), S. 252; LVis. II, 1, 18 Chindasvinth (ed. Zeumer), S. 64; LVis. II, 1, 21 Antiqua (ed. Zeumer), S. 68; LVis. II, 1, 23 Antiqua (ed. Zeumer), S. 70; LVis. II, 1, 26 Chindasvinth Emendata (ed. Zeumer), S. 72; LVis. II, 1, 30 Reccesvinth (ed. Zeumer), S. 77; LVis. II, 1, 33 Reccesvinth (ed. Zeumer), S. 79; LVis. II, 3, 4 Chindasvinth (ed. Zeumer), S. 90; LVis. II, 4, 4 Chindasvinth (ed. Zeumer), S. 97; LVis. II, 4, 6 Chindasvinth (ed. Zeumer), S. 98; LVis. II, 4, 13 Antiqua Emendata (ed. Zeumer), S. 104; LVis. III, 4, 13 Chindasvinth (ed. Zeumer), S. 152.

748 von den hier betrachteten Gesetzen siehe insbesondere die Inskriptionen bei LVis. IX, 1, 9 (ed. Zeumer), S. 356; LVis. IX, 1, 16 (ed. Zeumer), S. 361; LVis. IX, 2, 9 (ed. Zeumer), S. 374.

Chindasvinth (Reccesvindiana)	Ervig
[...] quod in eo exercere voluerit vel de istatu eius iudicare elegerit, in arbitrio suo consistat. Iudex tamen hanc cautelam servare debebit, ut accusator omnem rei ordinem scriptis exponat, [...][749]	*[...] quod in eo exercere voluerit vel de* ***statu*** *eius iudicare elegerit, in arbitrio suo consistat.* ***Quod si conponi sibi ab accusatore voluerit, tantum ei pars accusatoris conponat, quantum ipse, qui questioni subiacuit, inlata sibi taxaverit suorum tormentorum supplicia.*** *Iudex tamen hanc cautelam servare debebit, ut accusator omnem rei ordinem scriptis exponat, [...]*[750] [Änderungen fett markiert. Fettdruck durch den Bearbeiter vorgenommen.]

Ervig hat hiermit die Vorschrift entschärft: der falsch Beschuldigte kann sich mit seinem Ankläger finanziell einigen. Er soll eine so große Summe vom Ankläger erhalten, wie sie ihm seine erlittenen Foltern aufwiegt.[751] Ervig hat damit der Vorschrift, vor allem bezogen auf den besprochenen Zweck Chindasvinths, falsche Anklagen einzudämmen, ein wenig den Biss genommen: die Auslieferung des falschen Anklägers als Sklave an den falsch Beschuldigten ist nicht mehr zwingende Rechtsfolge – er kann sich vor der Versklavung bewahren, indem er dem falsch durch ihn Beschuldigten ein finanzielles Angebot macht. Ganz entschärft in dem Sinne, dass sich ein reicher Ankläger immer mit Geldleistungen aus der Affäre ziehen könnte, ist die Vorschrift jedoch nicht. Schließlich liegt die Entscheidung, ob eine finanzielle Einigung vorgenommen wird, nach dem klaren Wortlaut der Vorschrift beim falsch Angeklagten.[752] Wie oben bei Chindasvinths Gesetzgebung festgestellt, gab es die Möglichkeit der Einigung zwischen Ankläger und Angeklagtem schon in der Lex Romana Visigothorum. Ob diese schon eine finanzielle Einigung gemeint hatte, lässt ihr Wortlaut offen, ausschließen kann man es wohl kaum. Insbesondere nach den angesprochenen dreißig Tagen oder gar nach einer Folter des Angeklagten, wenn der Ankläger eine Abolition ohne Zustimmung des Angeklagten nicht mehr vornehmen konnte, wird ein solcher finanzieller Anreiz nicht selten im Raum gestanden haben, um die Zustimmung des Angeklagten zur Abolition zu erreichen und seiner Strafe zu entgehen. Jedenfalls verbietet die Lex Romana Visigothorum, wie gesehen, die Abolition bzgl. eines schuldigen Angeklagten durch Korruption. Hierbei handelt

749 LVis. VI, 1, 2 (ed. Zeumer), S. 247, linke Spalte.
750 LVis. VI, 1, 2 (ed. Zeumer), S. 247 f., rechte Spalte.
751 siehe hierzu *Petit*, Iustitia Gothica, S. 307; siehe auch *Thompson*, Goths, S. 258.
752 siehe auch *v. Bethmann-Hollweg*, Civilprozeß IV/1, S. 242; vgl. *Helbing/Bauer,* Die Tortur, S. 46.

es sich dann aber eher um ein finanzielles Angebot des schuldigen Angeklagten an den Ankläger. Diesen Fall meint LVis. VI, 1, 2 gerade nicht. Gut möglich ist jedenfalls, dass Ervig diesen Gedanken, den Chindasvinth wohl bewusst nicht in LVis. VI, 1, 2 aufgenommen hatte[753], dem Breviar entnommen hat oder zumindest durch die Vorschrift angeregt wurde. Jedoch hat er den Gedanken völlig neu ausgestaltet. Bei Ervig handelt es sich immer um eine finanzielle Einigung. Darüber hinaus steht auch die Schuldfrage des Angeklagten nicht mehr im Raum, da er durch das Überstehen der Folter ohne Geständnis ja schon als unschuldig gilt. Zudem hat eine Folter des Angeklagten hier in jedem Fall schon stattgefunden, während die Lex Romana Visigothorum für diesen Fall spezielle Regelungen trifft. Bei Ervig steht die Möglichkeit der Einigung immer im Ermessen des Angeklagten – eine Möglichkeit, ohne Einigung mit diesem der Strafe zu entgehen, besteht für den Ankläger hier gerade nicht. Folgt man der Vermutung, dass Chindasvinth dieses „Rettungsseil" bewusst nicht in seinem Gesetz haben wollte, ist Ervig hier mithin bewusst von der gesetzgeberischen Intention Chindasvinths abgewichen.

Des Weiteren regelt Ervig die Abstufung nach Wertgrenzen neu:

753 für völlig aus der Luft gegriffen (zumal ohne zufriedenstellende Begründung) hält der Bearbeiter die Gegenansicht von *Martínez Díez,* La tortura judicial, S. 223 (246), dass es sich um keine ervigianische Innovation handelt, sondern dass diese Einigungsmöglichkeit selbstverständlich auch bei Chindasvinth bestand, nur nicht in der Norm erwähnt wurde und schließlich ja auch nicht ausdrücklich ausgeschlossen worden sei. Gerade dass Chindasvinth dieses Institut nicht ausdrücklich aus dem Breviar übernommen hat und es Ervig überdies für nötig hielt, es ausdrücklich festzuschreiben, lässt doch eher den Schluss zu, dass Chindasvinth diesen Gedanken nicht aufgreifen wollte.

Chindasvinth (Reccesvindiana)	Ervig
[...] Nam si capitalia, que supra taxata sunt, accusata non fuerint, sed furtum factum dicitur vel quocumque inlicitum, si trecentorum summa est solidorum vel amplius, inscriptione premissa subdendus est questioni qui petitur. Si autem actio minoris est quantitatis, quam trecenti sunt solidi, per probationem convictus qui accusatur secundum leges alias conponere conpellatur; [...][754]	*[...] Nam si capitalia, que supra taxata sunt, accusata non fuerint, sed furtum factum dicitur vel* ***aliud*** *quo**d**cumque inlicitum,* ***nobiles ob hoc potentioresque persone, ut sunt primates palatii nostri eorumque filii, nulla permittimus ratione questionibus agitari. Sed si in causa, pro qua conpellitur, probatio defuerit, suam qui pulsatur debeat iuramento conscientiam expiare. Inferiores vero humilioresque, ingenue tamen persone, si pro furto, homicidio vel quibuslibet aliis criminibus fuerint accusati, nec ipsi*** *inscriptione premissa* ***subdendi sunt*** *questioni,* ***nisi maior fuerit causa, quam quod quingentorum solidorum summa valere constiterit.*** *Si autem actio minoris est quantitatis quam* ***quingenti*** *sunt solidi, per probationem convictus qui accusatur secundum leges alias conponere conpellatur ; [...]*[755] [Änderungen fett markiert. Fettdruck durch den Bearbeiter vorgenommen.]

Bei Chindasvinth wurden bei Diebstahl und anderen geringeren Vergehen die Beschuldigten nur dann der Folter unterworfen, wenn die Sache 300 *solidi* oder mehr wert war. Unter 300 *solidi* musste man, wenn man aufgrund der Aussage überführt war, nur Wiedergutmachung leisten (bzw. konnte sich durch den Eid reinigen).

Ervig hingegen fügt hier noch eine Abstufung nach dem gesellschaftlichen Status ein. Bei Diebstahl und anderen geringeren Vergehen sollen Adlige und andere höher stehende Personen, wie die Beamten des Palastes oder deren Söhne, auf keinen Fall der Folter unterworfen werden.[756] Für den Fall, dass solche Leute angeklagt werden und ein Beweis fehlt, können sie sich mittels Eid reinigen. Niedrigere Freie sollen wegen Diebstahls oder Totschlags (!) oder anderer Verbrechen auf die Anklage hin nur der Folter unterworfen werden, wenn die Sache mehr wert ist als 500 (!) *solidi*. Bei geringerem Wert sollen sie, wenn sie aufgrund der Aussage überführt sind, Wiedergutmachung leisten (oder sich durch den Eid reinigen).

754 LVis. VI, 1, 2 (ed. Zeumer), S. 247 (248), linke Spalte.
755 LVis. VI, 1, 2 (ed. Zeumer), S. 247 (248 f.), rechte Spalte.
756 siehe hierzu *Petit*, Iustitia Gothica, S. 307; siehe auch *Thompson*, Goths, S. 258; siehe auch *Martínez Díez,* La tortura judicial, S. 223 (244); siehe auch *Dahn*, Könige VI, S. 148.

Ervig bringt hier gleich drei Neuerungen. Erstens nimmt er bei den geringeren Vergehen höher stehende Personen generell von der Folter aus. Zweitens sollen niedrigere Personen nicht mehr nur wegen geringerer Vergehen, sondern generell unterhalb bestimmter Wertgrenzen von der Folter ausgenommen sein (was natürlich nach dem Normzusammenhang nicht die am Anfang der Vorschrift genannten besonders schweren Verbrechen betrifft). Drittens erhöht er aber die Wertgrenze von 300 *solidi* auf nunmehr 500 *solidi*.[757]

An anderer Stelle nimmt Ervig folgende Änderung vor:

Chindasvinth (Reccesvindiana)	Ervig
[...] Verumtamen seu nobilis sive inferior seu ingenua persona, si questioni subdita fuerit, ita coram iudice vel aliis honestis viris a iudice convocatis accusator penas inferat, ne vitam extinguat. [...][758]	*[...] Verumtamen seu nobilis sive inferior seu ingenua persona, si questioni subdita fuerit, ita coram iudice vel aliis* ***onestis*** *viris a iudice convocatis accusator penas inferat, ne vitam extinguat,* ***aut quamcumque ipse, qui questioni subiciendus est, membrorum debilitationem incurrat.*** *[...]*[759] [Änderungen fett markiert. Fettdruck durch den Bearbeiter vorgenommen.]

Ervig erweitert hier den von Chindasvinth normierten Schutz für den Angeklagten noch: er soll nicht nur nicht sein Leben verlieren, es soll auch vermieden werden, dass er eine Lähmung von Gliedern erleidet.[760] Bemerkenswerterweise hält Ervig trotzdem an der dreitägigen Folter fest. Gerade eine Lähmung von Gliedern ist aber, wie bereits bei der chindasvinthischen Fassung besprochen, wohl kaum zu vermeiden, wenn drei Tage lang ununterbrochen und mit völlig beliebigen Mitteln gefoltert wird. Auch dies spricht sehr für die oben geäußerte Ansicht, dass die Folter innerhalb dieser drei Tage eben nicht durchgehend, sondern mit Unterbrechungen, ggf. Bedenkzeit, stattfand.

Bei der Bestrafung von Richter und Ankläger beim Tod des Gefolterten ändert Ervig das Gesetz wie folgt:

---

757 siehe auch *Thompson*, Goths, S. 258; siehe auch *Beyerle*, Entwicklungsproblem, S. 561; siehe auch *Martínez Díez,* La tortura judicial, S. 223 (244); irrtümlich spricht *Schmoeckel* FS Kleinheyer, S. 437 (447, Fn. 74) davon, dass Ervig den Betrag auf 50 (!) *solidi* gesenkt (!) habe. Es handelt sich hierbei vermutlich um einen Übersetzungsfehler, da der Wortlaut keine andere Bewertung als eine Erhöhung auf 500 *solidi* zulässt.

758 LVis. VI, 1, 2 (ed. Zeumer), S. 247 (249), linke Spalte.

759 LVis. VI, 1, 2 (ed. Zeumer), S. 247 (249), rechte Spalte.

760 vgl. *Martínez Díez,* La tortura judicial, S. 223 (245).

Chindasvinth (Reccesvindiana)	Ervig
[...] Si certe suo se sacramento innocentem reddiderit, et testes, qui fuerint presentes, iuraverint, quod nulla sua malitia vel dolo aut corruptione beneficii mors ipsa provenerit, nisi solo tormentorum eventu, pro eo, quod indiscretus iudex superflua non proibuit, CCC solidus heredibus mortui conpellatur exolvere. Accusator autem, in potestate proximorum parentum mortui traditus, eadem mortis pena multetur, qua ille multatus est, qui per eius accusationem morte damnatus interiit.[761]	*[...] Si certe suo se sacramento innocentem reddiderit, et testes, qui fuerint presentes, iuraverint, quod nulla sua malitia vel dolo aut corruptione beneficii mors ipsa provenerit, nisi solo tormentorum eventu, pro eo, quod indiscretus iudex superflua non proibuit,* ***quingentos*** *solidos heredibus mortui conpellatur exsolvere.* ***Quod si non habuerit, unde conponat, ipse serviturus proximis heredibus mortui contradatur.*** *Accusator autem, in potestate proximorum parentum mortui traditus, eadem mortis pena multetur, qua ille multatus est, qui per eius accusationem morte damnatus interiit.*[762] [Änderungen fett markiert. Fettdruck durch den Bearbeiter vorgenommen.]

Der Richter, der nachlässig den Tod des Gefolterten nicht verhindert hat, soll nun keine 300 *solidi* mehr wie unter Chindasvinths Gesetz bezahlen, sondern 500. Dies stellt schon eine Erschwerung für den Richter dar. Ervig verschärft die Vorschrift aber noch weiter: kann er nicht bezahlen, soll er den Verwandten des Verstorbenen als Sklave ausgeliefert werden.[763] Ihn trifft also, wenn er nicht bezahlen kann, die gleiche Strafe wie den korrupten Richter. Der nachlässige Richter kann jedoch die Versklavung durch Geldleistung abwenden, die nun jedoch sehr viel höher ist als früher. Für den Ankläger ändert sich unter Ervig nichts.

Auch in LVis. VI, 1, 5 hat Ervig Änderungen vorgenommen, nämlich bei der Folter von Freigelassenen:

761 LVis. VI, 1, 2 (ed. Zeumer), S. 247 (249), linke Spalte.
762 LVis. VI, 1, 2 (ed. Zeumer), S. 247 (249 f.), rechte Spalte.
763 vgl. *Martínez Díez,* La tortura judicial, S. 223 (245).

Chindasvinth (Reccesvindiana)	Ervig
[...] Ingenuus sane, si libertum questioni putaverit addicendum, sive pro capitali crimine seu pro centum quinquaginta solidorum quantitate, si innox quodcumque tormenti pertulerit, CL solidos eius petitor ei conponere conpellendus est.[764]	*[...] Ingenuus sane, si* ***quemlibet*** *libertum* ***idoneum*** *pro capitali crimine* ***sive pro aliis scelerum causis*** *questioni* ***pulsaverit*** *addicendum,* ***non aliter eum inpetere poterit adscribendum, nisi ducentorum quinquaginta solidorum quantitate causa ipsa valuerit, pro qua eum accusator conatus fuerit subdere questioni. Nam si inferior fuerit atque rusticanus, quem liberum esse constet, tunc in eo permittetur questio agitari, si causa ipsa, unde accusatur, C solidis valere constiterit. Quod si indiscrete qui questioni subditur in quacumque parte membrorum debilitationem incurrerit, tunc iudex, qui temperamentum in tormentis non tenuit, CC illi, qui tormenta sustulit, solidos persolvat. Ille vero, qui eum iniuste questionandum adpetiit, CCC solidos ei dare cogendus est. Certe si in tormentis positus mortem incurrerit, predictam summam solidorum tam iudex quam petitor propinquis parentibus mortui persolvebunt. Similiter et de inferioribus illis libertis, si debilitatione vel morte quis per intemperantiam fuerit condemnatus, medietas satisfactionis, que supra de libertis idoneis constituta est, ei, qui indebite questionatus est, si tamen vixerit, aut suis heredibus, si ipse inde mortuus fuerit, exsolvenda est.***[765] [Änderungen fett markiert. Fettdruck durch den Bearbeiter vorgenommen.]

Ervig regelt die Folterbestimmungen für Freigelassene hier detaillierter als Chindasvinth. Bei Chindasvinth hieß es nur, dass eine freie Person, die einen Freigelassenen wegen eines Kapitalverbrechens oder einer Sache im Wert von 150 *solidi* der Folter unterwerfen will, diesen, wenn er sich unter der Folter als unschuldig herausstellt, mit 150 *solidi* entschädigen soll.

Ervig unterscheidet hier zwischen angesehenen und niedrigeren Freigelassenen.[766] Will ein Freier einen angesehenen Freigelassenen wegen eines Kapi-

764 LVis. VI, 1, 5 (ed. Zeumer), S. 252 (254), linke Spalte.
765 LVis. VI, 1, 5 (ed. Zeumer), S. 252 (254 f.), rechte Spalte.
766 siehe hierzu *Claude*, Freedmen, S. 159 (178); siehe auch *Martínez Díez,* La tortura judicial, S. 223 (244 f.).

tal- oder eines anderen Verbrechens der Folter unterwerfen, ist dies nur möglich, wenn die Sache 250 *solidi* wert ist. Bei einer niedrigeren Person bzw. einem Bauern bzw. Landbewohner beträgt die Wertgrenze 100 *solidi*.[767] Nicht ganz klar ist, ob hier generell von einer freien niedrigeren Person oder einem niedrigeren Freigelassenen die Rede ist („*quem liberum esse constet*"). Aus dem hier vorliegenden Zusammenhang sowie aus der Tatsache, dass wir uns in LVis. VI, 1, 5 und damit in der „Folterordnung" für Sklaven und Freigelassene befinden, ergibt sich jedoch, dass es sich um niedrigere Freigelassene handeln muss.[768] In der niedrigeren Wertgrenze für den *libertus rusticanus* sieht PETIT ein starkes Argument, dass ein solcher an Geltung gleich einem Sklaven war.[769] Wenn der Angeklagte durch fehlendes Maß bei der Folterung eine Lähmung von Gliedern erleidet, soll der Richter ihn mit 200 *solidi* entschädigen. Derjenige, der ihn, obwohl er unschuldig war, zu foltern verlangte, soll ihn mit 300 *solidi* entschädigen. Dem Wortlaut nach ist also ein Richter bei Lähmung immer ersatzpflichtig, der Ankläger nur bei Unschuld des Freigelassenen.[770] Falls der Gefolterte stirbt, sollen sowohl Richter als auch Ankläger die jeweilige Summe an die nächsten Verwandten des Verstorbenen bezahlen. Diese Entschädigungsregeln bei Tod oder Lähmung gelten, wie sich aus dem nächsten Absatz ergibt („*medietas satisfactionis, que supra de libertis idoneis constituta est*"[771]), für die angesehenen Freigelassenen. Erleidet ein niedrigerer Freigelassener durch Unmäßigkeit bei der Folterung den Tod oder eine Lähmung von Gliedern, soll jeweils die Hälfte der für angesehene Freigelassene angesetzten Entschädigungssummen bezahlt werden, entweder an den niedrigeren Freigelassenen selbst, der unschuldig gefoltert worden ist, wenn er noch lebt, oder, wenn er verstorben ist, an seine Erben.[772]

Ervig hat damit die Folter an Freigelassenen sehr viel gründlicher geregelt als Chindasvinth, bei dem noch viele Unklarheiten bestanden. Bei Chindasvinth war noch nicht ausdrücklich ausgesagt, dass ein Freigelassener außer bei Kapitalverbrechen nur ab einer gewissen Wertgrenze gefoltert werden durfte, man konnte es jedoch durch Auslegung herauslesen. Ervig normiert dies nun ausdrücklich und legt die Wertgrenze neu und differenziert fest. Sie beträgt nicht mehr generell

767 siehe hierzu auch *Dahn*, Westgothische Studien, S. 282 (283); siehe auch *derselbe*, Könige VI, S. 148; siehe auch *Helfferich*, Westgothen-Recht, S. 97; siehe auch *Martínez Díez,* La tortura judicial, S. 223 (244 f.).

768 schon *Dahn*, Könige VI, S. 148 betont, dass er freigelassen ist; siehe auch *derselbe*, Westgothische Studien, S. 283; so wohl auch *Petit*, Iustitia Gothica, S. 306 f. mit Fn. 104 a.E., der vom *libertus rusticanus* spricht.

769 *Petit*, Iustitia Gothica, S. 306 f., Fn. 104 a.E.

770 siehe auch *Dahn*, Westgothische Studien, S. 282 (283, Fn. 4).

771 LVis. VI, 1, 5 (ed. Zeumer), S. 252 (255).

772 siehe zu dieser Halbierung *Claude*, Freedmen, S. 159 (178); siehe auch *Martínez Díez,* La tortura judicial, S. 223 (245).

150 *solidi*, sondern 250 bei einem angesehenen Freigelassenen und 100 bei einem niedrigeren. Angesehene Freigelassene konnten somit unter Ervig nur unter erschwerten Voraussetzungen gefoltert werden, niedrigere dafür umso leichter.[773] Eine Entschädigung ist nur noch vorgesehen, wenn der Freigelassene stirbt oder versehrt wird.[774] Dann sind die Summen jedoch umso höher, zumal sie vom Richter und vom Ankläger bezahlt werden müssen, von letzterem jedoch nur im Falle der Unschuld des Gefolterten. Differenziert wird bei der Entschädigungssumme jedoch noch nach dem Rang des Freigelassenen.

Aber auch andere bisher betrachtete Regelungen haben Änderungen und Überarbeitungen durch Ervig erfahren. Die Zeugnisregeln bei Verwandten in LVis. II, 4, 13 (Antiqua Emendata) hat Ervig insoweit ergänzt, als nicht nur bei einem Rechtsstreit von Verwandten der gleichen Sippe Verwandte als Zeugen gegen Dritte aussagen dürfen, sondern auch dann, wenn es keinen anderen Freien gibt, der in dem Fall als Zeuge aussagen kann.[775]

In der Bestimmung Chindasvinths über die, die ein falsches Zeugnis ablegen (LVis. II, 4, 6), führt Ervig noch ausdrücklich an, dass der Rechtsstreit auf keinen Fall aufgrund der falschen Zeugenaussage verloren werden soll, wenn ein Beweis nicht anderweitig geführt werden sollte, nämlich durch einen besseren und rechtmäßigen anderen Zeugen oder rechtmäßige schriftliche Urkunden.[776]

Bemerkenswert ist eine Ergänzung Ervigs in LVis. II, 3, 4: während Chindasvinth in der ursprünglichen Version allgemein formuliert, dass sich derjenige, der verursacht, dass die Folter einem Unschuldigen auferlegt wird, strafbar macht, verweist Ervig noch auf das Gesetz, gemäß dem er sich strafbar macht, nämlich Chindasvinths LVis. VI, 1, 2. Ervig bezeichnet es als das Gesetz, worin festgesetzt ist, wofür freie Personen der Folter unterworfen werden dürfen.[777]

Die Unglaubwürdigkeit der Aussagen von Sklaven steigert Ervig noch: Chindasvinth bestimmt, wie gesehen, in LVis. II, 4, 4, dass Sklaven nicht geglaubt werden soll, wenn sie einem anderen ein Verbrechen anlasten oder gar ihren eigenen Herrn in ein solches hineinziehen wollen, wenn sie nicht, der Folter unterworfen, ihre Aussage bestätigen. Ervig bestimmt nun in seiner Version dieses Gesetzes sogar, dass ihnen auch dann nicht geglaubt werden darf, wenn sie ihre

773 siehe hierzu *Petit*, Iustitia Gothica, S. 306.
774 siehe *King*, Law and Society, S. 181 (182).
775 LVis. II, 4, 13 (ed. Zeumer), S. 104, rechte Spalte; Übersetzung (nur der ursprünglichen Antiqua-Stelle) bei *Wohlhaupter*, Gesetze der Westgoten, S. 53 (dort jedoch LVis. II, 4, 11).
776 LVis. II, 4, 6 (ed. Zeumer), S. 98 (99), rechte Spalte.
777 LVis. II, 3, 4 (ed. Zeumer), S. 90, rechte Spalte; siehe hierzu auch *Zeumer*, Geschichte II, S. 39 (95).

Aussage unter der Folter bestätigen.[778] Ervig sieht damit die Sklavenaussage als noch unglaubwürdiger an als Chindasvinth. Jedenfalls wird damit die erfolterte Zeugenaussage an praktischer Bedeutung verloren haben. Es ist damit eine Tendenz Ervigs feststellbar, die Sklavenfolter zurückzudrängen, jedenfalls im Zeugenbereich.[779]

An Ervigs Gesetzgebungspraxis ist deutlich zu sehen, dass er sich zwar grundsätzlich an den Gesetzen seiner Vorgänger orientiert, diese jedoch umfangreich überarbeitet und nach seinen eigenen gesetzgeberischen Vorstellungen gestaltet hat. Gerade im hier betrachteten Bereich hat er auch Regelungen Chindasvinths überarbeitet. Hervorzuheben ist, dass unter Ervig bei falscher Anklage wegen schwerer Verbrechen der Ankläger die eigene Versklavung durch finanzielle Einigung mit dem Angeschuldigten, der Abolition aus der Lex Romana Visigothorum nicht ganz unähnlich, abwenden konnte, was Chindasvinths Normzweck, Verleumder zu entlarven bzw. abzuschrecken, in gewisser Weise konterkariert hat. Unter Ervig zeigt sich eine noch größere Bevorzugung von höher stehenden Personen bei geringeren Anklagen, ansonsten sind die Wertgrenzen erhöht worden. Bei höher stehenden Personen wurde damit der Reinigungseid ausgebaut und die Folter zurückgedrängt, was Chindasvinths ursprüngliche Intentionen, die Folter zurückzudrängen und inbesondere höhere Personen davon auszunehmen, noch stärker ausbaut. Die Erhöhung der Wertgrenzen geht ebenso mit Chindasvinths Intention, die Folter zurückzudrängen, konform. Hier erhöht Ervig sogar die Hürden zur Folterung noch über den von Chindasvinth geschaffenen Schutz hinaus. Der Reinigungseid wird damit auch bei niedrigeren Personen an Bedeutung gewonnen haben. Die Strafe für einen nur nachlässigen Richter bei Tötung des gefolterten Freien erhöht Ervig deutlich, bei Nichtbezahlung droht dem Richter sogar die Sklaverei. Auch dies kommt Chindasvinths Intention, die Folter zurückhaltender anzuwenden und den Angeschuldigten zu schützen, weitgehend zugute. Die Freigelassenenfolter regelt Ervig wesentlich klarer und differenzierter als Chindasvinth, er unterscheidet zwischen dem Rang der Freigelassenen und billigt eine Entschädigung nur bei schwereren Folterfolgen zu. Den Sklaven billigt Ervig noch weniger Glaubwürdigkeit zu, ihnen wird nicht einmal mehr geglaubt, wenn sie ihre Aussage unter der Folter bestätigen. Damit drängt er jedoch auch die Sklavenfolter bei der Zeugenaussage zurück. Einen Höhepunkt in Bezug auf einen moderaten Umgang mit der Folter stellt jedoch die Erweiterung der Schutzbestimmung für den Gefolterten dar, so dass er nun auch nicht mehr versehrt werden darf.

778 LVis. II, 4, 4 (ed. Zeumer), S. 97, rechte Spalte.

779 *Martínez Díez,* La tortura judicial, S. 223 (246) spricht – wohl zu Recht – davon, dass dies einer Abschaffung der Zeugenfolter von Sklaven gleichkommt.

Man kann Ervig damit nicht absprechen, dass er sehr bemüht war, die Ziele Chindasvinths (oder auch seine eigenen), die Folter zurückhaltender anzuwenden, fortzusetzen. Trotzdem verlieren Chindasvinths Intentionen, das Verleumdertum insbesondere bei Kapitalklagen zurückzudrängen und die Folter zurückhaltender und gemäßigter anzuwenden, durch Ervigs Gesetzgebung trotz vieler guter Neuerungen Einiges an Kraft durch die Möglichkeit der finanziellen Einigung. Der Ansicht von MARTÍNEZ DÍEZ[780], dass nicht nur durch Chindasvinths, sondern auch durch Ervigs Gesetzgebung indirekt die völlige Abschaffung oder zumindest die praktische Aufgabe der Folter vorangetrieben wurde, kann damit nur bedingt zugestimmt werden.

3. Egica

Abschließend sollen noch die Novellen Egicas betrachtet werden.

Zu betrachten ist hier zunächst LVis. VI, 1, 3.[781] Die Überschrift lautet:

Quomodo iudex per examen caldarie causam perquirat.

Es geht also darum, wie der Richter die Sache durch die Untersuchung mittels der Heißwasserprobe[782] (Kesselfang[783]) erforscht.

Die Vorschrift regelt das Folgende:

Multas cognovimus querelas, et ab ingenuis multa mala pati, credentes in trecentis solidis questionem agitari. Quod nos modo per salubrem ordinationem censemus, ut, quamvis parva sit res facti ab aliquo criminis, eum per examinationem caldarie a iudice distringendum ordinamus, et dum facti temeritas patuerit, iudex eum questioni subdere non dubitet; et dum suam dederit professionem, superiori legi subiacebit. Quod si per examen caldarie innoxius apparuerit, petitor nullam pertimescat calumniam. Hic

780 *Martínez Díez,* La tortura judicial, S. 223 (246 f.).

781 laut Inskription von Egica, siehe *Zeumer*, ed. LVis., S. 250; nach a.A. stammt dieses Gesetz nicht von Egica, sondern von Witiza, siehe etwa *Helfferich*, Westgothen-Recht, S. 286 (287); siehe auch *King*, Law and Society, S. 22 und S. 121; die Möglichkeit erwähnen auch *Zeumer*, ed. LVis., S. 250 und Praefatio, S. XV sowie Geschichte I, S. 419 (505 Fn. 1, 511) und *Brunner/von Schwerin,* Deutsche Rechtsgeschichte II, S. 542 mit Fn. 19 sowie *Brunner,* Deutsche Rechtsgeschichte I, S. 493 mit Fn. 50; *Ficker*, Ueber nähere Verwandtschaft, S. 455 (459) erwähnt beide als mögliche Gesetzgeber, lässt die Frage aber offen; auch *Thompson*, Goths, S. 259 erwähnt, dass auch Witiza als Gesetzgeber in Betracht kommt, entscheidet die Frage aber nicht.

782 der Terminus „Heißwasserprobe“ findet sich etwa bei *Wohlhaupter*, Gesetze der Westgoten, S. 153, Fn. 2.

783 der Terminus „Kesselfang“ findet sich etwa bei *Dahn*, Westgothische Studien, S. 285; ebenso bei *Lieberwirth*, Folter, S. 13 (23).

quoque et de suspectis habendis personis, qui ad testimonium venerint dicendum, ordo servabitur.[784]

Egica schildert zunächst, dass er viele Klagen von Freien, die Schlechtes erduldet haben, vernommen hat, die glauben, dass erst ab 300 *solidi* gefoltert werden sollte.[785] Es ist also wohl im Vorfeld zu missbräuchlicher Folter gekommen.[786] Er regelt, was er als am besten für eine heilsame Ordnung erachtet: wie klein auch immer die Sache irgendeiner Straftat sein sollte, so soll doch der Angeklagte für die Untersuchung der Heißwasserprobe vor den Richter gebracht werden. Und wenn dann seine Verwegenheit zutage tritt, soll der Richter nicht zweifeln, ihn der peinlichen Frage zu unterwerfen. Und wenn er ein Geständnis abgibt, soll er dem vorherigen Gesetz unterworfen werden. Wenn er sich aber durch die Untersuchung der Heißwasserprobe als unschuldig herausstellt, soll der Kläger nichts zu befürchten haben[787]. Die Norm soll auch auf verdächtige Personen, die zur Zeugenaussage gegen andere kommen, angewendet werden, das heißt, bevor sie zugelassen werden, soll ihre Glaubwürdigkeit durch die Heißwasserprobe geprüft werden[788].

Die Heißwasserprobe als Voraussetzung, bevor gefoltert werden kann, ist neu. Dass sie hier plötzlich als der Folter vorgeschaltetes Beweismittel auftaucht,

784 LVis. VI, 1, 3 (ed. Zeumer), S. 250 f.; siehe zu dieser Vorschrift auch *v. Bethmann-Hollweg,* Civilprozeß IV/1, S. 240; siehe auch *Helfferich*, Westgothen-Recht, S. 286 f.; siehe auch *Dahn*, Westgothische Studien, S. 285 f.; siehe auch *Ficker*, Ueber nähere Verwandtschaft, S. 455 (459 f.); siehe auch *Petit*, Iustitia Gothica, S. 308 (311 ff.); siehe auch *Thompson*, Goths, S. 259; siehe auch *Beyerle*, Entwicklungsproblem, S. 561 f.; siehe auch *Martínez Díez,* La tortura judicial, S. 223 (247 ff.); siehe auch *King*, Law and Society, S. 121 mit Fn. 4; siehe auch *Zeumer*, Geschichte I, S. 419 (511); siehe auch *García López,* Estudios críticos, S. 513 ff.

785 siehe *Martínez Díez,* La tortura judicial, S. 223 (247 f.); siehe auch *Thompson*, Goths, S. 259; vgl. *Helfferich*, Westgothen-Recht, S. 286 (287), der jedoch davon ausgeht, dass das Gesetz von Witiza stammt; vgl. *Ficker*, Ueber nähere Verwandtschaft, S. 455 (459); vgl. *Dahn*, Westgothische Studien, S. 285; anders übersetzt bei *García López,* Estudios críticos, S. 540 (542).

786 siehe *Dahn*, Westgothische Studien, S. 285; vgl. *Helfferich*, Westgothen-Recht, S. 286 (287); vgl. *Ficker*, Ueber nähere Verwandtschaft, S. 455 (459); vgl. *Thompson*, Goths, S. 259; a.A. *García López,* Estudios críticos, S. 541.

787 siehe zum Begriff der „*calumnia*" *Dahn*, Westgothische Studien, S. 267: „‚gerichtliche Behelligung' überhaupt"; siehe hierzu auch *Thompson*, Goths, S. 259; vgl. *Martínez Díez,* La tortura judicial, S. 223 (248).

788 so *Dahn*, Westgothische Studien, S. 285; siehe auch *Brunner/v. Schwerin,* Deutsche Rechtsgeschichte II, S. 549; vgl. *Petit*, Iustitia Gothica, S. 308 (312); siehe auch *Thompson*, Goths, S. 259; vgl. *Beyerle*, Entwicklungsproblem, S. 551 f.; vgl. *Martínez Díez,* La tortura judicial, S. 223 (248); vgl. hierzu auch *García López,* Estudios críticos, S. 538 (540).

ist überraschend, da in den westgotischen Gesetzen einzigartig.[789] Sie bestand darin, drei Steine in einen Kessel mit siedendem Wasser zu werfen und sie dann wieder herauszufischen. Die nähere Ausgestaltung ist in ihren Einzelheiten, insbesondere darüber, ob der Angeschuldigte selbst oder ein Vertreter (Unfreier) die Probe zu bestehen hatte, unklar.[790] Was ihre Herkunft angeht, nimmt DAHN ein Vorbild in der fränkischen Rechtssitte an.[791]

Erst wenn die Heißwasserprobe nicht bestanden wird, soll zur Folterung geschritten werden.[792] Besteht der Beschuldigte sie jedoch, gilt er als unschuldig.[793] Das Gesetz, dem er unterworfen werden soll, wenn er ein Geständnis ablegt, ist LVis. VI, 1, 2.[794] Bei Exkulpation durch die Heißwasserprobe soll jedoch dem Kläger nichts passieren – auch das ist neu. Ratio hierfür ist wohl, dass der Angeschuldigte ja nicht der Folter überliefert wurde und damit aus Egicas Sicht „nichts passiert ist“.[795] Egica erweitert die Norm zudem auch auf verdächtige Zeugen.

---

789 hierzu vor allem *Dahn*, Westgothische Studien, S. 285, mit weiteren Nachweisen; siehe auch *v. Bethmann-Hollweg,* Civilprozeß IV/1, S. 240; siehe auch *Brunner/v. Schwerin,* Deutsche Rechtsgeschichte II, S. 542 und 549; *Ficker*, Ueber nähere Verwandtschaft, S. 455 (459 f.) sieht in dieser Einzigartigkeit, verbunden mit der hier erfolgten Normierung als regelmäßiges Beweismittel, ein Zeichen dafür, dass das alte gotische Recht in dieser Zeit wieder verstärkt von den Gesetzgebern herangezogen wurde; siehe auch, *Ficker* sinngemäß zustimmend, *Zeumer*, Geschichte I, S. 419 (511); vgl. *Petit*, Iustitia Gothica, S. 308 (313); *Claude*, Adel, S. 193 f. vermutet, dass durch dieses Gesetz ein bereits bestehender, in der Rechtswirklichkeit verwurzelter Brauch ausdrücklich normiert wurde; a.A. als *Ficker* jedoch *Thompson*, Goths, S. 259, Fn. 2: „There is no reason to think that the ordeal was an old Germanic custom which the Goths now saw fit to resurrect.“; siehe hierzu aber ausführlich *García López,* Estudios críticos, S. 513 ff. mit weiteren Nachweisen.

790 siehe *Zeumer*, ed. LVis. Additamentum 2. D., S. 462 (463); siehe hierzu die Deutungsmöglichkeiten von *Dahn*, Westgothische Studien, S. 285 (286), mit weiteren Nachweisen; siehe auch *Brunner/v. Schwerin,* Deutsche Rechtsgeschichte II, S. 545 f. mit Fn. 34 und S. 549.

791 *Dahn*, Westgothische Studien, S. 285 (286); siehe hierzu auch *Brunner/v. Schwerin,* Deutsche Rechtsgeschichte II, S. 537 ff. (insbesondere 542, 545 f. mit Fn. 34, 549); vgl. *Lieberwirth*, Folter, S. 13 (45, 62 f.); vgl. *v. Halban,* Das römische Recht I, S. 226; vgl. hierzu aber ausführlich *García López,* Estudios críticos, S. 513 ff. mit weiteren Nachweisen.

792 siehe auch *Helfferich*, Westgothen-Recht, S. 286 (287); *Dahn*, Westgothische Studien, S. 285; *Brunner/v. Schwerin,* Deutsche Rechtsgeschichte II, S. 549; *Ficker*, Ueber nähere Verwandtschaft, S. 455 (459 f.); *King*, Law and Society, S. 121, Fn. 4; vgl. *Beyerle*, Entwicklungsproblem, S. 562.

793 siehe *Ficker*, Ueber nähere Verwandtschaft, S. 455 (459 f.).

794 darauf weist schon *Helfferich* hin, Westgothen-Recht, S. 286 f.; ebenso *Zeumer*, ed. LVis., S. 251 Fn. 1.

795 siehe hierzu *Martínez Díez,* La tortura judicial, S. 223 (248); vgl. hierzu *Dahn*, Westgothische Studien, S. 285; vgl. auch *King*, Law and Society, S. 121; siehe auch *Thompson*, Goths, S. 259; siehe aber auch die Deutung von *García López,* Estudios críticos, S. 540 (541).

LVis. VI, 1, 3 stellt damit einen Annex zu LVis. VI, 1, 2 dar und sollte vermutlich neben ihr angewendet werden.[796] Mit der Erwähnung der Wertgrenze von 300 *solidi* kehrt Egica zur chindasvinthischen Version von LVis. VI, 1, 2 zurück. Wie oben bei der Gesetzgebungsgeschichte der Westgoten besprochen, griff Egica auch Gesetze in ihrer vorervigianischen Fassung wieder auf. Dies ist so ein Fall.[797] Er ergänzt bzw. ändert LVis. VI, 1, 2 zwar durch diesen Annex, indem er die Heißwasserprobe als der Folter vorrangig regelt. Jedoch läßt er LVis. VI, 1, 2 grds. in Kraft[798] – er verweist ja sogar darauf. Die Heißwasserprobe soll nun aber in allen Fällen, unabhängig von einer Wertgrenze, angewendet werden, bei Nichtbestehen soll gefoltert werden. Damit schafft Egica jegliche Wertgrenze ab.[799] Dies wird wieder zu einer Ausweitung der Folter geführt haben, wenn die Heißwasserprobe nicht bestanden wurde.[800]

Aber auch LVis. IX, 1, 21 stellt in diesem Zusammenhang eine erwähnenswerte Egica-Novelle dar:

[...] Priscarum quidem legum sanctionibus manifeste depromitur, quibus modis quibusque perquisitionum titulis fugitivorum latebrosa vagatio reprimatur. Sed dum iudicum diversis occasionibus vel susceptorum fraude eorum fuga occulitur, verum est, quod et ipsarum legum ordo difficile adimpletur, et increscente vitio potior latitantibus aditus propagatur, ita ut non sit penitus civitas, castellum, vicus aut villa vel diversorium, in quibus mancipia latere minime dignoscantur. Unde reservata anterioris legis illius sanctione, que de fugitivis est promulgata, huius novelle constitutionis decreto censemus, ut, quicumque deinceps fugitivum alterius susceperit, quamquam se dicat esse ingenuum, statim eum procuret iudicialiter exquirendum, ut, utrum vere ingenuus an fortasse sit servus, iudicis instantia perquiratur; qualiter reperta veritate servus idem domino proprio reformetur. [...] Sed hec observanda vel tenenda sancimus, ut in quibuscumque locis mancipia advenerint fugitiva, statim omnes habitatores locorum ipsorum congregentur in unum, qualiter mancipia ipsa fugitiva vivida indagatione perquirentes, aut per questionum tormenta, aut pro penali examinatione, cuius sint servi vel ancille, aut quando

---

796 siehe hierzu *Martínez Díez,* La tortura judicial, S. 223 (248); vgl. *García López,* Estudios críticos, S. 518 und 526 f.

797 siehe *Zeumer*, ed. LVis., S. 250, Fn. 2; vgl. hierzu aber *García López,* Estudios críticos, S. 538 f. mit weiteren Nachweisen.

798 siehe hierzu *Martínez Díez,* La tortura judicial, S. 223 (248); vgl. *García López,* Estudios críticos, S. 518 und 526 f.

799 *Martínez Díez,* La tortura judicial, S. 223 (248); ebenso *Petit*, Iustitia Gothica, S. 308 (312); siehe auch *King*, Law and Society, S. 121, Fn. 4; siehe auch *Beyerle*, Entwicklungsproblem, S. 561 (562); a.A. *v. Bethmann-Hollweg*, Civilprozeß IV/1, S. 240 mit Fn. 19; auch a.A. *Helfferich*, Westgothen-Recht, S. 287; unklar bei *Dahn*, Könige VI, S. 167, klar aber auch a.A. *derselbe*, Westgothische Studien, S. 283, Fn. 3; vgl. zur Wertgrenze bei Egica auch *Zeumer*, ed. LVis., S. 250, Fn. 2; siehe zu dieser Problematik auch *García López,* Estudios críticos, S. 538 ff. mit weiteren Nachweisen.

800 *Martínez Díez,* La tortura judicial, S. 223 (248 f.); vgl. *Petit*, Iustitia Gothica, S. 308 (312 f.); vgl. *Beyerle*, Entwicklungsproblem, S. 561 (562).

dominis suis fugerint, vel de qualibus locis inibi advenerint, specialiter manifestent; ut secundum anterioris legis edictum propriis dominis presententur aut dirigantur. [...] Quicumque tamen hominum infra fines Spanie commanentium vel consistentium a quibuslibet personis mancipia ab incognito accipere voluerint, non aliter ipsa venditio fiat, nisi prius coram iudice vel bonis hominibus, qui in loco illo fuerint, ubi mancipium venditur, perquiratur, utrum proprium an alienum servum vendere videatur, specialiter dicat, et hoc, quod dixerit, ipsum iurando affirmet. Ac postmodum servus ille, quem venundare voluit, per examinationem pene cogatur transire. Et si perventum fuerit, quod non sit illius, qui vendidit, servus, sed alienum constat esse mancipium, tunc proprio domino iudicis instantia reformetur. [...][801]

Zunächst schildert Egica den Zweck des Gesetzes: trotz Festlegung in früheren Gesetzen[802], wie die heimliche Flucht von Sklaven unterdrückt werden soll, wird ihre Flucht oft verborgen durch Richter oder Beschützer von Sklaven, so dass die Rechtsdurchsetzung erschwert wird.[803] Zudem würden mit der wachsenden Zahl von Flüchtigen die Möglichkeiten, sich zu verbergen, größer. Es gebe daher kaum einen Platz, wo nicht ein paar flüchtige Sklaven bekannt sind. Die Vorschriften früherer Gesetze gegen flüchtige Sklaven[804] in Kraft lassend, verfügt er, dass man den flüchtigen Sklaven eines anderen unmittelbar einer richterlichen Untersuchung ausliefern soll, auch wenn er anführen sollte, dass er ein Freier sei, damit festgestellt werden könne, ob er ein Freier oder ein Sklave sei. Sollte bewiesen werden, dass er ein Sklave ist, soll er an seinen Herrn zurückgegeben werden. Zu Recht führt THOMPSON an, dass dies in letzter Konsequenz hieße, man müsse jeden armselig gekleideten Fremden, den man antrifft, vor den Richter bringen, um feststellen zu lassen, ob es sich nicht um einen Sklaven handeln könnte.[805]

Zudem legt er fest, dass immer dann, wenn flüchtige Sklaven an irgendeinen Ort kommen, sich alle Einwohner versammeln sollen[806], um eine gründliche Untersuchung der flüchtigen Sklaven vorzunehmen, entweder durch Folter oder eine andere Methode. Damit soll festgestellt werden, wessen Sklaven sie sind, wann sie ihren Herren entflohen und wann sie in diese Gegend gekommen sind. Hierfür müssen alle Mittel aufgeboten werden, um die Sklaven auszulie-

801 LVis. IX, 1, 21 (ed. Zeumer), S. 363 ff.; siehe zu dieser Vorschrift auch *Dahn*, Westgothische Studien, S. 282 (283), 301, 303 und 307; siehe auch *Thompson*, Goths, S. 272 ff.

802 LVis. IX, 1, 1–10, 12, 13, 14 (ed. Zeumer), S. 352 ff.; hierauf verweist schon *Zeumer*, ed. LVis., S. 363, Fn. 2.

803 siehe hierzu *Thompson*, Goths, S. 272 f.

804 LVis. IX, 1, 8 und 9 (ed. Zeumer), S. 356 ff.; hierauf verweist schon *Zeumer*, ed. LVis., S. 364 Fn. 1.

805 *Thompson*, Goths, S. 273.

806 hierzu insbesondere kritisch *Dahn*, Westgothische Studien, S. 307 und 321; siehe auch *Thompson*, Goths, S. 273.

fern oder ihren Herren zurückzugeben, wie durch ein früheres Gesetz[807] vorgeschrieben.

Des Weiteren regelt er, dass jeder, der innerhalb der Grenzen Spaniens einen Sklaven von einer ihm unbekannten Person erwerben möchte, diesen Erwerb nicht abschließen darf, bis Untersuchungen in Gegenwart des Richters oder achtbarer Personen gemacht worden sind, ob der Fremde seinen eigenen Sklaven oder den eines anderen verkaufen will. Der Verkäufer soll seine Angaben beschwören. Der angebotene Sklave soll selbst einer Untersuchung unterworfen werden. Wird festgestellt, dass er nicht der Sklave des Verkäufers, sondern eines anderen ist, dann soll er auf Befehl des Richters an seinen früheren Herrn zurückgeführt werden.

Egica will mit dieser Norm also der Flucht von Sklaven Einhalt gebieten, da sie seines Erachtens überhandnimmt.[808] Darum sollen solche, die man für flüchtige Sklaven hält, mit Hilfe von Folter befragt werden, um herauszufinden, wohin sie gehören. Wie gesehen, nimmt Egica hier alle Bürger in die Pflicht. Dies bewehrt Egica mit hoher Strafandrohung.[809] Auch bei dem Kauf eines Sklaven muss demnach zuerst durch Folter untersucht werden, ob er wirklich dem Verkäufer gehört. Damit wird auch der Käufer vor späteren Regressansprüchen des wahren Eigentümers geschützt.

THOMPSON vermutet insbesondere aufgrund der hohen Strafandrohungen auch gegen hoch stehende Persönlichkeiten wie die *comites* oder die Bischöfe, dass Egica die Vorahnung hatte, sein Gesetz würde in der Praxis nicht zu seiner Zufriedenstellung durchgesetzt werden. THOMPSON sieht darin ein Symptom des zusammenbrechenden Verwaltungsapparats in der westgotischen Gesellschaft.[810]

Wie man sehen kann, bringt auch Egicas Gesetzgebung noch ein paar Neuerungen in die Folterregelungen, die viele gute Ansätze seiner Vorgänger völlig zunichte machen. Insbesondere ergänzt er LVis. VI, 1, 2 mit LVis. VI, 1, 3, womit er die Wertgrenze, die von Ervig auf 500 *solidi* erhöht worden war, völlig abschafft. Er normiert nun allerdings die Heißwasserprobe als ersten Schritt, um zu prüfen, ob man der Folter ausgeliefert werden sollte oder nicht. Da bei Nichtbestehen dieser die Folter angewendet wird, wurde, insbesondere aufgrund der Abschaffung jeglicher Wertgrenze, sicherlich keine Eindämmung der Folter erreicht, sondern eher ihre Ausweitung. Die Wahrheitsfindung jedenfalls wurde dadurch sicherlich nicht weitergebracht. Zudem war die Normierung, dass der

807 LVis. IX, 1, 9 (ed. Zeumer), S. 356 ff.; hierauf verweist schon *Zeumer*, ed. LVis., S. 364 Fn. 2.
808 siehe dazu *Thompson*, Goths, S. 274.
809 siehe die hier ausgesparten Stellen in LVis. IX, 1, 21 (ed. Zeumer), S. 363 (364 f.).
810 *Thompson*, Goths, S. 274.

falsche Ankläger beim Unschuldsbeweis durch die Heißwasserprobe nichts zu befürchten hatte, Chindasvinths Intention, verleumderische Anklagen zurückzudrängen, sicher nicht gerade förderlich. Bemerkenswert ist zudem Egicas Gesetzgebung zur Sklavenfolter, die unter seiner Regentschaft deutlich ausufert. Ratio hierfür ist laut seiner eigenen Gesetzesbegründung das Überhandnehmen von flüchtigen Sklaven. Die Hauptintention dieser Gesetzgebung ist damit, die Flucht von Sklaven einzudämmen.

Festhalten kann man damit, dass Egicas Gesetzgebung sowohl in Bezug auf Freie wie auch auf Sklaven die Folter erheblich ausweitete und damit die Gesetzgebung seiner Vorgänger weitgehend konterkarierte.

4. Zusammenfassung zur späteren Gesetzgebung im westgotischen Reich

Chindasvinths Sohn Reccesvinth vollbringt zunächst eine beachtenswerte gesetzgeberische Leistung, indem er den bereits durch seinen Vater vorbereiteten Liber Iudiciorum herausbringt. Die besprochenen Regelungen Chindasvinths hat er dabei in diese Kodifikation übernommen. Seine eigene Gesetzgebung ist weitaus nicht so ausgefeilt wie die seines Vaters, jedoch ergänzt er dessen Gesetzgebung in einigen Punkten. So schafft er klarstellende Kataloge, wann die Aussage eines Sklaven zu hören ist und lässt die Sklavenfolter im Einzelfall nur unter erhöhten Voraussetzungen zu. Auch schafft er noch mehr Vorschriften, um die Willkür der Richter zu unterbinden, wodurch sich schon die Gesetzgebung Chindasvinths ausgezeichnet hat. Insbesondere aber normiert Reccesvinth den Schutz von Christen vor Folter durch Juden, wohinter wohl kirchenpolitische Intentionen stecken.

Ervig überarbeitet in diesem Bereich überwiegend die Gesetze Chindasvinths, zum großen Teil auch im Sinne des ursprünglichen Gesetzgebers. Sowohl bei höher gestellten als auch bei niedrigeren Personen, im letzteren Fall durch die Erhöhung der Wertgrenze, drängt er die Folter zurück, was auch Chindasvinths Intention entsprochen hätte. Auch erhöht er die Strafe für den nur nachlässigen Richter, der schwere Foltern nicht verhindert hat. Bei Nichtbezahlung derselben wird dieser sogar versklavt. Jedoch ist die Möglichkeit für den Ankläger, sich bei der falschen Anklage schwerer Verbrechen mit dem unschuldigen Angeklagten finanziell zu einigen, Chindasvinths Intention, das Verleumdertum einzudämmen, alles andere als förderlich. Die Sklavenaussage ist unter Ervig völlig unglaubwürdig, auch wenn sie unter der Folter bestätigt wird. Auch eine Tendenz zur Zurückdrängung der Sklavenfolter, jedenfalls bei der Zeugenaussage, ist damit erkennbar. Ervigs Gesetzgebung kommt Chindasvinths ursprünglichen gesetzgeberischen Absichten damit zwar in weiten Teilen entgegen bzw. baut sie sogar noch aus, konterkariert sie jedoch leider auch nicht unerheblich.

Egica reformiert LVis. VI, 1, 2 mit seinem Annex LVis. VI, 1, 3, indem er die von Ervig erhöhte Wertgrenze völlig abschafft und die Heißwasserprobe als notwendigen Verfahrensschritt vor die Folter setzt. Er weitet dadurch die Folter an Freien aus. Zudem wird bei Überstehen des Kesselfangs keine Bestrafung des falschen Anklägers vorgenommen, was Chindasvinths Ziel, verleumderische Anklagen zurückzudrängen, zumindest teilweise konterkariert. Ansonsten ufert in Egicas Gesetzgebung vor allem die Sklavenfolter aus. Hauptintention Egicas hierfür ist, die wohl überhandnehmende Flucht von Sklaven einzudämmen.

Chindasvinths Ziele, die er mit seiner Gesetzgebung verfolgte, wurden damit zwar zunächst unter seinen Nachfolgern fortgesetzt, jedoch nicht immer konsequent. Egica hat sie zu großen Teilen konterkariert.

Kapitel 4: Einfluss des Römischen Rechts und anderer Rechte

Wie schon im ersten Kapitel festgestellt, war die Folter ein den Römern durchaus bekanntes Rechtsinstitut, was sich auch aus den hier zahlreich entdeckten Parallelstellen zur Lex Visigothorum im Breviar ergeben hat. Ein grundsätzlicher – wenn auch in Einzelfragen schon vorgenommener – zusammenfassender Vergleich mit dem römischen Recht, namentlich dem in der Lex Romana Visigothorum enthaltenen, erscheint notwendig. Ein römischer Einfluss muss immer in Betracht gezogen werden, da die nach der Völkerwanderung auf römischem Boden entstandenen germanischen Reiche selbstverständlich mit römischer Kultur in Berührung kamen. Jedenfalls kann für keine der germanischen *Leges* von vornherein ausgeschlossen werden, dass sie durch römisches Recht beeinflusst wurde.[811]

I. Vorüberlegungen: Probleme im Umgang mit dem Römischen Recht

Während in der Lex Romana Visigothorum ganz eindeutig römisches Recht gezielt übernommen wurde, da das Gesetz ja, wie oben in der Gesetzgebungsgeschichte ausgeführt, für Römer gedacht war, stellt sich bei den anderen germanischen Rechtsordnungen immer wieder die Frage, auf welchem Wege die Ähnlichkeit mit dem römischen Recht zustande gekommen ist.

Frühere Forschungen gingen nahezu einhellig davon aus, dass die *Leges barbarorum* reines, unverfälschtes germanisches Recht enthielten.[812] Lediglich die Gesetze der Ost- und Westgoten wurden etwas differenzierter betrachtet. So galt das Edictum Theoderici immer als fast ausschließlich von römischem Recht durchdrungen.[813] Die Leges Visigothorum wurden immer als Quellen germa-

811 *Nehlsen*, Sklavenrecht, S. 49; siehe insbesondere zum Codex Euricianus und dem römischen Recht *Díaz/González Salinero,* El Codigo de Eurico, S. 93 ff., insbesondere S. 111.

812 siehe nur *Herold*, Originum ac Germanicarum Antiquitatum Libri, Vorrede fol. t 3 r; vgl. auch *Herold*, 1. Vorrede zu *Lycosthenes*, Wunderwerck: Zuschreiben an den Fürsten zu Fulda, a iii lich/ (S. 3 des Zuschreibens, Zählung durch den Bearbeiter); eine ausführliche Darstellung der Forschungsentwicklung findet sich bei *Nehlsen*, Sklavenrecht, S. 38 ff.

813 *Nehlsen*, Sklavenrecht, S. 38 (39, Fn. 11); siehe hierzu *Vismara*, Edictum Theoderici, S. 6 ff., 56, Fn. 199, passim; *Nehlsen*, Rezension Vismara, Edictum Theoderici, ZRG GA 86 (1969), S. 246 (inbesondere 251 ff.).

nischen Rechts angesehen, jedoch wurden – nicht näher erforschte – Einflüsse römischen Rechts niemals bestritten.[814] V. HALBAN bescheinigte den ost- und westgotischen Gesetzen im Vergleich etwa zur Lex Burgundionum eine wesentlich geringere Widerstandsfähigkeit gegen das römische Recht.[815] Während nur ein Drittel der Antiqua romanisiert sei, fände man in den Gesetzen Chindasvinths und Reccesvinths nur noch einen kleinen Bruchteil rein germanischer Rechtsauffassung.[816]

Zwar lässt sich durchaus eine sprachliche Kontinuität von römischen Vulgarrechtsquellen bis zu fränkischen Rechtsquellen Anfang des 10. Jhds. n. Chr. verfolgen. Dies insbesondere, da für Folter durchgehend die Ausdrücke *tormenta* und *quaestio* sowie weitere Varianten dieser beiden Begriffe verwendet werden.[817]

Trotzdem stellt sich insbesondere LIEBERWIRTH die Frage, ob ein Rückschluss von der sprachlichen Kontinuität auf eine juristische Kontinuität zulässig ist. So könnte man mutmaßen, die Folter sei von den germanischen Volksstämmen nicht als römisches Rechtsinstitut übernommen worden, sondern habe sich eigenständig in den germanischen Teilreichen entwickelt. Möglich wäre also, dass bei der späteren Aufzeichnung der germanischen *Leges* lediglich die sprachliche Bezeichnung aus den römischen Rechtsquellen verwendet worden wäre, eine Vermutung, die nicht fern liegt, wenn man die Unterschiede in der konkreten Art und Weise der Folterung bei manchen Germanenstämmen zur Folter im römischen Recht betrachtet, die trotz der begrifflichen Übereinstimmung bestehen.[818] Hier kann man die Überlegung anstellen, dass hierfür als Vergleichsgrundlage zum Einen meist das von Justinian kodifizierte Gesetz herangezogen wird, das aber zu dem Zeitpunkt, als die maßgeblichen Kodifikationen in den gotischen Reichen und im burgundischen Reich entstanden, noch gar nicht kodifiziert war, zum Anderen das klassische Recht, das aber bereits verschollen war. So ist also zu fragen, ob die Unterschiede zum klassischen römischen Recht durch die germanischen Gesetzgeber bedingt wurden oder ob diese nicht schon etwa im römischen Vulgarrecht vorhanden waren.[819]

Bereits LEVY hatte die frühere Forschung kritisiert, als er ihr vorwarf, nur das klassische Recht oder das klassizistische justinianische Recht als Vergleichsgrundlage für die germanischen Leges verwendet zu haben. Mit dieser Vorge-

814 *Nehlsen*, Sklavenrecht, S. 38 (39, Fn. 11).
815 *v. Halban,* Das römische Recht I, S. 309 f.; siehe auch *Lieberwirth*, Folter, S. 13 (45).
816 *v. Halban,* Das römische Recht I, S. 198 f.; siehe auch *Nehlsen*, Sklavenrecht, S. 38 (42).
817 siehe *Lieberwirth*, Folter, S. 13 (43).
818 *Lieberwirth*, Folter, S. 13 (43).
819 siehe *Levy*, Obligationenrecht, S. 11 (12); zu diesem Absatz *Lieberwirth*, Folter, S. 43 f.

hensweise habe man zwangsweise römische Einflüsse übersehen, weil die Germanen bei der Aufzeichnung ihres Rechts nur die römischen Vulgarrechtsquellen zur Verfügung hatten. Die Untersuchung eines römischen Ursprungs könne sich damit nur am Vulgarrecht orientieren.[820]

Die Rechtsvorstellungen des römischen Vulgarrechts und des germanischen Rechts sind schon deswegen schwer zu unterscheiden, weil für beide „sinnenhafte Anschaulichkeit, Deckung von sozialen und juristischen Funktionen und Wertungen, Affektbestimmtheit und Zeichenhaftigkeit" als entscheidende Merkmale bezeichnend sind.[821] WIEACKER bezeichnet die Rechtsvorstellungen des römischen Vulgarrechts und die der frühmittelalterlichen Germanenstämme treffend als „enge Wahlverwandtschaften".[822] Oft wird man deshalb – neben der Möglichkeit einer Beeinflussung des germanischen Rechts durch römische Rechtsvorstellungen – auch umgekehrt mit einer Beeinflussung in die andere Richtung oder gar mit einer Wechselwirkung rechnen müssen.[823] Weiterhin könnte es auch zu einer Parallelentwicklung gekommen sein, da Römer und Germanen unter teilweise gleichen, jedenfalls aber ähnlichen Bedingungen, sowohl wirtschaftlicher wie auch politischer Art, auf römischem Boden lebten.[824] Auch wird der Einfluss christlichen Gedankenguts eine nicht unbedeutende Rolle gespielt haben.[825]

Eine Parallelentwicklung bzw. eine eigenständige Entwicklung der Folter bei den germanischen Stämmen, insbesondere bei den Westgoten, wird aber immer eine gewichtige Rolle gespielt haben. Hier ist LIEBERWIRTH zuzustimmen, der anführt, dass ein Rechtsinstitut wie die Folter unmöglich „aus einer Laune heraus" oder aufgrund eines Vorbilds bei einem anderen Volk entstehen kann, sondern aufgrund eines jeweiligen Bedürfnisses, sie als Mittel zu einem Zweck zu verwenden, der mit der Folter besser zu erreichen ist.[826] Man mag ja in Einzelfragen immer von mehreren Einflüssen sprechen – das Instrument der Folter an sich jedoch ist sicherlich ein so selbstverständliches Rechtsinstitut, dass es sich unabhängig von jeglichem Einfluss einer anderen Rechtsordnung in jeder beliebi-

---

820 *Levy*, Vulgar Law, S. 14 ff.; *derselbe*, Obligationenrecht, S. 11 (12); dazu *Nehlsen*, Sklavenrecht, S. 44 (46).

821 *Wieacker*, Vulgarismus, S. 33; siehe auch *Nehlsen*, Sklavenrecht, S. 48.

822 *Wieacker*, Vulgarismus, S. 33.

823 *Wieacker*, Vulgarismus, S. 32; ebenso *Nehlsen*, Sklavenrecht, S. 48.

824 *Nehlsen*, Sklavenrecht, S. 48; vgl. *Levy*, Nachklassische Entwicklung, S. 163 (178 f.).

825 v.a. *Nehlsen*, Sklavenrecht, S. 48 sowie S. 178, wo er würdigt, dass sich christlicher Einfluss im Bereich der Sklavengesetzgebung erst ab der Regentschaft Chindasvinths wirklich zeigt; auch *Dahn*, Westgothische Studien, S. 315, sieht den christlichen Einfluss vor allem in der modernen Sklavengesetzgebung; vgl. zur Thematik auch *Schubert,* Der Einfluß des kirchlichen Rechts auf das weltliche Strafrecht der Frankenzeit.

826 *Lieberwirth*, Folter, S. 13 (90).

gen Population entwickeln kann, da der dahinter stehende Gedanke denkbar simpel ist: ich füge jemandem so lange Schmerzen zu, bis ich von ihm bekomme, was ich will. Kaum denkbar, dass einem Gesetzgeber der Gedanke entgehen könnte. Dies besonders in einer Zeit, in der es an vielerlei zuverlässigen Beweismitteln, auf die wir heutzutage vertrauen (Foto- bzw. Videobeweis, DNA-Analyse etc.) fehlte.[827] „Die Ausweglosigkeit der defizitären Beweismittel“[828] ist damit immer ein fruchtbarer Nährboden für die Folter.[829]

II. Römische und westgotische Besonderheiten im westgotischen Recht

Wie festgestellt, kann eine sichere Feststellung, in welche Richtung eine Beeinflussung stattgefunden hat, kaum stattfinden. Mit einer wechselseitigen Beeinflussung wird man damit immer zu rechnen haben. Einen brauchbaren Ansatz stellt aber gerade für die Westgoten der Vergleich zwischen dem Codex Euricianus bzw. dem Liber Iudiciorum und der Lex Romana Visigothorum dar, die ja, wie bereits dargestellt, gezielt römisches Recht für die Römer auf westgotischem Boden zusammengefasst und interpretiert hat. Nachdem sie vor allem große Komplexe des Codex Theodosianus und der Paulussentenzen enthält, ist sie ein unersetzbares Zeugnis für das römische Vulgarrecht.[830] Erst sie galt, wie gezeigt, für die römische Bevölkerung des Westgotenreiches und war als Kompilation der im Westgotenreich bekannten römischen Rechtsquellen selbstverständlich durch und durch von römischem Recht durchsetzt, weshalb sich natürlich auch hier Regelungen zur Folter finden.[831]

Wir haben bereits betrachtet, dass Einflüsse bzw. Übernahmen aus dem Breviar durchaus bei den großen Gesetzgebern, die nach Alarich II. das Westgotenreich regierten, vorkamen. Übernahmen finden sich damit sowohl in der Antiqua als auch in der Gesetzgebung Chindasvinths. Große Übernahmen römischen Rechts in Chindasvinths Gesetzgebung erscheinen auch als logische Konsequenz der Tatsache, dass der Liber Iudiciorum, den Chindasvinth ja, wie gesehen, schon vorbereitete, nicht nur für die Westgoten, sondern auch für die

827 siehe zu diesem letzten Punkt bereits *Schmoeckel*, Folter – warum nicht?, S. 40.

828 Dank gebührt Herrn Professor Dr. Harald Siems, München, für diese treffende Formulierung, die er anlässlich der Besprechung meiner Arbeit in seinem Doktorandenseminar in München fand und die ich aufgrund ihrer Anschaulichkeit nicht umhin kam zu übernehmen.

829 vgl. hierzu auch *Sabadell*, Schmerz und Wahrheit, S. 91 (100).

830 so insbesondere *Nehlsen*, Sklavenrecht, S. 62 (63); siehe auch *Schmoeckel* FS Kleinheyer, S. 437 (447); siehe auch *Conrad*, Deutsche Rechtsgeschichte I, S. 59; siehe auch *Lieberwirth*, Folter, S. 13 (22).

831 vgl. auch *Lieberwirth*, Folter, S. 13 (22).

Römer in seinem Reich die einzige Rechtsquelle darstellen sollte.[832] Logisch ist auch, dass das römische Recht aus der Lex Romana Visigothorum entnommen wurde, da sie schon an westgotische Verhältnisse angepasst war und ohnehin schon für die romanische Bevölkerung im Westgotenreich galt.[833] Insbesondere die von Chindasvinth normierte subsidiäre Stellung der Folter gegenüber anderen Beweismitteln, namentlich dem Zeugen- und Urkundenbeweis, entspricht dem Gebot des Breviars, zunächst andere Beweismittel auszuschöpfen. Auch die Anklageschrift stellt ein römisches Rechtsinstitut aus dem Breviar dar, das schon die Antiqua übernommen hat. Die drei Zeugen führt jedoch die Antiqua erstmals auf, was auch Chindasvinth übernimmt. Das Breviar normiert ebenso schon die Bestrafung des falschen Anklägers mit der dem Angeschuldigten zugedachten Strafe. Wie insbesondere LVis. VI, 1, 2 zeigt, sind hier aber viele Besonderheiten zu bemerken, die vom Breviar abweichen. Insbesondere übernimmt Chindasvinth – wohl gezielt – nicht die Möglichkeit der Abolition aus dem Breviar. Der Grund hierfür ist in seinen gesetzgeberischen Zielen zu suchen, die in seinen Gesetzen sehr deutlich hervortreten und ihn darum auch zu eigenen Innovationen anregen. Chindasvinth zeigt, wie festgestellt, auch eine starke Tendenz, eigene Gedanken mit Altbewährtem zu kombinieren, Altbewährtes aber insoweit wegzulassen oder sogar gegenteilig zu regeln, als er seine gesetzgeberischen Intentionen damit besser zu erreichen glaubt. Dies zeigt sich nicht nur an der Weglassung der Abolition, sondern auch an der Forderung der Unbekanntheit des Tatvorwurfs auf Seiten des Angeschuldigten als Voraussetzung für die Folter. Zwar mag er hierzu von Vorschriften des Breviars, die die Folter gegen Dritte verbieten, inspiriert worden sein, faktisch ist seine Regelung aber trotzdem genau gegenteilig zum Breviar, das gerade fordert, dass der Angeschuldigte den Vorwurf kennt. Aber auch weitere Besonderheiten finden sich in Chindasvinths Gesetzgebung, die nichts mehr mit dem Breviar zu tun haben. Insbesondere bei der Sklavenfolter weicht Chindasvinth teilweise deutlich vom Breviar ab, insbesondere beim Tod des gefolterten Sklaven. Dies ist, wie bereits gesehen, mit Besonderheiten der Rechtsvorstellungen im westgotischen Reich zu erklären.[834] Was die Unglaubwürdigkeit der Sklavenaussage angeht, folgt Chindasvinth, wie gesehen, im Großen und Ganzen dem Breviar, ergänzt diese Regelungen jedoch noch. Große Unterschiede zeigen sich generell zwischen dem Breviar und der Lex Visigothorum, auch schon der Antiqua, bei der Sklavenfolter „in caput domini“. Was jedoch die Folter von Sklaven „in caput domini“ bei Ehebruch angeht, folgt Chindasvinth Breviar und Antiqua, aller-

832 *Dahn*, Westgothische Studien, S. 297.
833 *Dahn*, Westgothische Studien, S. 297.
834 siehe hierzu *Nehlsen*, Sklavenrecht, S. 232.

dings detaillierter und besser begründet. Die Schutzvorschrift für die Sklaven übernimmt er an dieser Stelle seltsamerweise nicht aus dem Breviar.

Man kann damit festhalten, dass die Folterregelungen in der Lex Visigothorum, insbesondere die von Chindasvinth geschaffenen, zwar im Großen und Ganzen mit dem Breviar konform gehen, sich teilweise jedoch große inhaltliche Abweichungen ergeben.[835] SCHMOECKEL sieht diese jedoch eher ergänzend nebeneinander stehend als widersprechend – die Gesetze der westgotischen Könige seien eher Präzisionen als Derogationen der vorhergehenden römischen Rechtssätze.[836] Zu großen Teilen kann ihm in dieser Auffassung zugestimmt werden, durchgehend jedoch nicht. So stellt zum Beispiel, wie bereits dargelegt, nicht nur die Voraussetzung der Unbekanntheit des Tatvorwurfs bei der Folter, sondern auch die Abschneidung der Abolitionsmöglichkeit eine bewusste Abweichung vom Breviar dar, mit der Chindasvinth seine eigenen gesetzgeberischen Intentionen vorantreiben wollte.

Angesprochen wurde bereits das teils bemerkenswerte Verhältnis zwischen der Folter und dem Reinigungseid, dem gegenüber die Folter in Chindasvinths Gesetzgebung unter gewissen Voraussetzungen subsidiär ist. Unter Ervig spielt umso stärker der gesellschaftliche Status des Angeschuldigten dafür eine Rolle, ob er gefoltert werden darf oder sich durch den Eid reinigen kann. Später führt Egica, wie gesehen, die Heißwasserprobe als zusätzliche Voraussetzung vor der Folter ein. Dies stellt eine seltsame Symbiose zwischen der Folter als (zumindest ursprünglich) römisch-rechtlichem Beweismittel[837] und einem germanischen Beweismittel wie etwa dem Reinigungseid dar.[838]

Hierbei muss man jedoch auch die politischen Entwicklungen im Westgotenreich beachten. Wie bereits dargelegt, verdrängte der Liber Iudiciorum bei seinem Inkrafttreten die Lex Romana Visigothorum. Dass er das Strafverfahren

835 *Dahn*, Westgothische Studien, S. 282 (284) sagt, dass die Grundsätze der Voraussetzungen der Folter gegen Sklaven und Freigelassene im Großen und Ganzen die römischen sind; vgl. *De Hinojosa,* Das germanische Element, S. 282 (299); auch *Nehlsen*, Sklavenrecht, S. 232, sieht die Foltervorschriften als im Wesentlichen auf der Übernahme römischen Rechts beruhend, weist jedoch *ebenda*, S. 52, darauf hin, dass sich zur Behandlung der Unrechtstaten von Sklaven schon germanische Rechtsvorstellungen gebildet hatten, bevor es zu größeren Einflüssen römischer Rechtskultur kam; zu germanischen Rechtsvorstellungen vor der Berührung mit dem römischen Recht im Bereich der Sklavenfolter siehe auch *Lieberwirth*, Folter, S. 13 (51 ff.) mit weiteren Nachweisen; *Peters*, Folter, S. 66, schreibt zur Folter im Liber Iudiciorum: „Ungeachtet aller spezifisch westgotischen Wesensmerkmale ist nicht zu übersehen, daß das im *Westgotischen Gesetzbuch* kodifizierte Recht dem Vorbild des römischen Rechts der späten Kaiserzeit folgt, auch wenn es dessen wesentlich härteren Sanktionen abmildert."

836 *Schmoeckel* FS Kleinheyer, S. 437 (447).

837 *Lieberwirth*, Folter, S. 13 (21).

838 siehe *Lieberwirth*, Folter, S. 13 (23).

des Breviars, wie gesehen, zu großen Teilen übernahm, geschah wohl gegen den Widerstand der gotischen Bevölkerung, die offenbar ungern das römische Strafprozessrecht anstelle ihrer germanischen Bräuche annahm.[839]

Jedoch beeinflusste das römische Rechtsdenken, bedingt durch die römische Umgebung, das Rechts- und Verfassungsleben im westgotischen Reich nachhaltig. Der Einfluss des Königs und der herrschenden Schicht im Westgotenreich wurden immer größer, so wurden die alten germanischen Rechte auch immer stärker zurückgedrängt. Die Oberen bedienten sich nämlich der römischen Verfassungs- und Verfahrensgrundsätze, die schon im römischen Reich Erfolg gezeigt hatten.[840]

Nicht zuzustimmen ist jedoch der Ansicht LIEBERWIRTHS, dass das römische Strafprozessrecht „in fast allen wesentlichen Punkten" übernommen wurde[841]. Zwar kann man sein Argument nicht bestreiten, dass sich die westgotischen Juristen schon zeitlich immer mehr von den von ihnen (zumindest teilweise) als Vorbilder genommenen römischen Juristen entfernten, womit auch die geistige Entfernung nach und nach stärker wurde, durchaus also vereinzelt typisch germanische Rechtsauffassungen wieder durchschlagen konnten.[842]

Jedoch berücksichtigt LIEBERWIRTH nicht, dass man hierbei dem römischen Recht nicht nur die „typisch germanischen" Rechtsauffassungen gegenüberstellen darf, sondern auch im Besonderen westgotische Rechtsauffassungen bzw. die Auffassungen des jeweiligen Gesetzgebers. Schon der Vergleich mit den im Gegensatz zum westgotischen Recht äußerst dürftigen Folterregelungen der anderen Germanenstämme sollte von einem „In-einen-Topf-werfen" aller Germanenstämme in ihren Rechtsauffassungen kurieren. Hier ist vor allem H. NEHLSEN zu folgen, der dagegen plädiert, jedes Gesetz eines germanischen Gesetzgebers ohne römisch-rechtliche Vorlage als „germanisches Recht" zu bezeichnen, sondern es vorzieht, sie trotz teilweise durchaus vorhandener grundsätzlicher Prägung durch germanische Rechtsvorstellungen als „fränkisch", „langobardisch" o.ä. zu klassifizieren. Vor allem muss man damit eine gewisse Eigenständigkeit der germanischen Gesetzgeber aufgrund ihrer eigenen Intentionen und Erwägungen, beeinflusst durch die jeweilige Zeit und politische Ausgangslagen, berücksichtigen.[843]

---

839 *Dahn*, Westgothische Studien, S. 259, vgl. 243; ebenso *Lieberwirth*, Folter, S. 44; vgl. *De Hinojosa,* Das germanische Element, S. 282 (285 f.).

840 *Lieberwirth*, Folter, S. 43 (45).

841 *Lieberwirth*, Folter, S. 44 f.

842 *Lieberwirth*, Folter, S. 45; vgl. dazu *Ficker*, Ueber nähere Verwandtschaft, S. 455 (459 ff.).

843 so völlig zu Recht *Nehlsen*, Sklavenrecht, S. 48 (49); vgl. *Petit*, Iustitia Gothica, S. 301 f.

Solche gesetzgeberische Besonderheiten finden wir zuhauf in der Lex Visigothorum, insbesondere in den Gesetzen Chindasvinths.[844] Man denke nur an die besprochenen neuen Voraussetzungen, um überhaupt einen Beschuldigten der Folter unterwerfen zu dürfen oder an die Neuerungen bei der Folter im Sklavenrecht. Zu Recht führt BEYERLE an, dass die Folter im Recht der Westgoten den römischen Regelungen selbstständig gegenüberstand und die Entlehnung der *inscriptio* aus dem römischen Recht lediglich daherrührte, dass dies mit der westgotischen Rechtsauffassung konform ging.[845] MARTÍNEZ DÍEZ, der Chindasvinths gesetzgeberische Originalität lobt, führt gar an, dass in LVis. VI, 1, 2 von der römischen Grundlage nur die Existenz der Folter an sich übriggeblieben ist, man aber, wenn man die umfangreichen Detailregelungen Chindasvinths betrachtet, gut und gerne von einer völlig eigenständigen Gesetzgebung sprechen kann.[846] Diese Ansicht trägt der bereits betrachteten gewaltigen Gesetzgebungsfähigkeit Chindasvinths angemessen Rechnung, ist aber doch leicht übertrieben. So kann doch etwa für die *inscriptio* an sich zumindest eine römische Grundlage festgestellt werden, wenn auch die Einzelheiten etwas neu ausgestaltet sind. Zuzustimmen ist jedoch, dass Chindasvinth sich nicht auf römisches Rechtsdenken verlassen hat, sondern sehr viele eigene Vorstellungen in seine Gesetze eingearbeitet hat. Dass man eigene Überlegungen des Gesetzgebers berücksichtigen muss, ergibt sich schon aufgrund der oben festgestellten Tatsache, dass die Gesetze überwiegend durch praktische Erfahrungen, teilweise aktuelle Probleme zustande kamen und somit ein reines Zurückgreifen auf Bekanntes und Bewährtes von vornherein unwahrscheinlich ist. Gerade bei Chindasvinth ist dies an-

844 siehe hierzu auch *Nehlsen*, Sklavenrecht, S. 247, der völlig zu Recht feststellt, dass die westgotischen Gesetzgeber „in keinem Fall die römischen Quellen gedankenlos abgeschrieben, sondern eigenständig umgestaltet haben."; auch *v. Halban,* Das römische Recht I, S. 237, führt an, dass die Westgoten römisches Recht nicht unbesehen übernommen, sondern ein „gemischtes System" aus germanischem, römischem und neuem Recht gebildet haben; auch *Petit,* Iustitia Gothica, S. 301 f. betont die eigene Kreativität und Originalität der westgotischen Gesetzgeber im Bereich der Folter, die er als ein Paradebeispiel dafür ansieht: „[...] pero la tortura, consecuencia necesaria de un sistema probatorio que busca la verdad objectiva, es un exponente más de la originalidad de los monarcas toledanos al incorporar precedentes y revela, pues a ello fueron debidas las innovaciones, la existencia de condiciones y problemas sociales específicos, fundamento de la creatividad jurídica visigoda."; auch *Peters*, Folter, S. 66 gesteht der Foltergesetzgebung der Westgoten die „spezifisch westgotischen Wesensmerkmale" zu.

845 *Beyerle*, Entwicklungsproblem, S. 559, Fn. 22; auch *v. Halban,* Das römische Recht I, S. 226, betont, dass die Folter im westgotischen Recht trotz Romanisierung einige selbstständige Elemente enthält; vgl. *v. Bethmann-Hollweg,* Civilprozeß IV/1, S. 239 ff.

846 *Martínez Díez,* La tortura judicial, S. 223 (236); vgl. *ebenda*, S. 239.

zunehmen, da er immer bemüht ist, seine Gesetze mit seinen gesetzgeberischen Intentionen zu begründen und damit sicherzustellen, dass der „Mann der Praxis", also etwa der Richter, sie auch versteht und somit richtig anwenden kann. Auch haben wir beobachtet, dass er etwa den Reinigungseid gerade für seine persönlichen gesetzgeberischen Intentionen, nämlich die Eindämmung verleumderischer Anklagen und die zurückhaltendere Anwendung der Folter verwendet und somit dieses Beweismittel nicht nur aufgrund seiner germanischen Herkunft in seine „Folterordnung" für Freie aufnimmt.

Natürlich darf man auch Einflüsse anderer germanischer *Leges* nicht völlig außer Acht lassen – diese werden sich aber hauptsächlich in die andere Richtung vollzogen haben. Bei der Lex Salica etwa wird teilweise eine Berührung mit dem westgotischen Recht angenommen, insbesondere bei L. Sal. 39, L. Sal. 42, 5 und L. Sal. 44.[847] Auch für die burgundischen Gesetzeswerke wird ein Einfluss des westgotischen Rechts vermutet, insbesondere des Codex Euricianus.[848]

Bei der Lex Visigothorum lässt sich also erkennen, dass zu großen Teilen römisches Recht übernommen wurde, trotzdem aber in weiten Teilen eigenständiges „westgotisches" Rechtsdenken der einzelnen Gesetzgeber Einzug gefunden hat, welches die römischen Regeln ändert oder ergänzt. So wurde in einzelnen bedeutenden Fragen vom römischen Recht abgewichen. Insbesondere von der Foltergesetzgebung Chindasvinths kann man dies behaupten.

Bei der Frage, wieso gerade die Westgoten, namentlich Chindasvinth, solch teilweise innovative Regelungen in ihre Gesetze eingefügt haben, die sich zum Teil in erheblicher Weise von den römisch-rechtlichen Regelungen abheben, sind aber neben verschiedenen Einflüssen vorheriger Gesetzgeber noch weitere Faktoren zu berücksichtigen.

Neben der bereits angesprochenen Möglichkeit, dass hier ältere Gewohnheiten nur erstmals aufgezeichnet wurden (was aber insgesamt aufgrund der betrachteten Detailregelungen mit ihren Begründungen und – soweit darf ich dem nächsten Kapitel vorgreifen – auch aufgrund der Konformität der geregelten Materien mit aktuellen Anlässen insbesondere unter Chindasvinths Regentschaft nicht der Fall sein kann)[849], darf man, wie bereits dargelegt, keineswegs die Möglichkeit außer Acht lassen, dass in den fortschrittlichen Folterregelungen Chindasvinths eine Eigenleistung des Gesetzgebers vorliegt, bedingt durch seine persönliche Rechtsauffassung und politische Motivation während seiner Regentschaft. Mithin wird sich das nächste Kapitel mit der Person des Westgotenkönigs Chindasvinth intensiver befassen.

---

847 siehe *v. Halban,* Das römische Recht III, S. 44 f. mit weiteren Nachweisen.

848 siehe etwa *Brunner*, Deutsche Rechtsgeschichte I, S. 497 (502, 505); *Zeumer*, Geschichte I, S. 419 (460 ff.); siehe auch *Lieberwirth*, Folter, S. 13 (23 f.).

849 siehe auch *Nehlsen*, Sklavenrecht, S. 249; zum geringen Anteil des Gewohnheitsrechts im Liber Iudiciorum siehe schon *Dahn*, Westgothische Studien, S. 298 f.

Kapitel 5: Der Gesetzgeber der „Folterordnung(en)“: die Person Chindasvinth im historischen Kontext

Eine gesetzgeberische Eigenleistung Chindasvinths, bedingt durch seine eigenen rechtlichen und politischen Vorstellungen, liegt, wie gesehen, nicht fern. Im Folgenden soll die Person dieses bedeutenden Westgotenkönigs etwas eingehender betrachtet werden. Betrachtet man die unter ihm erlassenen Gesetze, so sehen wir in ihm einen mutigen Reformgesetzgeber, der die Rechte der Sklaven stärkt und in seiner „Folterordnung“ einen weitreichenden Schutz für den Inquisiten schafft. Geht man von seiner Gesetzgebung aus, so stellen wir uns einen gütigen, gerechten Herrscher vor, der für die Belange der Schwachen stets ein offenes Ohr hat und seine Macht wohlüberlegt und ausgewogen ausübt, nur gegenüber Verleumdern unerbittlich ist. Auf den ersten Blick fällt es jedoch schwer zu glauben, dass wir von demselben Chindasvinth sprechen, über den uns die Geschichtsbücher berichten.

Chindasvinth wurde am 17. April 642[850] in Pampliega[851] in der Provinz Burgos zum König der Westgoten erhoben. Er war damals etwa 80 Jahre alt.[852] Seit 649 war Chindasvinths Sohn Reccesvinth Mitregent[853], mit Chindasvinths Tod 653 wurde Reccesvinth alleiniger Herrscher über die Westgoten.[854] Er erließ, wie bereits beschrieben, 654 den Liber Iudiciorum.

850 Datum nach *Zeumer*, Die Chronologie der Westgothenkönige, S. 442 (443).

851 von *Pampliega* spricht etwa *Claude*, Adel, S. 115; nach *Diesner*, Chindasvind, S. 3, Fn. 2 kann es Pampilica oder Pamplona gewesen sein; siehe hierzu auch *Garcia Moreno,* Reino Visigodo, S. 40, Nr. 33, Fn. 1 mit weiteren Nachweisen; *Garcia Volta,* Westgoten, S. 97, spricht von Pampalica; *Thompson*, Goths, S. 190 spricht von „Pampilica (perhaps Pampliega near Burgos)“.

852 siehe dazu *Fredegar* IV, 82 (ed. Wolfram/Kusternig), S. 256 f.; *Claude*, Adel, S. 115; *Diesner,* Chindasvind, S. 3; vgl. *Garcia Moreno*, Reino Visigodo, S. 40, Nr. 33; *Garcia Volta,* Westgoten, S. 97; teilweise wird auch von 79 Jahren gesprochen, etwa *Helfferich*, Westgothen-Recht, S. 87 f.; ebenso *Dahn*, Könige V, S. 193; ebenso *Claude,* Geschichte, S. 79; ebenso *Thompson*, Goths, S. 190 ff. (190); ebenso *Schuller* in LMA II, Sp. 1837.

853 *Fredegar* IV, 82 (ed. Wolfram/Kusternig), S. 256 f.; vgl. *Ildefonsus Toletanus,* De viris illustribus, c. 13 (ed. Codoñer Merino), S. 134; *Zeumer*, Die Chronologie der Westgothenkönige, S. 434; *Schuller* in LMA II, Sp. 1837 (1838); *Dahn*, Könige V, S. 198; *Claude*, Adel, S. 131; *derselbe*, Geschichte, S. 79 (der jedoch in beiden Werken unterschiedliche Daten nennt); *Garcia Volta*, Westgoten, S. 99; *v. Aschbach,* Westgoten, S. 127; *Thompson*, Goths, S. 199.

854 *Claude*, Adel, S. 131 (133 f.).; *Thompson*, Goths, S. 199; vgl. aber *v. Aschbach*, Westgoten, S. 127.

Die Erhebung Chindasvinths zum westgotischen König verlief keineswegs sanft, sondern mittels Usurpation. Bei der Absetzung seines Vorgängers Tulga (639–642)[855], seines eigenen Neffen, war Chindasvinth nicht zimperlich. Tulga wurde kahlgeschoren, womit er zur Herrschaft unfähig wurde, und in ein Kloster geschickt.[856] Eine Wahl Chindasvinths zum König ist nicht bekannt.[857]

Auch vor seiner Erhebung verhielt sich Chindasvinth nicht gerade ruhig. Es wird davon ausgegangen, dass er schon gegen einige der Vorgänger Tulgas Putschversuche unternommen hat. Dies wird vor allem auf Fredegar IV, c. 82[858] gestützt und auf die Tatsache, dass Chindasvinth in seinem Gesetz LVis. II, 1, 8 Versuche von Staatsstreichen gegen den König erst ab seiner Regierungszeit mit Strafe bedroht[859], um für sich und seine früheren Komplizen eine Amnestie zu schaffen.[860] Seine genaue politische Rolle vor 642 ist jedoch nicht näher bekannt.[861] Dies stellt jedoch einen entscheidenden Faktor für seine Gesetzgebungspraxis dar: er war aufgrund seiner Vergangenheit mit allen Methoden vertraut, wie man Recht und Gesetz geschickt umgehen konnte. Davon konnte er nun profitieren, indem er die, die nun so handelten wie er früher, effektiv bekämpfte, weil er wusste, wie sie vorgingen.[862] DAHN spricht in diesem Zusammenhang davon, dass Chindasvinth „schon früher oft bei Adelsbewegungen betheiligt und in der Kenntnis solcher Umtriebe ergraut“[863] war. Kein Wunder also, dass Chindasvinth sich zu einem besonders umsichtigen und detailgenauen Gesetzgeber entwickelte.

Chindasvinths Politik der Machtergreifung setzte sich in seiner Politik der Machterhaltung konsequent fort. Todesstrafen, Verbannungen und Güterkonfis-

---

855 Daten nach *Zeumer*, Die Chronologie der Westgothenkönige, S. 442 (443); vgl. *Claude*, Adel, S. 211.

856 *Fredegar* IV, 82 (ed. Wolfram/Kusternig), S. 256 f.; *Schuller* in LMA II, Sp. 1837 f.; *Thompson*, Goths, S. 190; *Diesner*, Chindasvind, S. 3; *Dahn*, Könige V, S. 193; vgl. *derselbe*, Westgothische Studien, S. 32; *Helfferich*, Westgothen-Recht, S. 85; *Claude*, Geschichte, S. 78 f.; *Garcia Volta*, Westgoten, S. 97; *v. Aschbach*, Westgoten, S. 126; *Collins*, Visigothic Spain, S. 81.

857 *Claude*, Adel, S. 115.

858 *Fredegar* IV, 82 (ed. Wolfram/Kusternig), S. 256 f.

859 LVis. II, 1, 8 (ed. Zeumer), S. 53 (54).

860 *Thompson*, Goths, S. 192; siehe hierzu *Zeumer*, Geschichte II, S. 39 (58, 61); siehe ebenso *Diesner*, Chindasvind, S. 6; vgl. *Claude*, Adel, S. 115, 118; vgl. *Dahn*, Könige V, S. 193; siehe auch *Garcia Volta*, Westgoten, S. 98.

861 *Claude*, Adel, S. 115; vgl. *Diesner*, Chindasvind, S. 4 ff.; vgl. *Fredegar* IV, 82 (ed. Wolfram/Kusternig), S. 256 f.

862 siehe dazu *Fredegar* IV, 82 (ed. Wolfram/Kusternig), S. 256 f.; hierzu vor allem *Diesner*, Chindasvind, S. 9 f.; siehe auch *Dahn*, Könige V, S. 194; vgl. *Garcia Volta*, Westgoten, S. 97 f.; vgl. *Zeumer*, Geschichte II, S. 39 (57); vgl. *Kampers*, Geschichte, S. 199 f.; vgl. *Wohlhaupter*, Gesetze der Westgoten, Einleitung S. IX.

863 *Dahn*, Könige V, S. 193; siehe auch *ebenda* S. 194.

kationen kennzeichneten seine Herrschaft.[864] Diese Maßnahmen richteten sich in besonderem Maße gegen die Vornehmsten des Reiches und die Mittelschicht. Von Ersteren sollen ca. 200, von Letzteren ca. 500 Opfer seiner unerbittlichen antiaristokratischen Politik geworden sein.[865] Grundlage hierfür war vermutlich Chindasvinths Gesetz LVis. II, 1, 8[866]: *De his, qui contra principem vel gentem aut patriam refugi sive insulentes existunt.*[867]

Chindasvinths Maßnahmen gegen eventuelle Widerstände gegen seine Herrschaft richteten sich deswegen vor allem gegen den Adel, da dieser im Westgotenreich eine autonome Machtstellung innehatte.[868] Jedoch ging es Chindasvinth nicht um eine Vernichtung des Adels an sich, sondern nur um eine Neuordnung desselben, da er auf der anderen Seite seine Getreuen (*fideles*, siehe Kapitel 3 I. 3. e.) mit den enteigneten Gütern des alten Adels beschenkte[869]. Hieraus wollte er sich also einen abhängigen, königstreuen Adel schaffen, von dem er keine Staatsstreiche zu befürchten hatte, weswegen dieser auch als „Hofadel" bezeichnet wird."[870] Jedenfalls gelang es Chindasvinth mit seinen Maßnahmen, eine dreißigjährige Herrschaft seiner Dynastie, seine Herrschaftsjahre und die seines Sohnes Reccesvinth zusammengerechnet, durchzusetzen. Dass ihm dies gegen alle Widerstände gelang, obwohl das Konzept der gotischen Monarchie an einem freien Wahlrecht ausgerichtet war, ist bemerkenswert. DIESNER sieht hierin „eines der nicht unwichtigen Rätsel der politischen Geschichte des 7. Jahrhunderts".[871] Dabei darf jedoch nicht übersehen werden, dass es Chindasvinth durch seine Maßnahmen auch gelang, Rebellionen zu unterdrücken und dem Reich einen neuen

864 *Claude*, Adel, S. 115; siehe auch *Thompson*, Goths, S. 190 ff. (190); vgl. *Schuller* in LMA II, Sp. 1837 (1838).

865 *Fredegar* IV, 82 (ed. Wolfram/Kusternig), S. 256 f.; siehe auch *Claude,* Adel, S. 115 f.; *derselbe*, Geschichte, S. 79; siehe auch *Dahn*, Könige V, S. 194; siehe auch *v. Aschbach*, Westgoten, S. 127; siehe auch *Thompson*, Goths, S. 190 f.; siehe auch *Collins*, Visigothic Spain, S. 82; vgl. *Zeumer*, Geschichte II, S. 39 (57); vgl. *Kampers,* Geschichte, S. 199 f.; vgl. auch *Garcia Volta,* Westgoten, S. 97 f.; vgl. hierzu *Nehlsen*, Sklavenrecht, S. 178 f.

866 *Claude,* Adel, S. 117 f.; siehe auch *Helfferich*, Westgothen-Recht, S. 88 f. (dort jedoch als LVis. II, 1, 6 bezeichnet); siehe auch *Zeumer*, Geschichte II, S. 39 (57); siehe auch *Kampers*, Geschichte, S. 201; siehe auch *Garcia Volta,* Westgoten, S. 98; vgl. zu diesem Gesetz auch *King*, Law and Society, S. 40 ff.; vgl. auch *Díaz*, Political Institutions, S. 321 (340 f.); vgl. auch *Thompson*, Goths, S. 190 (191 ff.).

867 LVis. II, 1, 8 (ed. Zeumer), S. 53 ff.

868 *Claude*, Adel, S. 116.

869 *Fredegar* IV, 82 (ed. Wolfram/Kusternig), S. 256 f.

870 diese Gedanken zur Neuordnung des Adels finden sich bei *Claude,* Adel, S. 116 f. (117 zum „Hofadel"); ähnlich *Kampers,* Geschichte, S. 200 f.; siehe zur Neuordnung des Adels auch *Collins*, Visigothic Spain, S. 82.

871 *Diesner*, Chindasvind, S. 3.

Frieden zu bringen. DAHN spricht davon, dass auf seine ersten harten Regierungsjahre „eine Zeit friedlichen Behagens folgte, in welcher das Land aufblühte und keine Rebellion mehr gewagt wurde“[872].

THOMPSON führt LVis. VI, 1, 6 als Folgegesetz der Verschwörerpolitik Chindasvinths an, weil Chindasvinths Gesetzgebung wohl zu der Erwartung geführt habe, dass hieraufhin eine Fülle von unrechten Anklagen in Bezug auf solche Vorwürfe geführt werde.[873] Auch GARCIA VOLTA geht davon aus, dass Chindasvinth „ein weiteres Gesetz“ (er schreibt nicht, welches, gemeint kann also sowohl LVis. VI, 1, 6 als auch LVis. VI, 1, 2 sein), nach dem jemand, der gegen einen anderen ein falsches Zeugnis ablegt, diesem ausgeliefert werden soll, um dort die Strafe zu erhalten, die er ihm aufbürden wollte, erließ, da gerade die Ausübung seiner Verschwörergesetze in der Praxis dazu führte, dass es zu vielen falschen Anschuldigungen kam.[874] Tatsächlich stellt dies einen wesentlichen Gesichtspunkt dar, um die ratio Chindasvinths bei der Schaffung von LVis. VI, 1, 2 und auch LVis. VI, 1, 6 nachzuvollziehen. Ein ganz entscheidender Faktor für seinen Groll gegen die Verleumder (*criminatores*) wird sicher gewesen sein, dass er die Flut der falschen Verleumdungen, für die *er selbst* mit seinen Verschwörergesetzen die Saat gepflanzt hatte, eindämmen wollte. Nicht umsonst spricht LVis. VI, 1, 2 vor allem von *„in causa regie potestatis vel gentis aut patrie“*.

Die starke Beeinflussung des Hofadels durch den König im Gegensatz zum „alten Adel“ zeigt sich in der bemerkenswerten Tatsache, dass 683 im 6. Kanon des 13. Toletanum von den Konzilsvätern beklagt wurde, die westgotischen Könige hätten fremde Unfreie und Freigelassene an den Hof kommen lassen, wo sie sogar Stellungen im *officium palatinum* erlangt hätten.[875] Diese Praxis herrschte vermutlich schon bei Chindasvinth vor. Dafür spricht ein bereits bei der Unglaubwürdigkeit der Sklavenaussage besprochenes Gesetz Chindasvinths:[876]

[...] excepto servi nostri – nisi qui ad hoc regalibus servitiis mancipantur –, ut non inmerito palatinis officiis liberaliter honorentur, id est stabulariorum, gillonariorum, argentariorum coquorumque prepositi, vel si qui preter his superiori ordine vel gradu procedunt; quos tamen omnes et regia potestas iugiter non habet ignotos, et nullis eos esse constat pravitatibus aut criminibus inplicatos. Quibus utique vera dicendi vel testificandi licentia, sicut et ceteris ingenuis, hac lege conceditur. De reliquis autem ad palatinum servitium pertinentibus, quicumque aliquem ad testimonium crediderit advocandum, non

872 *Dahn*, Könige V, S. 196 (197); siehe auch *v. Aschbach,* Westgoten, S. 127.

873 *Thompson*, Goths, S. 193.

874 *Garcia Volta,* Westgoten, S. 98.

875 Tolet. XIII, c. 6 (ed. Vives), S. 422; *Claude*, Adel, S. 123; vgl. *Orlandis/Ramos-Lisson*, Synoden bis 711, S. 267 f.

876 *Claude,* Adel, S. 123 (124).

aliter ei fides adcommodabitur, nisi regie potestatis electio iusta et honesta permiserit esse credendum, quod ille a se noverit esse testificandum.[877]

Dieses Gesetz spricht, wie bereits festgestellt, davon, dass Sklaven im Königsdienst im Gegensatz zu anderen Sklaven als Zeugen aussagen dürfen, allerdings nur, wenn sie herausragende Positionen innehaben. Andere Königssklaven sollen nur dann zeugnisfähig sein, wenn es vom König bewilligt wird.[878]

Folge der Übernahme von Unfreien und Freigelassenen in das *officium palatinum* war, dass sie nun ihren bisherigen Besitzern ebenbürtig waren. Damit relativierte sich auch die besprochene Bestimmung in LVis. VI, 1, 2, dass Mitglieder des *officium palatinum* bei Kapital- und Staatsverbrechen nur von Gleichrangigen angeklagt werden sollten. Denn nun konnten die Unfreien durch den Dienst für den König den Adligen gleichrangig werden und sogar ihre ehemaligen Herren anklagen. Dies geschah wohl oft auf königlichen Befehl, oft aber auch aus bloßen Rachegelüsten.[879] CLAUDE vermutet sogar, dass Chindasvinth teilweise Unfreie zur Anklage ihm unerwünschter Adliger benutzt hat.[880] Auch DIESNER geht davon aus, dass Chindasvinth LVis. II, 4, 4 erlassen hat, um die Position der Fiskalsklaven zu erhöhen und sie wenigstens in Bezug auf das Zeugnisrecht den Freien gleichzustellen.[881] Es handelt sich also nicht nur um eine uneigennützige Begünstigung der Sklaven und Verbesserung ihrer Rechte, sondern vor allem um eigennützige machtpolitische Erwägungen eines umsichtigen Herrschers.

Die Tatsache, dass der König die Macht hatte, sogar Unfreie den Adligen gleich zu stellen, zeigt erst, wie uneigenständig und abhängig der neue Adel vom Herrscher war.[882]

Eine adelige Geburt war im Übrigen generell nicht mehr erforderlich, um eine Stellung im *officium palatinum* zu erlangen. Eine solche konnte auch von nichtadeligen Freien erreicht werden. Es fand nämlich eine Trennung vom Amt und Adel statt. Diese erblickt HELFFERICH schon in der Formulierung „*equalem sibi nobilitate **vel** dignitate palatini officii*“ [Fettdruck durch den Bearbeiter] in LVis. VI, 1, 2.[883]

Um Chindasvinths Gesetzgebungspraxis besser zu verstehen, muss man neben seinem Verhältnis zum Adel auch sein Verhältnis zur Kirche betrachten. Grundsätzlich unterstützte die Kirche Chindasvinths Herrschaft. Das 7. Toleta-

877 LVis. II, 4, 4 (ed. Zeumer), S. 97.
878 siehe hierzu *Helfferich*, Westgothen-Recht, S. 96 f.
879 siehe Tolet. XIII, c. 6 (ed. Vives), S. 422; *Claude*, Adel, S. 123; vgl. *Kampers*, Geschichte, S. 201; siehe schon *Dahn*, Könige VI, S. 168.
880 *Claude,* Adel, S. 123; zustimmend *Kampers*, Geschichte, S. 201.
881 *Diesner*, Chindasvind, S. 9.
882 *Claude*, Adel, S. 123.
883 *Helfferich*, Westgothen-Recht, S. 96.

num bestimmte etwa 646, dass Verschwörer gegen den König exkommuniziert werden sollten.[884] Das bereits genannte Gesetz Chindasvinths (LVis. II, 1, 8) wurde teilweise fast wörtlich in die Konzilsakten aufgenommen und vollumfänglich bestätigt.[885] Mit Exkommunikation sollten sogar die bedroht sein, die über den Herrscher schlecht sprachen.[886] Jedoch hatte der König selbst das Recht, die Kirchenstrafe der Exkommunikation in diesen Fällen aufzuheben.[887]

Ebenso findet sich im 7. Toletanum ein Kanon, der besagt, dass die Bischöfe der Kirchenprovinz von Toledo sich, außer in Zeiten der Aussaat und Ernte, je einen Monat im Umkreis ihres Metropoliten aufhalten mussten:[888]

Id etiam placuit, ut pro reverentia principis ac regiae sedis honore vel metropolitani civitatis ipsius consolatione convicini Toletanae urbis episcopi, iuxta quod eiusdem pontificis admonitionem acceperint, singulis per annum mensibus in eadem urbem debeant conmorari, messivis tamen vel vindemialibus feriis relaxatis. [...][889]

DIESNER sieht hierin vielmehr eine Überwachungsmaßnahme als eine Ehrung.[890] Beide Beschlüsse zeigen jedenfalls deutlich, dass die Kirche im westgotischen Reich sehr auf die stetige Erhöhung des Ansehens und die Unterstützung des Königs bedacht war.

Natürlich hatten die von der Kirche bestätigten umfangreichen Machtbefugnisse Chindasvinths über die Kirche auch praktische Auswirkungen, die den klerikalen Würdenträgern wenig Freude bereiteten. Das wohl namhafteste Beispiel ist die Entscheidung Chindasvinths, Eugen II., den Archidiakon des Bischofs

884 Tolet. VII, c. 1 (ed. Vives), S. 251 f.; siehe auch *Claude,* Adel, S. 125; siehe auch *Diesner,* Chindasvind, S. 29 f.; siehe auch *v. Aschbach,* Westgoten, S. 127; siehe auch *Kampers*, Geschichte, S. 201; vgl. hierzu auch *Dahn*, Könige VI, S. 458 ff.; vgl. *Orlandis/Ramos-Lisson*, Synoden bis 711, S. 196 f.

885 *Zeumer*, Geschichte II, S. 39 (61 ff., insbesondere 63 f.); *Claude,* Adel, S. 125; vgl. *Orlandis/Ramos-Lisson*, Synoden bis 711, S. 196 f.; vgl. *Diesner*, Chindasvind, S. 31; vgl. *Kampers*, Geschichte, S. 201; vgl. *Dahn*, Könige V, S. 195; vgl. *Garcia Volta*, Westgoten, S. 99; vgl. *Helfferich*, Westgothen-Recht, S. 136; vgl. *Thompson*, Goths, S. 193.

886 Tolet. VII, c. 1 (ed. Vives), S. 252; siehe hierzu *Diesner*, Chindasvind, S. 30 f.; siehe auch *Dahn*, Könige VI, S. 460.

887 Tolet. VII, c. 1 (ed. Vives), S. 252; siehe auch *Dahn*, Könige VI, S. 460.

888 siehe *Claude,* Adel, S. 125.

889 Tolet. VII, c. 6 (ed. Vives), S. 256.

890 *Diesner*, Chindasvind, S. 19; diese Möglichkeit (aber auch andere) wirft schon *Thompson*, Goths, S. 196 auf; *Dahn*, Könige VI, S. 460 f. meint, man könne nicht entscheiden, ob hierin eine Überwachungsmaßnahme des Königs über die Bischöfe oder der Bischöfe über den König läge; *Collins*, Visigothic Spain, S. 83, sieht darin eine Stufe in der allmählichen Herausbildung Toledos als Hauptbischofssitz der westgotischen Kirche; vgl. schon *Orlandis/Ramos-Lisson*, Synoden bis 711, S. 198.

Braulio von Zaragoza, gegen seinen Willen zum Metropoliten von Toledo zu erheben.[891] Die Bitte des Bischofs an Chindasvinth, Eugen, der lieber seine wissenschaftlichen Ambitionen weiter verfolgen wollte als zum Metropoliten erhoben zu werden, seine Stellung in Zaragoza zu belassen und einen Anderen zum Metropoliten zu erheben[892], schlug Chindasvinth freundlich ab. Dabei berief er sich auf den göttlichen Willen und die göttliche Inspiration, die er als König der Westgoten für sich beanspruchte:[893]

[...] Nam Deus omnipotens, cuius nutu universa deserviunt, ubi vult spirat donec suam bonam voluntatem impleat, ut at immolandum sacrificium suo creatori placiturus accedat. [...][894]

Die Tatsache, dass Chindasvinth sich gegenüber dem Bischof auf göttliche Eingebung berufen konnte und somit wichtige Personalentscheidungen der Kirche eigenmächtig und ohne Einvernehmen mit dem Bischof treffen konnte, zeigt einmal mehr, wie stark die Stellung Chindasvinths gegenüber der Kirche war. Auch die Tatsache, dass der westgotische König kirchliche Strafen wie die Exkommunikation aufheben konnte, zeigt seinen damals vorherrschenden sakralen Charakter.[895] Das Königtum war verchristlicht worden, der König Chindasvinth damit eine Art „Priesterkönig" geworden.[896] Teilweise wird auch vom „Gottesgnadentum" im Zusammenhang mit Chindasvinth gesprochen.[897] Jedenfalls verwendete Chindasvinth Gott, die Bibel und die Kirche, soweit er es irgendwie vermochte, für seine Zwecke.[898] Damit schloss er jegliches Kritik- und Widerstandsrecht von Seiten der Bischöfe aus.[899]

---

891 *Ildefonsus Toletanus,* De viris illustribus, c. 13 (ed. Codoñer Merino), S. 132 ff.; *Claude,* Adel, S. 126; *derselbe*, Geschichte, S. 90; *Dahn*, Könige V, S. 197; *Diesner*, Chindasvind, S. 18; *Helfferich*, Westgothen-Recht, S. 136 f.; siehe auch *Thompson*, Goths, S. 195; siehe auch *Bronisch*, Die westgotische Reichsideologie, S. 161 (167); vgl. auch *King*, Law and Society, S. 126 f., Fn. 7.

892 *Braulionis* ep. 31 (ed. Madoz), S. 151 ff.

893 siehe hierzu *Claude,* Adel, S. 126 f.; *derselbe*, Geschichte, S. 90; *Diesner,* Chindasvind, S. 18; vgl. auch *Dahn*, Könige V, S. 197; vgl. auch *King*, Law and Society, S. 28, Fn. 7 a.E.; vgl. auch *Helfferich*, Westgothen-Recht, S. 136 f.; vgl. auch *Bronisch*, Die westgotische Reichsideologie, S. 161 (167).

894 *Braulionis* ep. 32 (ed. Madoz), S. 154 (155).

895 *Claude*, Adel, S. 130.

896 *Claude*, Adel, S. 130.

897 *Diesner*, Chindasvind, S. 15 (16); vgl. *derselbe,* Isidor von Sevilla, S. 53; siehe zum Gottesgnadentum bei den Westgoten auch *King*, Law and Society, S. 25 ff.

898 *Diesner*, Chindasvind, S. 17.

899 *Diesner,* Chindasvind, S. 19; vgl. *derselbe,* Isidor von Sevilla, S. 53; *Claude*, Geschichte, S. 90.

Eugen II. schmäht Chindasvinth in seiner Grabinschrift „Epitaphion Chindasvintho regi conscriptum“[900]. Dahinter steckte aber sicherlich auch noch Eugens Hass auf Chindasvinth, weil er ihn aus Zaragoza abgezogen hatte und gegen seinen und Braulio von Zaragozas Willen zum Metropoliten von Toledo erhoben hatte.[901]

Aber auch Chindasvinth räumte im Gegenzug der Kirche auf westgotischem Boden weitreichende Befugnisse ein. Er bezog sie stärker in die Verwaltung des Reiches ein und behandelte sie als eigenen Zweig in der Staatsverwaltung. Sein Ziel war es, der Kirche eine Stellung zu verschaffen, die den *comites* und *duces* als Korrektiv gegenüber stand.[902] Dies zeigt sich in dem bereits angesprochenen Gesetz Chindasvinths, welches besagt, dass ein untätiger Richter, der in einem Fall von Körperverletzung dem Geschädigten sein Recht auf einen Richterspruch verweigert, unter Zwang von Bischof und *dux* dem Geschädigten den Schaden ersetzen muss.[903] Sowohl Richtermisstrauen als auch Bestrebungen, die Kirche stärker in die Staatsverwaltung einzubeziehen, ergeben sich aus dem ebenso bereits besprochenen Gesetz Chindasvinths, in welchem er bestimmt, dass ein Richter, der für befangen erklärt worden ist, den Bischof zu dem Verfahren hinzuziehen muss. In der Folge darf er nur zusammen mit dem Bischof urteilen.[904] Zudem beschenkte Chindasvinth die Kirche reich und trat als Stifter von Klöstern und Kirchen auf.[905]

Auf der anderen Seite versäumte es Chindasvinth aber nicht, der Kirche klar ihre Grenzen aufzuzeigen und sie wissen zu lassen, dass sie zwar nun eine größere Rolle als bisher in der Staatsverwaltung, auch in der Rechtsprechung, inne hatte, trotzdem aber noch der Rechtsprechungs- und Gesetzgebungsge-

900 *Eugen von Toledo,* carmen 25, a. 653 (ed. Alberto), S. 241 f.; hierzu kritisch *Dahn*, Könige V, S. 197 f., Fn. 6; auch kritisch *Nehlsen*, Sklavenrecht, S. 178 f.; siehe auch *Helfferich*, Westgothen-Recht, S. 140; vgl. hierzu auch *Díaz*, Political institutions, S. 321 (340).

901 siehe *Claude*, Adel, S. 131 (132); zustimmend *Diesner*, Chindasvind, S. 33 f.; vgl. auch *Collins*, Visigothic Spain, S. 88; vgl. hierzu auch *Thompson*, Goths, S. 199; wohl a.A. *Kampers,* Geschichte, S. 199, der darauf abstellt, dass „die unerbittliche Schärfe des Urteils und die integre Persönlichkeit seines Verfassers die Vermutung, Eugenius habe aus persönlichem Groll das Bild des verstorbenen Königs bewußt entstellt“, verbieten würden.

902 *Claude*, Adel, S. 124.

903 LVis. VI, 4, 3 (ed. Zeumer), S. 264 (266); siehe zu diesem Gesetz *Claude,* Adel, S. 124; siehe auch *Dahn*, Westgothische Studien, S. 267, 269.

904 LVis. II, 1, 24 (ed. Zeumer), S. 70 f.; siehe zu diesem Gesetz *Claude,* Adel, S. 121; *derselbe*, Geschichte, S. 100; siehe schon *Zeumer*, Geschichte II, S. 39 (79 f.); siehe schon *v. Bethmann-Hollweg,* Civilprozeß IV/1, S. 248.

905 siehe *v. Aschbach,* Westgoten, S. 127; vgl. *Fredegar* IV, 82 (ed. Wolfram/Kusternig), S. 256 f.

walt des Königs unterlag, wie schon die angesprochene Episode mit Eugen II. zeigt.

So beugte Chindasvinth auch den Versuchen mancher Bischöfe vor, sich der weltlichen Gerichtsbarkeit zu entziehen: sie mussten im Falle ihrer Anklage vor einem weltlichen Gericht wenigstens einen prozessbevollmächtigten Bürgen stellen:[906]

[...] Quod si quilibet episcopus admonitionem iudicis, fretus honore sacerdotali, contemserit et pro sua persona adsertorem dare distulerit, [...][907]

Bemerkenswert ist auch folgendes Gesetz Chindasvinths:

[...] Nullus presumat de genere patris vel matris, avi quoque vel avie seu parentum uxoris, patris etiam disponsatam aut viduam vel propinquorum suorum relictam sibi in matrimonio copulare vel adulterio polluere; ita ut usque ad sextum generis gradum nulli liceat sanguinis propinquitatem libidinose fedare vel coniugio adpetere, excepto illas personas, quas per ordinationem adque consensum principum ante hanc legem constitit adeptos fuisse coniugium, qui nequaquam per legis huius edictum teneri poterunt ad reatum. Similis et de mulieribus ordo servandus est. [...][908]

Somit konnte Chindasvinth auch Ehehindernisse, die aufgrund von Verwandtschaft bestanden, aufheben. Voraussetzung hierfür war nur, dass die Ehe vom Herrscher genehmigt oder bestimmt und vor der Inkraftsetzung dieses Gesetzes geschlossen worden war. Hieraus kann man schließen, dass Chindasvinth gegenüber der Kirche auch das Verehelichungsrecht für sich beanspruchte.[909]

Betrachtet man das Verhalten beider Seiten, so wird deutlich, dass Chindasvinths Verhältnis zur Kirche ein stabiles war, in dem die Kirche seine Herrschaft unterstützte und er ihr weitgehende Rechte einräumte, wobei er es aber nie versäumte, zu demonstrieren, dass er als Westgotenherrscher grundsätzlich über der Kirche stand. Man kann also festhalten, dass Chindasvinth während seiner Regentschaft eine für seine Herrschaft günstige Kirchenpolitik betrieb. Mit dem Argument göttlicher Inspiration beschnitt er der Kirche bestimmte Kompetenzen und beanspruchte sie für sich selbst. Trotzdem verschaffte er der Kirche auf der anderen Seite einige weitreichende Befugnisse und band sie zu einem großen Teil in die Staatsverwaltung ein, während er aber auch weitreichend in ihre An-

906 siehe zu diesem Gesetz *Zeumer,* Geschichte II, S. 39 (75); siehe auch *Claude,* Adel, S. 121 f.; siehe auch *Dahn*, Könige V, S. 196; siehe auch *Helfferich*, Westgothen-Recht, S. 135 f.; siehe auch *Thompson*, Goths, S. 196.

907 LVis. II, 1, 19 (ed. Zeumer), S. 65 (66).

908 LVis. III, 5, 1 (ed. Zeumer), S. 159; vgl. hierzu auch *Ausenda*, Kinship, S. 129 (145).

909 *Claude,* Adel, S. 121; siehe zu dieser Vorschrift auch *Zeumer*, Geschichte III, S. 571 (613 ff.).

gelegenheiten eingriff und so immer darauf bedacht war, der Kirche ihre Unterworfenheit unter den Königsthron vor Augen zu halten.

Wie bereits festgestellt, besaß Chindasvinth ein besonders hohes Misstrauen gegenüber Richtern. Die Ursache ist wohl nicht zuletzt darin zu erblicken, dass Chindasvinth, wie gesehen, vor seiner Regentschaft selbst an verschiedenen verschwörerischen Aktivitäten beteiligt war und somit wohl generell ein gespaltenes Verhältnis zur Staatsgewalt an sich hatte. Dieses Misstrauen hat sich auch, wie bereits dargelegt (siehe Kapitel 3 I. 3. o.), in mehreren Gesetzen niedergeschlagen.

Die Betrachtung von Chindasvinths Vita und Regentschaft zeigt uns deutlich, dass es noch einige andere Faktoren gibt, die man bei der Interpretation seiner Gesetzgebung, insbesondere zur Folter, beachten muss. So erklärt sich vor allem Chindasvinths Hauptintention, insbesondere in LVis. VI, 1, 2, die falschen Anklagen von Verleumdern einzudämmen, dadurch, dass Chindasvinth durch seine „Verschwörungsgesetzgebung" selbst den Nährboden für solche verleumderischen Anklagen geschaffen hat. Dies stellt damit den aktuellen Anlass dar, der zum Erlass von LVis. VI, 1, 2 geführt hat. Es ging Chindasvinth daher in LVis. VI, 1, 2 auch hauptsächlich um Anklagen wegen Hoch- und Landesverrats, weniger um die bei den schweren Verbrechen miterwähnten Straftatbestände des Mordes und des Ehebruchs. Er bekämpft damit die Verleumdungsflut, die er selbst provoziert hat. Daraus erklärt sich wohl auch, dass er die Folter nur zurückhaltend und verhältnismäßig anwenden möchte, sie insbesondere subsidiär zu weiteren Beweismitteln normiert: sicher ist es durch seine „Verschwörerjagd" zu unzähligen, teilweise wohl auch ungerechtfertigten Folterungen gekommen. Auch lässt sich leichter verstehen, wieso Chindasvinth gerade die Folter gegenüber Adligen und Beamten des *officium palatinum* zurückdrängen möchte, so dass diese nur durch Gleichrangige angeklagt werden können und auch nicht im Auftrag gefoltert werden dürfen. Es werden sich verleumderische Anklagen wegen Hoch- und Landesverrats ja besonders gegen Adlige gerichtet haben, von denen Chindasvinth zumindest seiner Meinung nach die größte Gefahr drohte – aus diesem Grunde hat er ja so viele von ihnen vernichten lassen.[910] Die Besserstellung von Beamten des *officium palatinum* erklärt sich von selbst, schließlich saßen hierin seine persönlichen Vertrauten. Freilich konnten diese auch durch Sklaven oder Freigelassene angeklagt werden, die zu gewissen Stellungen im königlichen Dienst bzw. im *officium palatinum* gekommen waren. Aber gerade diese stellten dann ja auch Vertraute des Königs dar, die er, wie gesehen, wohl auch für seine Zwecke verwendete, insbesondere um unliebsame Adlige anzu-

910 zudem ist wohl *Claude*, Adel, S. 119 (120) Recht zu geben, der eine weitere Bevorzugung auch des „alten Adels" in Chindasvinths Gesetzen darin sieht, dass „die Sprache der Gesetze im allgemeinen konservativ ist und auf Änderungen der Umwelt meist erst nachträglich reagiert."

klagen. Hieraus erklärt sich auch teilweise Chindasvinths Sklavengesetzgebung, insbesondere die Aussagefähigkeit von gewissen Sklaven im königlichen Dienst – war dies doch hauptsächlich Mittel für seine eigenen machtpolitischen Zwecke.

Chindasvinths Lebensgeschichte gewährt uns aber noch weitere Einblicke in die Ursachen seiner Gesetzgebung. So verbindet er sein hohes Alter, das für eine gewisse Weitsicht spricht[911], mit einer weitreichenden Erfahrung als Umstürzler, was ihn die Methoden derer, die ihn nun stürzen wollen, leichter erkennen lässt. Hiermit erklärt sich auch seine Detailtreue bei ihrer Bekämpfung in seinen Gesetzen. Aus seiner Vergangenheit heraus wird auch sein Misstrauen gegenüber der Richterschaft verständlich, die er selbst als ehemaliger Verschwörer fürchten musste. Aus diesem Grunde begründet er seine Regelungen genau, um den Richtern die richtige Anwendung vorzugeben. Verstöße ihrerseits sanktioniert er deswegen auch mit harten Strafen.

Dies passt auch zu den Ausführungen DAHNS, der „die reiche, in keinem der andern Stammrechte auch nur annähernd ähnliche Casuistik, welche alle vorkommenden Fälle zu erschöpfen trachtet“, die er vor allem in LVis. VI, 1, 2 erblickt, nebem kanonischem Einfluss und mangelnder Aufnahme von Gewohnheitsrecht auch „einem gewissen Zug zur bevormundenden Vielregiererei“ zuschreibt.[912]

Die Betrachtung Chindasvinths als Person und König unterstreicht damit noch stärker die hier vertretene Ansicht, dass neben Einflüssen des Breviars und Gesetzen seiner königlichen Vorgänger auf dem westgotischen Thron zu großen Teilen auch Chindasvinths persönliche Erfahrungen und hieraus resultierende gesetzgeberische Intentionen zu seiner umsichtigen Gesetzgebung im Bereich der Folterregelungen beigetragen haben.

---

911 siehe hierzu *Helfferich*, Westgothen-Recht, S. 88.

912 *Dahn*, Westgothische Studien, S. 300.

Kapitel 6: Schlussbetrachtung: Leistung und ratio der „Folterordnung(en)“ Chindasvinths im Spiegel der westgotischen Rechtsentwicklung

Chindasvinth wollte die Folter sehr viel zurückhaltender anwenden. Ganz deutlich zeigt er dieses Ziel bei den Folterregelungen für Freie. Die harten Strafen für den falschen Ankläger, die Hürden, die er überwinden musste, um die Folterung des Beschuldigten zu erreichen sowie die Tatsache, dass er schon als falscher Ankläger galt, wenn der Beschuldigte die Folter überstand, ohne zu gestehen, zeichnen ein deutliches Bild. Es war nach Chindasvinths Gesetzgebung wahrlich ein äußerst risikoreiches Unterfangen, eine Folterklage gegen einen Freien zu führen. Bei einem Sklaven oder einem Freigelassenen war das Risiko zwar nicht ganz so groß, gerade ein nicht so begüterter Ankläger musste sich jedoch auch hier in Acht nehmen. Aber nicht nur der Ankläger musste seine Schritte sorgfältig erwägen, auch der Richter hatte Vorsicht walten zu lassen. So musste er besonders darauf bedacht sein, keine unmäßigen Foltern zuzulassen, da beim Tod des Beschuldigten auch ihm existenz- und lebensvernichtende Strafen drohten. Vor unrechter Anklage und Richterwillkür wurde so effektiv abgeschreckt. Zudem führten die von Chindasvinth aufgestellten Voraussetzungen oft dazu, dass eine Folter überhaupt nicht stattfinden konnte: Adlige konnten von niedrigeren Personen in Kapitalklagen gar nicht erst angeklagt werden und sich bei weniger schweren Klagen in einem solchen Fall durch den Reinigungseid freisprechen. Unter einem (wie geschildert, immensen) Wert von 300 *solidi* wurde überhaupt kein Freier mehr gefoltert. Zudem konnte auch bei Kapitalklagen nicht mehr gefoltert werden, wenn dem Beschuldigten der Tatvorwurf schon bekannt war, was, wie gesehen, sicherlich oft die Folterung ausschloss. Aber selbst wenn der Tatvorwurf unbekannt war und eine Folterung stattfinden durfte, war gerade durch die Unbekanntheit des Vorgeworfenen sichergestellt, dass der Beschuldigte nicht unschuldig unter Schmerzen gestehen würde. Aber sogar bei Sklaven und Freigelassenen waren einige Kautelen eingebaut, wenn auch nicht in dieser Intensität. Insbesondere normierte Chindasvinth auch noch die Sklavenfolter zur Zeugenaussage. Bemerkenswert ist aber vor allem die Freilassung des Sklaven, wenn er unschuldig unter der Folter versehrt wurde, mit der Möglichkeit, in der Obhut und damit unter dem Schutz seines (ehemaligen) Herrn zu verbleiben. Ganz besonders begünstigt von der Foltergesetzgebung Chindasvinths wurden allerdings die Adligen, die, wie angeführt, von niedrigeren Personen überhaupt nicht angeklagt werden durften oder sich durch Eid reinigen konnten sowie zudem niemals im Auftrag angeklagt werden durften. Das Ziel, das Chindasvinth mit dieser Gesetzgebung verfolgte, war vor allem, verleumderische Anklagen einzudämmen und die Folter wesentlich zurückhaltender anzuwenden. Das entscheidende Motiv hierfür wird gewesen sein, dass Chindasvinth selbst durch seine Verschwörungsgesetzgebung dazu beigetragen hatte, dass eine Flut von solchen Anklagen geführt wurde. Da sich solche Anklagen überwiegend gegen Adlige gerichtet haben werden, von denen Chindasvinth die größte Gefahr für seine Regentschaft befürchtete, ist auch erklärlich, dass Chindasvinths Gesetzgebung maßgeblich die Möglichkeiten, Adlige der Folter zu unterwerfen, einschränkte. Hieraus sowie aus der Tatsache, dass Chindasvinth aufgrund seiner bewegten Vergangenheit selbst mit verschwörerischen Umtrieben vertraut war, erklären sich auch die umfangreichen Detailregelungen, die einer ungerechtfertigten Folter vorbeugen sollten. Zwar zeigen sich in seinen Gesetzen einige Einflüsse und Übernahmen aus früheren Gesetzen sowie auch aus dem Breviar, womit auch ein gewisser Teil an römischem Rechtsdenken in seine Gesetzgebung eingeflossen ist. Jedoch weicht Chindasvinth auch teilweise erheblich von diesen Regelungen ab und widerspricht ihnen sogar. Er präsentiert sich demnach als ein Gesetzgeber, der äußerst geschickt bewährte Regelungen mit neuen Gedanken, zugeschnitten auf aktuelle Probleme und Erfordernisse, vermischt und so wiederum völlig neue Gesetze schafft. In der Tat sind gerade die bemerkenswertesten Aspekte seiner Gesetzgebung wie die Heimlichkeit des Tatvorwurfs als Voraussetzung, um einen Freien zu foltern oder die Freilassung eines unschuldig unter der Folter versehrten Sklaven auf seine gesetzgeberische Eigeninitiative zurückzuführen. Nach seinem Tode wurden seine Regelungen höchst unterschiedlich weiterentwickelt. Während Reccesvinth die Gesetze seines Vaters in den Liber Iudiciorum übernahm und nur einzelne Fragen zusätzlich regelte, nahm Ervig umfangreiche Änderungen vor. Obwohl er auch starke Intentionen und einige sehr gute Ansätze zeigte, die Freienfolter zurückzudrängen, konterkarierte er Chindasvinths Bemühungen mit der Möglichkeit einer finanziellen Einigung zwischen falschem Ankläger und Beschuldigtem. Die Sklavenfolter drängte er dadurch zurück, dass er normierte, dass auch die unter Folter erlangte Sklavenaussage unglaubwürdig sein solle. Egica hingegen weitete die Folter wieder aus, indem er jegliche Wertgrenze abschaffte und nur die unsichere Heißwasserprobe als Hürde vor die Folter stellte sowie durch seine unnachgiebige Gesetzgebung gegen flüchtige Sklaven.

Chindasvinths Gesetzgebung zur Folter jedoch, das sei abschließend gesagt, ist das Produkt eines umsichtigen Gesetzgebers, der die Gefahren dieses Instituts erkannt und Abhilfe gegen sie geschaffen hat. Man kann bei der Detailtreue der normierten Vorsichtsmaßnahmen nach dem Gesagten davon ausgehen, dass er seine Ziele, falsche Anklagen zu vermeiden und die Folter zurückhaltender anzuwenden, sicherlich weitgehend erreicht hat.

RECHTSHISTORISCHE REIHE

Die nachfolgende Liste führt die Titel der "Rechtshistorischen Reihe" ab Band 300 auf.
Eine vollständige Übersicht aller bisher in der Reihe erschienenen Bücher
finden Sie auf www.peterlang.de.

Band 300 Jan Kohlmann: Der Marsch zu den Gräbern von Karl und Rosa. Geschichte eines Gedenktages. 2004.

Band 301 Christian Rainer Schlicht: Die kumulative Schuldübernahme in der Rechtsprechung des Reichsgerichts und in der zeitgenössischen Literatur. 2004.

Band 302 Hans Peter Glöckner: Positive Vertragsverletzung. Die Geburt eines Rechtsinstituts. 2006.

Band 303 João Manuel Azevedo Alexandrino Fernandes: Die Theorie der Interpretation des Gesetzes bei Francisco Suárez. 2005.

Band 304 René Funk: Die Wahlprüfung der volksgewählten Abgeordneten der Volksvertretungen im Frühkonstitutionalismus. Eine Untersuchung der Wahlprüfung in den Kammern der Abgeordneten des Großherzogtums Baden, des Königreichs Württemberg und des Großherzogtums Hessen. 2005.

Band 305 Carolin O'Sullivan. Die Ahndung von Rechtsbrüchen der Seeleute im mittelalterlichen hamburgischen und hansischen Seerecht (1301–1482). 2005.

Band 306 Martin Jürgens: Staat und Reich bei Ernst Rudolf Huber. Sein Leben und Werk bis 1945 aus rechtsgeschichtlicher Sicht. 2005.

Band 307 Florian G. Dürselen: Franz Beyerle (1885–1977). Leben, Ära und Werk eines Rechtshistorikers. 2005.

Band 308 Kai Bandilla: Urheberrecht im Kaiserreich. Der Weg zum Gesetz betreffend das Urheberrecht an Werken der Literatur und Tonkunst vom 19. Juni 1901. 2005.

Band 309 Stefan Mieth: Die Entwicklung des Denkmalrechts in Preußen 1701–1947. 2005.

Band 310 Catharina Lodemann: Die Geschichte des französischen *acte de gouvernement*. 2005.

Band 311 Christina Wicke: Kodifikationsbestrebungen und Wissenschaft in Hessen-Darmstadt im vorkonstitutionellen Zeitalter. Zu der Beteiligung der Gießener Rechtsprofessoren an den Gesetzgebungsarbeiten in Hessen-Darmstadt in der Zeit zwischen 1769 und 1820. 2005.

Band 312 Christiane Chlosta: Nur dem Gesetz unterworfen? Eine rechtsgeschichtliche Untersuchung zu Idee und Wirklichkeit richterlicher Gesetzestreue unter besonderer Berücksichtigung der Aufwertungsrechtsprechung und des richterlichen Prüfungsrechts. 2005.

Band 313 Kathrin Dirr: Hoheitsrechtliche Streitigkeiten zwischen den Kölner Erzbischöfen und der Stadt Köln auf Grundlage reichskammergerichtlicher Verfahren des 16. und 17. Jahrhunderts. 2005.

Band 314 Michael Racky: Die Diskussion über Gewaltenteilung und Gewaltentrennung im Vormärz. 2005.

Band 315 Petra Thiemrodt: Die Entstehung des Staatshaftungsgesetzes der DDR. Eine Untersuchung auf der Grundlage von Materialien der DDR-Gesetzgebungsorgane mit zeitgeschichtlichen Bezügen. 2005.

Band 316 Julius F. Reiter: Entstehung und staatsrechtliche Theorie der italienischen *Carta del Lavoro*. 2005.

Band 317 André Book: Die Justizreform in der Frühzeit der Bundesrepublik. Die Beratungen der Kommission zur Vorbereitung einer Reform der Zivilgerichtsbarkeit in den Jahren 1955 bis 1961. 2005.

Band 318 Frank Zentz: Das amerikanische Strafverfahren als Element der Besatzungspolitik in Deutschland. Erziehung zur Demokratie durch den *Court of Appeals* 1948–1955. 2005.

Band 319 Friederike Quaisser: Mietrecht im 19. Jahrhundert. Ein Vergleich der mietrechtlichen Konzeptionen im Allgemeinen Landrecht für die Preußischen Staaten von 1794 und dem gemeinen Recht. 2005.

Band 320 Stefan Burghard: Professor Dr. Wilhelm Kahl – Leben zwischen Wissenschaft und Politik. 2005.

Band 321 Günter Baranowski: Die *Russkaja Pravda* – ein mittelalterliches Rechtsdenkmal. 2005.

Band 322 Christina Schneider: Die SS und das „Recht". Eine Untersuchung anhand ausgewählter Beispiele. 2005.

Band 323 Werner Schubert (Hrsg.): Zivilprozessreform in der Weimarer Zeit. Quellen zur Emminger-Zivilprozessverordnung vom 13.2.1924 und zu den Arbeiten der Zivilprozesskommission des Reichsjustizministeriums (1922–1930). Eingeleitet und herausgegeben von Werner Schubert. 2005.

Band 324 Felix Gaul: Der Jurist Rudolf Isay (1886–1956). Ein verantwortungsbewusster Vermittler im Spannungsfeld zwischen dynamischer Rechtsschöpfung, ökonomischem Wandel und technischem Fortschritt. 2005.

Band 325 Konstanze Braun: Dr. Otto Georg Thierack (1889–1946). 2005.

Band 326 Eckart Klein / Stefan Chr. Saar / Carola Schulze (Hrsg.): Zwischen Rechtsstaat und Diktatur. Deutsche Juristen im 20. Jahrhundert. 2006.

Band 327 Stefan Botor: Das *Berliner Sühneverfahren* – Die letzte Phase der Entnazifizierung. 2006.

Band 328 Andreas Köhler: Die Sorgerechtsregelungen bei Ehescheidung seit 1945. Scheidungsstrafe und verordnete Gemeinsamkeit. 2006

Band 329 Lars Düwel: Die Nichtigkeit und Anfechtbarkeit der Ehe in der Rechtsprechung des Reichsgerichts zwischen 1900 und 1945. 2006.

Band 330 Katalin Polgar: Das Oberappellationsgericht der vier freien Städte Deutschlands (1820–1879) und seine Richterpersönlichkeiten. 2007.

Band 331 Julia Schweitzer: Schiffer und Schiffsmann in den Rôles d'Oléron und im Llibre del Consolat de Mar. Ein Vergleich zweier mittelalterlicher Seerechtsquellen. 2007.

Band 332 Diana-Catharina Kurtz: Das Institut der Adoption im preußischen Allgemeinen Landrecht und im französischen Code civil zwischen Rezeption römisch-rechtlicher Prinzipien und verändertem Familienverständnis. 2006.

Band 333 Dino Joakim Duderstadt: Spiel, Wette und Differenzgeschäft (§§ 762–764 BGB) in der Rechtsprechung des Reichsgerichts und in der zeitgenössischen Literatur. 2007.

Band 334 Ronald Hoffmann: Die Domänenfrage in Thüringen. Über die vermögensrechtlichen Auseinandersetzungen mit den ehemaligen Landesherren in Thüringen nach dem Ersten Weltkrieg. 2006.

Band 335 Joachim Windmüller: *Ohne Zwang kann der Humanismus nicht existieren...* – „Asoziale" in der DDR. 2006.

Band 336 Sven Christian Gläser: Die Mediatisierung der Grafschaft Wertheim. Der juristische Kampf eines kleinen Reichsstandes gegen den Verlust der Landesherrschaft und seine Folgen. 2006.

Band 337 Benjamin Schleyer: Friedrich Wilhelm Bornemann (1798–1864). Eine Juristenkarriere im Preußen des 19. Jahrhunderts. 2006.

Band 338 Die Reform des Ehescheidungsrechts von 1976. Quellen zum Ersten Gesetz vom 14.6.1976 zur Reform des Ehe- und Familienrechts (Parlamentarische Ausschussprotokolle – Anglikanische Denkschrift von 1966 zur Scheidungsrechtsreform – Schlussabstimmung 1969 in der Eherechtskommission des Bundesministeriums der Justiz). Eingeleitet und herausgegeben von Werner Schubert. 2006.

Band 339 Andreas Feld: Das Bayerische Gesetz zum Schutz des Eigentums an Erzeugnissen der Literatur und Kunst gegen Nachdruck vom 15.04.1840. Vorgeschichte und Zustandekommen. 2007.

Band 340 Bernd Wörner: Adelbert Düringers Einfluß als Richter am Reichsgericht in Leipzig auf dem Gebiet des Personengesellschaftsrechts. 2007.

Band 341 Jan Jelle Kähler: Französisches Zivilrecht und französische Justizverfassung in den Hansestädten Hamburg, Lübeck und Bremen (1806–1815). 2007.

Band 342 Jörn Eckert / Pia Letto-Vanamo / Kjell Modéer (Hrsg.): Juristen im Ostseeraum. Dritter Rechtshistorikertag im Ostseeraum 20.–22. Mai 2004. 2007.

Band 343 Ferdinand von Weyhe: A.E. Wassermann. Eine rechtshistorische Fallstudie zur „Arisierung" zweier Privatbanken. 2007.

Band 344 Martin Klaus Römermann: Kündigungen und Kündigungsschutz im Franquismus. 2007.

Band 345 Thomas Hoffmann: Der Landrechtsentwurf David Hilchens von 1599. Ein livländisches Rechtszeugnis polnischer Herrschaft. 2007.

Band 346 Ingo Ullmann: Die rechtliche Behandlung holsteinischer Leibeigener um die Mitte des 18. Jahrhunderts. Dargestellt unter besonderer Berücksichtigung der Schmoeler Leibeigenschaftsprozesse von 1738 bis 1743 sowie von 1767 bis 1777. 2007.

Band 347 Petra Fischer-Langosch: Die Entstehungsgeschichte des Familiengesetzbuches der DDR von 1965. 2007.

Band 348 Lasse O. Johannsen: Die rechtliche Behandlung ausreisewilliger Staatsbürger in der DDR. 2007.

Band 349 Ralf Schlottau: Deutsche Kolonialrechtspflege. Strafrecht und Strafmacht in den deutschen Schutzgebieten 1884 bis 1914. 2007.

Band 350 Hartwig Brandt / Ewald Grothe (Hrsg.): Rheinbündischer Konstitutionalismus. 2007.

Band 351 Nora Lutze: Der Verwandtenunterhalt nach den §§ 1601 bis 1603 und §§ 1610 bis 1612 BGB in der Rechtsprechung des Reichsgerichts. Unter Berücksichtigung der Entstehung des BGB. 2007.

Band 352 Frank Thiäner: Das Verhältnis von Aufsichtsrat und Abschlussprüfern in der rechtshistorischen Entwicklung bis 1937. 2007.

Band 353 Britta Heymann: Ernst Melsheimer (1897–1960). Eine juristische Karriere in verschiedenen staatlichen Systemen. Mitarbeiter im Preußischen Justizministerium in der Weimarer Republik, im Justizministerium Preußens und des Reiches sowie Richter am Kammergericht in der NS-Zeit und Erster Generalstaatsanwalt der Deutschen Demokratischen Republik. 2007.

Band 354 Susanne Adlberger: Wilhelm Kisch – Leben und Wirken (1874–1952). Von der Kaiser-Wilhelms-Universität Straßburg bis zur nationalsozialistischen Akademie für Deutsches Recht. 2007.

Band 355 Moritz Waibel: Josef Berchtold (1833–1894). Ein Leben gegen den Ultramontanismus. 2007.

Band 356 Aline Levin: Erinnerung? Verantwortung? Zukunft? Die Beweggründe für die gemeinsame Entschädigung durch den deutschen Staat und die deutsche Industrie für historisches Unrecht. 2007.

Band 357 Ferdinand Krause: Die hergebrachten Grundsätze des Berufsbeamtentums. Eine rechtshistorische Analyse. 2008.

Band 358 André Tiebel: Die Entstehung der Schutztruppengesetze für die deutschen Schutzgebiete Deutsch-Ostafrika, Deutsch-Südwestafrika und Kamerun (1884–1898). 2008.

Band 359 Holger Ruff: Sittenwidrige Rechtsgeschäfte in der späten Kaiserzeit. Die Entwicklung der reichsgerichtlichen Rechtsprechung zu § 138 BGB von 1900 bis 1914. 2007.

Band 360 Frank Rohrer: Strafjustiz im Dritten Reich und in der SBZ/DDR. Die personelle und organisatorische Neuordnung des Justizapparates in den totalitären Diktaturen (1933–1955) mit ihren Auswirkungen auf die Rechtsprechung zum politischen Strafrecht. 2007.

Band 361 Hans-Georg Knothe / Marc Liebmann (Hrsg.): Gerichtskultur im Ostseeraum. Vierter Rechtshistorikertag im Ostseeraum. 18.–20. Mai 2006 in Greifswald. 2007.

Band 362 Christina Meß: Das Vertragsrecht bei Adam Smith. 2008.

Band 363 Quellen zur dänischen Rechts- und Verfassungsgeschichte (12.–20. Jahrhundert). Herausgegeben von Ditlev Tamm, Werner Schubert und Jens Ulf Jørgensen. 2008.

Band 364 Günter Baranowski: Die Gerichtsurkunde von Pskov. 2008.

Band 365 Mark Spengler: Die Entstehung des Scheckgesetzes vom 11. März 1908. 2008.

Band 366 Ivan Biliarsky / Radu G. Păun (eds./éds.): The Biblical Models of Power and Law. Les modèles bibliques du pouvoir et du droit. Papers of the International Conference, Bucharest, New Europe College 2005. Actes du colloque international, Bucarest, New Europe College 2005. 2008.

Band 367 Thomas A. Roth: Ausgestaltungen der Rechtsfähigkeit im 19. und 20. Jahrhundert. Zur Rechtspersönlichkeit natürlicher Personen in den bedeutenden deutschen Zivilrechtsordnungen. 2008.

Band 368 Björn Alexander Rautenberg: Der Fiskal am Reichskammergericht. Überblick und exemplarische Untersuchungen vorwiegend zum 16. Jahrhundert. 2008.

Band 369 Thorsten Miederhoff: *Man erspare es mir, mein Juristenherz auszuschütten.* Dr. iur. Kurt Tucholsky (1890–1935). Sein juristischer Werdegang und seine Auseinandersetzung mit der Weimarer Strafrechtsreformdebatte am Beispiel der Rechtsprechung durch Laienrichter. 2008.

Band 370 Philipp Nordloh: Kölner Zunftprozesse vor dem Reichskammergericht. 2008.

Band 371 Judith Freund: Die Wechselverpflichtung im 19. Jahrhundert. 2008.

Band 372 Hans-Michael Empell: Gutenberg vor Gericht. Der Mainzer Prozess um die erste gedruckte Bibel. 2008.

Band 373 Rainer Schröder: Die DDR-Ziviljustiz im Gespräch – 26 Zeitzeugeninterviews. 2008.

Band 374 Christian Neschwara: Ein österreichischer Jurist im Vormärz. „Selbstbiographische Skizzen" des Freiherrn Karl Josef Pratobevera (1769–1853). 2009.

Band 375 Stefan Ullrich: Untersuchungen zum Einfluss des lübischen Rechts auf die Rechte von Bergen, Stockholm und Visby. 2008.

Band 376 Johanna Gertrude Schmitzberger: Das nationalsozialistische Nebenstrafrecht 1933 bis 1945. 2008.

Band 377 Christian Brom: Urteilsbegründungen im „Hoge Raad van Holland, Zeeland en West-Friesland" am Beispiel des Kaufrechts im Zeitraum 1704–1787. 2008.

Band 378 Christian Böse: Die Entstehung und Fortbildung des Reichserbhofgesetzes. 2008.

Band 379 Tobias Röhnelt: Timm Kröger. Leben und Werk. 2009.

Band 380 Andrea Elisabeth Sebald: Der Kriminalbiologe Franz Exner (1881–1947). Gratwanderung eines Wissenschaftlers durch die Zeit des Nationalsozialismus. 2008.

Band 381 Angela Kriebisch: Die Spruchkörper Juristenfakultät und Schöppenstuhl zu Jena. Strukturen, Tätigkeit, Bedeutung und eine Analyse ausgewählter Spruchakten. 2008.

Band 382 Nana Ozawa: Louis Adolphe Bridel – Ein Schweizer Professor an der juristischen Fakultät der Tokyo Imperial University. Die geschichtliche Bedeutung der Yatoi zur späten Meijizeit. 2010.

Band 383 Christian Weißhuhn: Alfred Hueck 1889–1975. Sein Leben, sein Wirken, seine Zeit. 2009.

Band 384 Andreas Hunkel: Eduard Dietz (1866–1940) – Richter, Rechtsanwalt und Verfassungsschöpfer. 2009.

Band 385 Meike Guskow: Entstehung und Geschichte der Europäischen Charta der Regional- oder Minderheitensprachen. 2009.

Band 386 Markus J. Jahnel: Das Bodenrecht in „Neudeutschland über See". Erwerb, Vergabe und Nutzung von Land in der Kolonie Deutsch-Südwestafrika 1884–1915. 2009.

Band 387 Matthias Günter Steiner: Die Klöster und ihr Wirken – eine der Wurzeln des Stiftungswesens? 2009.

Band 388 Cornelia Staats: Die Entstehung des Bundes-Immissionsschutzgesetzes vom 15. März 1974. 2009.

Band 389 Cai Niklaas E. Harders: Das Bundesjagdgesetz von 1952 sowie die Novellen von 1961 und 1976. Vorgeschichte, Entstehung des Gesetzes sowie Problemfelder. 2009.

Band 390 Matthias Pohlkamp: Die Entstehung des modernen Wucherrechts und die Wucherrechtsprechung des Reichsgerichts zwischen 1880 und 1933. 2009.

Band 391 Sebastian Baur: *Vor vier Höllenrichtern*... Die Lizentiats- und Doktorpromotionen an der Juristischen Fakultät der Universität Heidelberg. 2009.

Band 392 Christoph Salmen-Everinghoff: Zur *cautio damni infecti*: Die Rückkehr eines römischrechtlichen Rechtsinstituts in das moderne Zivilrecht. 2009.

Band 393 Till Meno Sellschopp: Der Weg zum Revokationsrecht der Ehegatten nach § 1368 BGB. Zugleich ein Beitrag zur Geschichte des ehelichen Güterrechts. 2009.

Band 394 Marc Biermann: Das Staatseigentum an öffentlichen Sachen im Gemeingebrauch in der ersten Hälfte des 19. Jahrhunderts. Die Theorie des reinen Hoheitsrechts an den öffentlichen Sachen von Rudolph von Jhering und Friedrich Ludwig Keller im Zusammenhang mit dem Baseler Schanzenstreit von 1859/62. 2009.

Band 395 Markus Tüxen: Kollegialprinzip oder Einzelrichter. Die Entwicklung des zivilrechtlichen Spruchkörpers bei den Landgerichten sowie den Oberlandesgerichten seit 1879 unter besonderer Berücksichtigung der Reformen von 1974 und 1976. 2009.

Band 396 Adam Polkowski: Die polnische Zivilprozessordnung von 1930/33. Unter Berücksichtigung des deutschen, österreichischen, russischen und französischen Rechts. 2009.

Band 397 Barbara Riedi: Die Porten der Unteren Strasse, ihr Ladungsrecht und der Strassenunterhalt. Rechtshistorische Betrachtungen zur Verkehrs- und Wirtschaftsgeschichte Graubündens. 2009.

Band 398 Stefanie Jessica Loroch: Zeitungsrubrik: Gerichtssaal. Strafprozessberichterstattung in Münster im 19. Jahrhundert (1848–1890). 2009.

Band 399 Dirk Henning Hofer: Karl Konrad Werner Wedemeyer (1870–1934). Ein Juristen- und Gelehrtenleben in drei Reichen. Eine Biographie. 2010.

Band 400 Thomas Simon (Hrsg.): Hundert Jahre allgemeines und gleiches Wahlrecht in Österreich. Modernes Wahlrecht unter den Bedingungen eines Vielvölkerstaates. 2010.

Band 401 Dörte Mentz: Die Beweislastumkehr in der Rechtsprechung des Reichsgerichts. 2010.

Band 402 Werner Schubert (Hrsg.): Oberster Gerichtshof für die Britische Zone (1948–1950). Nachschlagewerk Strafsachen – Nachschlagewerk Zivilsachen. Präjudizienbuch der Zivilsenate. Eingeleitet und herausgegeben von Werner Schubert. 2010.

Band 403 Yong Lei: Auf der Suche nach dem modernen Staat. Die Einflüsse der allgemeinen Staatslehre Johann Caspar Bluntschlis auf das Staatsdenken Liang Qichaos. 2010.

Band 404 Andreas Schwenk: Die Formbestimmung des § 313 BGB a. F. (§ 311 b Abs. 1 BGB n. F.) bei Verträgen über Grundstücke in der Rechtsprechung des Reichsgerichts. 2010

Band 405 René Schorsch: Eberhard Georg Otto Freiherr von Künßberg (1881–1941). Vom Wirken eines Rechtshistorikers. 2010.

Band 406 Ulrike Köbler: Werden, Wandel und Wesen des deutschen Privatrechtswortschatzes. 2010.

Band 407 Björn Florian Faulenbach: Rolle und Bedeutung der Lehre in der Rechtsprechung der Internationalen Gerichtshöfe im zwanzigsten Jahrhundert. 2010.

Band 408 Guangyu Fu: Das Causaproblem im deutschen Bereicherungsrecht. Eine rechtshistorische Untersuchung. 2010.

Band 409 Andreas Kimmelmann: Die Folter im Beweisverfahren der Leges Visigothorum. Chindasvinths Gesetzgebung im Spiegel der westgotischen Rechtsentwicklung. 2010.